La inutilidad del sufrimiento

MARÍA JESÚS ÁLAVA REYES

La inutilidad del sufrimiento

Claves para aprender a vivir de manera positiva

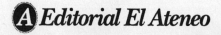 Editorial El Ateneo

Título: La inutilidad del sufrimiento
Autor: María Jesús Álava Reyes

Diseño de cubierta: Departamento de Arte de
Editorial El Ateneo

Diseño de interiores: Mónica Deleis

Primera edición, primera reimpresión de Editorial El Ateneo
© GRUPO ILHSA S.A., 2005
Patagones 2463 - (C1282ACA) Buenos Aires - Argentina
Tel.: (54 11) 4943 8200 - Fax: (54 11) 4308 4199
E-mail: editorial@elateneo.com

ISBN 950-02-6378-5

Índice

A todas las personas que he tenido la suerte de conocer en mi trayectoria profesional: en el Consejo Superior de Investigaciones Científicas, Facultad de Psicología, Ministerio de Fomento, Aeropuertos Españoles y Navegación Aérea, Despacho Profesional...

A los compañeros de Quidam, Cursos de Formación, personal docente de los colegios, estudiantes...

¡Gracias por haberlos conocido y por haberme brindado su amistad!

Introducción
¡Nos pasamos la vida sufriendo!

¿Alguna vez nos hemos puesto a pensar con qué facilidad sufrimos? o, para decirlo de otra manera, ¿cuánta vida se nos escapa sufriendo?, ¿cuánta energía desperdiciamos?, ¿cuántas ilusiones y esperanzas tiramos?, ¿cuántas ocasiones perdemos?, ¿cuántas alegrías ahogamos?...

Realmente, ¿hay justificación a tanto sufrimiento?, ¿la vida es tan difícil y la felicidad tan imposible?, ¿de verdad creemos que nuestro destino es sufrir?, ¿que estamos "aquí" para pasarlo mal?... Casi nadie, al menos en nuestra sociedad occidental, contestaría de forma afirmativa a estas preguntas, pero lo cierto es que parecen actuar como si creyeran en un destino fatalista de la vida.

Personalmente, desearía que a esta altura de la historia, en pleno siglo XXI, la mayoría de las personas no se sintiera "atrapada" por "algo" de lo que no pudiera escapar. No obstante, la verdad es que mucha gente sufre de forma inútil y, además, prolongadamente.

La psicología, y sobre todo los veinticinco años de experiencia profesional, me han enseñado muchas cosas, pero quizá lo que más valore sea ¡cómo se ha desarrollado mi capacidad de observación! ¡Qué fácil resulta "mirar y ver" cuando has aprendido a hacerlo!; pero ¡qué difícil! les resulta la vida a las personas que se sienten atrapadas por su trabajo, por sus estudios, por sus padres, por sus parejas, por sus hijos, por su edad...; en definitiva, atrapadas por sus circunstancias y sin aparente posibilidad de "ver" la salida o la solución final.

La verdad es que sin darnos cuenta repetimos conductas, rutinas, costumbres, hábitos..., formas de actuar que, inexorablemente, nos hacen sentirnos mal, pero que se nos antojan imposibles de evitar. Ante lo que consideramos una mala noticia nos preocupamos, en lugar de prepararnos para superarla en las mejores condiciones; los contratiempos nos alteran y con facilidad nos dispersan, dificultándonos la búsqueda de las mejores opciones; rápidamente vemos en los acontecimientos la parte negativa, las dificultades, los obstáculos, en lugar de las oportunidades que encierran. Al final sufrimos y, de nuevo, sufrimos inútilmente.

La primera vez que quedé muy impactada por la falta de felicidad de la mayoría de las personas que me rodeaban fue a finales de los años setenta. Entonces era muy joven, recién licenciada, entusiasmadísima con mi trabajo y... sorprendida ante la aparente infelicidad que veía a mi alrededor. No se me ocurrió otra forma mejor que intentar "medir" la satisfacción o insatisfacción que las personas sentían en su vida. Ni corta ni perezosa, dentro de lo que entonces era mi ámbito laboral, en el transcurso de las entrevistas personales que realizaba para hacer la historia de los niños y comentar el desarrollo que tenían, pregunté a aproximadamente 180 parejas de padres, con niños de entre uno y seis años, qué opinión de conjunto tenían sobre sus vidas. Lógicamente, las preguntas no eran tan literales, pero a través de la información recibida se podía clasificar con bastante precisión a las parejas: las que se sentían en general muy felices y satisfechas, felices, insatisfechas, agobiadas, decepcionadas, atrapadas en el día a día y agotadas ante sus circunstancias.

Los datos fueron demoledores, tanto que prefiero no transcribirlos. La verdad es que eran un prototipo, quizás avanzado para la época, de lo que hoy en día es la realidad para casi todas las parejas jóvenes. En el contexto en que nos movíamos, lo habitual era que ambos padres trabajasen; además, eran lo suficientemente jóvenes como para tener niños menores de seis años, estaban pagando casi todos la hipoteca de la casa, tenían salarios medios y un nivel cultural medio-alto. A pesar de llevar relativamente poco tiempo casados o viviendo en pareja (la media no sobrepasaba los seis años de convivencia), la mayoría se sentía agotada con la experiencia de ser padres y a la vez trabajar, con las "obligaciones" y responsabilidades que conlleva la atención de los niños. En muchos casos se mostraban hostiles hacia el otro miembro de la pareja, como si éste tuviera la culpa de su situación, de su agobio, de su falta de tiempo personal. Estas circunstancias influían negativamente en su relación y muchos de ellos, si hubieran podido dar marcha atrás, se hubiesen planteado caminos diferentes. No pensemos que su realidad era peor que la que podían tener otras parejas; al contrario, al menos ellos disfrutaban de una guardería en el trabajo, que les prestaba un servicio de indudable calidad, además de proporcionarles más facilidades en el cuidado de los hijos.

Pero si la mayoría de estas parejas se sentían agotadas ante las circunstancias de la vida diaria: prisas, tensiones, lucha constante con el reloj, con los imprevistos, con las enfermedades de los niños, con los contratiempos típicos..., ¿cómo creemos que se siente hoy ese segmento tan importante de nuestra población?

Posteriormente, mi actividad profesional me llevó a seguir trabajando con niños y padres. Además, tuve la suerte, casi desde el principio, de desarrollar esta faceta junto con la psicología clínica (niños, adolescentes, jóvenes, adultos...) y, finalmente, completé mi abanico con una intensa experiencia en el mundo de la psicología de la empresa. La verdad es que no he vuelto a hacer más trabajos estadísticos de este estilo, ¡no quiero deprimirme inútilmente!, pero no tengo duda sobre cuáles serían los resultados.

¿Alguien piensa que las circunstancias han mejorado y que en la actualidad es más fácil compatibilizar la vida profesional y familiar? Seguramente pocas personas se atreverían a contestar de forma afirmativa.

Mi trabajo como psicóloga abarca todos los ámbitos y los tramos de la población y cada día siento más contraste entre cómo me gustaría ver a la mayoría de la gente y cómo la veo en realidad.

Con frecuencia, tanto en el ámbito de la formación como en el marco de la consulta, muchas personas me dicen que les encanta verme de buen humor, irradiando energía y "calma". Seguramente, para ellos resulto el prototipo de lo que pueden considerar una persona agradable, relajada y a la par activa, que disfruta trabajando y parece ser feliz en su vida personal.

Yo, que me conozco bien, no me considero nada excepcional, aunque es verdad que en general me encuentro muy a gusto con mi vida; me siento, por el contrario, muy defraudada por la falta de felicidad que veo en la mayoría de las personas. Bien, ¡pues de eso se trata!

> Vamos a intentar ayudar, en la medida de lo posible, a ver la vida con más realismo, con más ánimo, con más ilusión, con el convencimiento de que podemos controlar nuestra propia vida y que merece la pena vivirla... Y lo podemos hacer sin pedir ningún cambio milagroso a nuestro alrededor. Digo esto porque estoy absolutamente convencida de que la felicidad depende de nosotros mismos, no de nuestras circunstancias.

Por supuesto, a veces las circunstancias que nos rodean hacen difícil, muy difícil, que nos encontremos bien, pero si hemos conseguido un buen control de nuestros pensamientos lograremos ser dueños de nuestras emociones, y podremos ver esas circunstancias como oportunidades para desarrollar nuevas habilidades y recursos, que nos facilitarán el control de nuestras vidas.

Todos conocemos personas, supuestamente afortunadas, a las que la vida parece sonreír y, sin embargo, se sienten tremendamente desgraciadas.

Por el contrario, vemos seres humanos con vivencias terribles que, a pesar de todo, consiguen mantener un espíritu animoso, y siguen "luchando" con una fuerza constante, cuando no arrolladora, que los lleva a esa sensación tan maravillosa de "encontrarse bien consigo mismos". Esa vivencia es aún más intensa y plena cuando la experimentamos en momentos en que la vida parece ponernos a prueba.

> Lo crucial no es lo que "nos pasa", sino lo que pensamos en cada momento. El pensamiento es previo a la emoción, y ese pensamiento es el que nos hace sentirnos bien o mal. Esto explica por qué personas que han vivido o presenciado

un mismo hecho experimentan emociones muy diferentes: unas pueden sentirse desgraciadas, otras afortunadas, otras indiferentes...

En este libro vamos a intentar aprender a conocer y descubrir nuestros pensamientos, para controlarlos después, para ponerlos a nuestro servicio, para que sean nuestros aliados, no nuestros enemigos. De esta forma conseguiremos controlar nuestras vidas, al margen y por encima de las circunstancias, hechos o acontecimientos que en esos momentos estemos viviendo.

En definitiva, y con palabras llanas, se trata de que nuestro cerebro actúe a nuestro favor y no en nuestra contra.

Nuestro cerebro nos acompañará siempre, al igual que nuestro Sistema Nervioso Autónomo (SNA) y nuestro Sistema Nervioso Central (SNC). Seguramente, una de las primeras cosas que nos tendrían que haber enseñado es cómo descubrirlos y cómo ponerlos a nuestro servicio. Lejos de esa realidad tan palpable, la verdad es que muchas personas, a pesar de los años que ya llevan a sus espaldas, se siguen sintiendo prisioneras de "sus nervios", de "su forma de ser", de "su manera de actuar", de "ver la vida"... No hay nada que justifique ese encadenamiento, ese sufrimiento "tan inútil como prolongado". Vamos a tratar de aprender cómo controlar nuestra vida y, para ello, descubriremos cómo encaminarnos hacia la ilusión y no hacia el sufrimiento.

Capítulo 1
Tengamos las ideas claras.
¡No suframos inútilmente!

Algunos pensarán que estamos negando lo evidente, y argumentarán que es imposible no sufrir ante determinados hechos: la muerte de un ser querido, enfermedades graves, accidentes, "situaciones límite", catástrofes naturales..., y, por supuesto, ¡tienen razón! Pero ¡no nos equivoquemos!: una cosa es el sentimiento absolutamente natural, espontáneo y humano, que experimentamos ante situaciones dramáticas, y otra muy distinta es el pozo en el que caemos cuando parece que sólo hay un camino: el de "bloquearnos", "sumergirnos" y "dar vueltas" ininterrumpidamente alrededor de hechos que ya no tienen marcha atrás.

No buscamos el endurecimiento de las personas, ¡todo lo contrario!, pero la sensibilidad no consiste en sufrir y sufrir, sin posibilidad de superar el sufrimiento. Es sensible quien se conmueve ante la adversidad, quien trata de ayudar a las personas que lo rodean, quien fácilmente se pone en el lugar de los otros, quien se enternece y se conmueve ante el llanto de un niño, ante la mirada perdida de un adulto, ante la tristeza o la falta de ilusiones de un anciano...; pero ser sensible no significa dejar de luchar ante los acontecimientos hostiles o difíciles, ni "hundirse" ante la adversidad o "tirar la toalla" en los momentos en que parece no haber esperanza.

La sensibilidad engrandece al ser humano, y acompaña a las personas auténticamente privilegiadas; personas que son capaces de sentir donde otros no "llegan", de "vivir" y conmoverse, pero que saben actuar con la suficiente inteligencia emocional como para no hundirse en un pozo sin fondo.

Una sensibilidad mal entendida es como una trampa mortal, que puede llevarnos a un sufrimiento tan inútil como prolongado. Un sufrimiento que, lejos de restañar las heridas, las ahonda y las abre, provocando una sangría que nos debilita de forma continua e imperceptible.

"¡Sufrimos porque somos personas!" ¿Quién no ha oído esta frase? No seré yo quien la niegue, aunque quizá podríamos hacer algunas matizaciones; por ejemplo, ¿nos hemos detenido a pensar que los animales, e incluso las plantas, también sufren? No parece pues muy apropiado que nos sintamos tan orgullosos por sufrir. ¿No es preferible que busquemos nuestra esencia como personas en lo que marca nuestras diferencias? ¡Qué mejor que utilizar nuestra mente en la superación de las reacciones irracionales! De esta forma encontraremos alternativas viables e inteligentes que nos ayudarán en uno de los principales objetivos del ser humano: la búsqueda continua del equilibrio, de la estabilidad, del autocontrol..., la búsqueda, en definitiva, de nuestra identidad.

¿Nos hemos fijado cómo algunas personas mayores parecen desprender sabiduría, paz, serenidad y calma por todos sus poros? ¿Acaso nos hemos preguntado por qué son tan diferentes de otros coetáneos suyos? La respuesta está en su actitud; para los primeros, su vida era un continuo aprendizaje, aprendían cada día de sus experiencias, "mejoraban" con sus vivencias, encontraban nuevos caminos y salidas ante las dificultades; afrontaban con equilibrio los acontecimientos y... siempre seguían una máxima: "Cada instante de tu vida tiene sentido si aprendes de él", y, si lo haces, los siguientes instantes serán más sencillos. Por el contrario, para el segundo grupo, los acontecimientos que vivían sólo eran motivo de esfuerzo y dificultad, cuando no de sufrimiento.

¿Cuántas veces hemos oído lamentarse a personas "mayores" ante lo que ellos consideran la gran injusticia de la vida? Se entristecían pensando cómo habría cambiado su existencia si, de jóvenes, hubieran sabido lo que la experiencia les ha enseñado con los años.

¿Tenemos que llegar a una edad avanzada para aprender a vivir? ¡Qué paradoja del destino! Pero seamos realistas, ¡no caigamos en esa trampa! Al igual que los niños aprenden desde pequeños, ¡y cómo aprenden!, nosotros también podemos seguir aprendiendo cada día, sin necesidad de quemar etapas inútilmente, de acumular años a nuestras espaldas, de "endurecernos" para no sufrir.

Hay quienes piensan que la vida es un laberinto, pero, aunque así fuera, si lo tomamos con humor y nos preparamos para aprender desde el momento en que cruzamos la línea de partida, al cabo de unas cuantas "risas" nos encontraremos en disposición de encontrar la salida.

Uno de los principios que más nos ayudarán en nuestro "camino" será el descubrimiento de que, al contrario de lo que pudiéramos pensar, lo importante en nuestra vida son los pensamientos, no los acontecimientos.

LO IMPORTANTE EN NUESTRA VIDA
SON LOS PENSAMIENTOS, NO LOS ACONTECIMIENTOS

Muchas veces, tanto en el marco de la consulta como en el desarrollo de los cursos de formación, algunas personas, al principio de este debate, me dicen que no están de acuerdo con esta afirmación; para ellas resulta evidente que las personas se sienten bien si los acontecimientos son positivos, y mal cuando las "cosas son difíciles".

Ante estos comentarios casi siempre sonrío de forma comprensiva porque lo mismo habría pensado yo hace unos años; sin embargo, la realidad es muy distinta. Analicemos, por ejemplo, cómo nos encontramos generalmente un viernes por la noche y un domingo por la tarde. La situación, en la mayoría de los casos, es que el viernes por la noche estamos bastante cansados, ante los esfuerzos realizados a lo largo de la semana; sin embargo, curiosamente, nuestro estado de ánimo es bueno. Por el contrario, el domingo por la tarde habitualmente estamos más descansados que el viernes a última hora, pero... nos sentimos de peor humor, más agobiados, con cierto aire de desesperanza, tristeza o resignación ante "lo que se nos viene encima".

¿En qué quedamos? En dos días hemos pasado de sentirnos alegres y con expectativas positivas a experimentar una melancolía más o menos intensa, que incluso en algunos casos da paso a un claro abatimiento. Esos distintos estados de ánimo (alegría, tristeza, desesperanza, irritación) son las emociones.

Pero si analizamos objetivamente los hechos, la realidad es incuestionable: el viernes estamos más cansados y arrastramos el esfuerzo de una semana intensa; por el contrario, el domingo por la tarde nos encontramos más descansados y en mejores condiciones que los días laborables de la semana, pues aún nos queda una tarde "más o menos libre" que podríamos aprovechar para disfrutar de alguna actividad de ocio, o para realizar con calma esas tareas agradables que es imposible hacer los días de trabajo.

¿Qué ha pasado entonces?, ¿qué determina nuestras emociones?, ¿cuál es el origen o la causa de nuestros diferentes estados de ánimo?... La respuesta es inequívoca: *nuestros pensamientos son los responsables de nuestras emociones*. ¿Por qué, en general, nos sentimos con buen ánimo los viernes? ¿No será que nos estamos diciendo a nosotros mismos: "¡Qué bien!, todo el fin de semana por delante, hasta el lunes no tengo que volver al trabajo, dos días para mí...", y eso que nos decimos es lo que nos hace sentirnos de buen humor? Por el contrario, el domingo por la tarde muchas personas padecen el síndrome de la víspera o, lo que es lo mismo, la sensación de que el fin de semana ya ha terminado, y se repiten frases del tipo "¡Qué fastidio, mañana otra vez lunes!", "¡Menuda semanita de trabajo me espera!", "¡Otra vez tendré que soportar al imbécil de mi jefe, al pesado de mi compañero!", "¡No tendré un segundo libre hasta el próximo fin de semana!", "¡Esta vida es durísima!", "¡Cuándo llegarán las vacaciones!"..., y así difícilmente uno se puede sentir bien. No nos engañemos.

> Lo que nos repetimos de forma constante, esas frases interiores que nos formulamos, son las responsables de nuestros estados emotivos.

Llegados a este punto, algunos se sienten impactados ante esta afirmación y se muestran profundamente pensativos; otros, me dicen que eso no es correcto, que ellos se sienten bien o mal en función de lo que les pasa, y no de lo que piensan, y que además tampoco creen que se pasan la vida pensando o diciéndose cosas internamente, sino reaccionando e intentando buscar soluciones a los continuos problemas o dificultades que se encuentran a lo largo del día. Incluso hay un tercer grupo de personas que se sienten molestas o incrédulas, puesto que rápidamente creen que las estamos haciendo responsables de sus estados de ánimo, y te dicen algo así como: "Encima de lo que estoy pasando, o de lo que me ha ocurrido, ¡va a resultar que yo tengo la culpa de sentirme mal!, que no tengo otra cosa que hacer que complicarme la vida... ¡vaya disparate!". La verdad es que no podríamos esperar reacciones muy diferentes, dado que toda nuestra vida hemos creído que nos sentíamos mejor o peor en función de lo que nos estaba pasando, de que la suerte nos acompañara o se mostrara huidiza con nosotros.

Esta creencia, tan errónea como extendida, nos lleva siempre a actuar un poco a la defensiva; como mucho, intentamos reaccionar con rapidez ante lo que se nos viene encima; consideramos que lo único que podemos hacer es aprender a afrontar los hechos con confianza en nosotros mismos, con tenacidad, con voluntad, con perseverancia...; intentando que el "mal sea el menor posible" en circunstancias adversas; o disfrutando de nuestra buena "suerte" cuando se presentan situaciones positivas para nosotros.

La diferencia, lo que marca un cambio vital en nuestra existencia, es cuando conseguimos pasar de la reacción a la acción; cuando nos damos cuenta de que lo que sentimos depende, en gran medida, de lo que pensamos, no de lo que nos está pasando. Entonces asumimos que, de verdad, podemos controlar y "provocar" nuestras emociones, más allá de lo que nunca habíamos pensado. Podemos ser felices o infelices, colocando nuestro "cerebro a nuestro favor" o, por el contrario, poniéndolo en "nuestra contra".

Si analizamos con un poco de objetividad los hechos de nuestra vida cotidiana, pronto comprenderemos que esta afirmación tiene todo el sentido del mundo. A través de un ejemplo típico conseguiremos verlo con más claridad.

Imaginémonos que estamos con nuestros compañeros de trabajo en una presentación "muy importante"; el nuevo director de la compañía, al que no conocemos, por primera vez va a dirigirse a todos nosotros para exponernos las principales líneas de su actuación, lo que espera de la empresa, de nosotros, de la competencia... Una vez pronunciadas estas palabras se marcha rápidamente con el presidente de la compañía, por lo que no hay coloquio o intercambio de criterios..., así que nos quedamos hablando con nuestros colegas. ¿Qué descubrimos en ese momento?: que algunos compañeros se muestran positivos ante lo que puede ser la gestión del nuevo director, pues éste los ha impactado favorablemente; otros, por el contrario, se muestran pesimistas y pronostican todo tipo de catástrofes; otros se manifiestan con cautela, porque aún no tienen un criterio formado; otros hacen gala de su escepticismo..., y así indefinidamente. Entonces, cabría preguntarse, si lo importante son los hechos, si éstos determinan nuestras emociones, ¿no tendríamos que sentir todos lo mismo?, puesto que todos hemos presenciado la misma escena y hemos escuchado las mismas palabras. La respuesta es clara: cada uno puede sentir una emoción diferente, porque cada persona, internamente, estaba formulándose pensamientos mientras escuchaba al director general, y esos pensamientos son los que le han provocado, finalmente, una emoción positiva, negativa o de cautela.

Esas frases interiores que cada uno se ha dicho ("Parece una persona inteligente", "Me temo que sea muy agresivo y sólo busque sus éxitos a costa de todos nosotros", "Éste se va a cargar la compañía", "Seguro que traerá a su equipo y a los de aquí nos desplazará", "Éste pretende hacer una regulación sin decirlo claramente", "¡Por fin, tenemos a una persona capaz, que sabrá reconocer el esfuerzo de los que de verdad trabajamos, y no se dejará halagar por los 'caretas' de esta empresa!"...), esas frases, repetimos, son las que han causado las distintas emociones que experimentamos; explican por sí mismas que unos se sientan esperanzados, otros decepcionados, otros deprimidos... Esos pensamientos son los responsables de nuestras emociones; las palabras del director general sólo han sido la excusa para que los asistentes se formulen diferentes opiniones sobre su forma de abordar la empresa, y en qué medida los afectará a ellos.

En definitiva, no nos engañemos, que nos sintamos bien o mal depende fundamentalmente de lo que internamente nos estemos diciendo, y este hecho nos lleva a un axioma fundamental: si aprendemos a controlar nuestros pensamientos, controlaremos nuestra vida.

NUESTROS PENSAMIENTOS SON LOS RESPONSABLES DE NUESTRAS EMOCIONES

Si aprendemos a controlar nuestros pensamientos, controlaremos nuestra vida

Vamos a tratar de ilustrar este apartado con el relato de algunos casos reales. Llamaremos Elena a la primera persona que nos sirve de ejemplo.

El caso de Elena

Elena era una mujer de mediana edad, que sentía que su vida había sido un fracaso. Tenía un hijo de 16 años, que no paraba de darle disgustos, y un marido que apenas hablaba, con el que no se sentía satisfecha, y además no conseguía que "la entendiera".

En las primeras sesiones Elena no paraba de quejarse, se pasaba las semanas sufriendo cada día; sentía que su hijo "iba por su lado y a lo suyo", su marido "parecía estar siempre en las nubes" y la miraba con cara de resignación e impotencia, y ella tenía que luchar "sola" ante tanta adversidad.

Sus deseos de ser una persona independiente (había trabajado desde muy joven), formar una familia unida en un ambiente muy distinto del que ella había tenido en su infancia, poder seguir desarrollándose a nivel intelectual y social..., parecían estar condenados a no realizarse nunca.

"Mi marido está constantemente cansado, llega a casa y lo único que quiere es ver la tele y que lo dejemos en paz; a mi hijo sólo le preocupan sus amigos, la videocasetera y las salidas del fin de semana; mis padres cada día están más mayores, sólo piensan en ellos, no se dan cuenta de que mi vida es difícil, pero me llaman continuamente para pedirme cosas, para que los acompañe al médico, para que les compre alguna medicina, para que llame a mis tías o invite a mis hermanos a comer..., pero nunca me preguntan cómo estoy yo, y si me quejo me dicen que la vida es así y que tenga más paciencia, que mi hermana Ana —que siempre ha hecho lo que ha querido y sólo ha pensado en ella misma— sí tiene problemas, que lo mío no tiene importancia. ¡Esa es mi vida!, ¿cómo voy a sentirme bien así? Lo que me gustaría es desaparecer una temporada para que todos se den cuenta del papel que hago, de lo mucho que me esfuerzo y lo poco que me lo han agradecido."

Al principio Elena se resistía con todas sus fuerzas a considerar siquiera que ella podía sentirse bien, aunque sus circunstancias familiares y profesionales no cambiasen. Cuando tratábamos de racionalizar los pensamientos que tenía acerca de su familia, y le comentábamos que en realidad la suya no era muy diferente de la que podían tener muchas de las personas de su edad y entorno sociocultural, inmediatamente nos decía que si los conociera no pensaría lo mismo. A continuación argumentaba lo difícil que era su ambiente de trabajo, con una jefa insoportable, que no había quién la aguantase; las tareas monótonas y sin sentido, ¡todo burocracia absurda!, y unos compañeros que sólo pensaban en la forma de "zafar" y faltar lo más posible.
Dado que no estaba dispuesta a "rendirse fácilmente", y con

su actitud nos demostraba que lo que quería era que la escucháramos, antes de que la ayudásemos (seguramente porque además creía que su caso tenía poca solución), le pedí que buscase más motivos de insatisfacción, porque seguramente los tendría. Ante su sorpresa, le dije que me extrañaba que no se hubiera quejado aún de sus amigos/as (cosa que inmediatamente estaba dispuesta a hacer), también le comenté que me extrañaba que no hubiera tenido mala suerte con el vecindario, con el lugar donde vivía, con el colegio de su hijo, con la familia de su marido...

Lógicamente, aunque con cara de extrañeza e inseguridad, Elena empezó a desgranar, una a una, todas las quejas de su vida; yo le seguía diciendo que buscase más, que ahondase, que seguro tendría más razones para sentirse fatal, y ella lo hacía, pero llegó un momento en que esto ya no parecía entusiasmarla demasiado y, directamente, me preguntó qué pretendía al presionarla de esta manera. Mi respuesta era obvia: quería que empezáramos a trabajar de forma positiva, no tenía sentido machacarse continuamente, ¿a dónde la llevaba ese continuo desgarro? En definitiva, había llegado el momento de "cruzar la línea de salida" para conseguir el objetivo que ella buscaba: ¡estar más satisfecha con su vida!

Poco a poco empezó a trabajar en su recuperación, y en lugar de compadecerse continuamente, terminó haciéndose una experta en descubrir sus pensamientos.

Una vez dado este paso crucial, Elena logró ver cómo siempre que se sentía mal, previamente había tenido pensamientos negativos, del estilo de: "¡No puedo más!", "Sólo piensa en él, así es imposible", "Vaya familia que tengo, cada uno por su lado"... Al cabo de quince días no tenía ninguna duda; si quería sentirse mal sólo tenía que seguir pensando las cosas que se venía diciendo desde hacía años, pero si conseguía darse cuenta en ese momento, y aún no estaba "muy enceguecida", podía razonar y examinar sus pensamientos; de esta forma veía que muchas veces eran irracionales, y no se correspondían exactamente con la realidad. En ese instante trataba de racionalizarlos y cambiarlos y, poco a poco, volvía a recuperar el control de sus emociones.

Cuando descubría que llevaba bastante tiempo con ese tipo

de pensamientos sin que se hubiera dado cuenta, notaba que difícilmente podía recuperar el control, analizando simplemente sus pensamientos. En esos casos practicamos la "parada de pensamiento", que consiste, como ya veremos más adelante, en "cortar" bruscamente los pensamientos que causan esas emociones tan negativas.

Una vez pasado el estado de ansiedad y recuperado el control, entonces Elena sí podía entregarse a racionalizar esos pensamientos; es decir, a examinarlos, ver la correspondencia que tenían con la realidad y cambiarlos cuando no se ajustaban a ella. Pero podía suceder, y de hecho ocurría muchas veces, que sus pensamientos eran racionales, que se correspondían con los hechos; no obstante, en esos casos, cuando ella veía que la afectaban mucho emocionalmente, también los "cortábamos", para conseguir de nuevo el control de sus emociones.

Quizás algunas personas se pregunten si eso no es negar la realidad. Su planteamiento es bastante lógico, pero yo les pediría que analicen a qué nos conduce hundirnos emocionalmente; para qué nos sirve perder el control, sumergirnos en una pena infinita o desgarrarnos ante lo que nos pasa; sobre todo, cuando no tenemos control sobre esas circunstancias externas. Qué adelantamos machacándonos al comprobar que la vida es injusta, que hay niños que siguen sufriendo hambre y calamidades, personas que padecen regímenes dictatoriales, jefes que actúan como si no tuvieran sentimientos, trabajadores que pretenden escalar posiciones pisando a sus compañeros... ¿No sería mejor que canalicemos nuestras energías en aquellas acciones que realmente estén en nuestro campo de actuación? Seguramente no podremos luchar contra los intereses de determinados gobiernos o multinacionales, pero quizá podamos contribuir a paliar al menos una pequeña parte de los efectos que ocasionan. No se trata de ser insensibles, sino todo lo contrario: ser eficaces y, como digo con frecuencia, cuando comprendemos que no somos dioses, actuamos con racionalidad y con todo el empeño que nuestra sensibilidad nos faculta.

A Elena le costó no adoptar una postura, según ella, "más combativa", ante situaciones o hechos que consideraba injustos, y que realmente lo eran, pero terminó comprendiendo que lo único que conseguía con esa actitud era desesperarse, no arreglar las cosas y... sufrir de forma "tan inútil como prolongada". La verdad es que al final se terminó convirtiendo en una "experta" en la utilización de una serie de recursos psicológicos que, como ella decía, ¡le habían cambiado la vida!

Los resultados no se hicieron esperar; curiosamente, pero no por casualidad, la relación con su marido mejoró, según ella, de forma increíble. Con su hijo estableció una nueva "dinámica", que hizo que ambos se sintieran más escuchados y comprendidos por el otro; pronto asumió que era un buen muchacho, con una edad difícil. Con sus compañeros de trabajo llegó a pasarlo "tan bien" que le costó dejarlos cuando se cambió a otro puesto de "más nivel". Mención aparte merece su jefa. Durante el tiempo que estuvo con ella siguió pensando que era una persona injusta, desequilibrada e inmadura, que descargaba sus insatisfacciones sobre los demás, y se aprovechaba de su puesto para humillar a los subordinados; pero consiguió que los cambiantes estados de ánimo que presentaba cada día ya no la afectasen, y llegó un momento en que se sintió tan por encima de ella que su jefa, de nuevo curiosamente pero no por casualidad, experimentó una especie de transformación y dejó de molestarla a Elena, la excluyó de sus irritantes llamados de atención y de las vejaciones que seguía infiriendo al resto del equipo. Fue muy curioso, porque incluso dos de sus compañeros llegaron a preguntarle si había descubierto algún "secreto" importante sobre la "jefa", pues se mostraban muy sorprendidos ante el cambio de actitud que ésta había experimentado con Elena. Nuestra protagonista se sintió en la obligación de contarles la estrategia que le había dado tan buen resultado, pero ellos la miraron un poco impotentes y sorprendidos, y lo único que acertaron a decir fue: ¡La verdad es que tú realmente eres otra persona desde hace unos meses!

No hace falta añadir que también cambió la relación con sus padres y con sus amigos; recuperó alguna de sus viejas amistades y se integró muy bien en un nuevo grupo de personas con las que compartía gustos afines. El nuevo enfoque que Elena le había dado a su vida le permitió, entre otras cosas, ¡dedicarse tiempo a ella misma! Éste y otros cambios que experimentó le habían abierto nuevas puertas y oportunidades que creía muertas para ella. Elena por fin había comprendido que sus pensamientos eran los responsables de sus emociones y que podía sentirse bien, aunque la realidad que viviese fuese difícil.

Podemos sentirnos bien, aunque la realidad que vivamos sea difícil

Los dichos populares suelen encerrar la mayoría de las veces, aunque no siempre, grandes realidades. Es el caso del conocido refrán "Todo depende del cristal con que se mire".

No nos estamos refiriendo a situaciones límite, como ya hemos comentado con anterioridad, puesto que es imposible pretender que una persona se encuentre bien cuando acaba de vivir un hecho catastrófico (la muerte de un ser querido o algo similar). Nos referimos a ese cúmulo de situaciones que se dan con mucha frecuencia, y que hacen que la realidad sea "difícil".

Pensemos, por ejemplo, en la vida de los estudiantes. Quizás aquí convendría matizar; nos estamos refiriendo a los estudiantes que toman sus estudios con seriedad, que, por cierto, en contra de lo que algunos podrían pensar, son muchos. Estos jóvenes pueden vivir situaciones difíciles casi a diario: cuando les preguntan en clase, cuando ven que alguna asignatura no la comprenden bien, cuando se sienten desbordados e incapaces, cuando se preparan para los exámenes, cuando los están examinando, cuando los han examinado y no se sienten satisfechos, cuando reciben determinadas notas..., cuando saben que otro aplazo significa una situación problemática...

Además de estos hechos, muy comunes a la mayoría de los estudiantes, seguro que todos conocemos algún caso del típico estudiante con excelentes notas que, al llegar a la universidad o al instituto, se vino abajo; empezó a desaprobar y sufrió una de las mayores crisis de su vida. ¡Claro que para estas personas la realidad que viven en esos momentos es muy difícil!

Pero podemos extender nuestro abanico a otras situaciones,

también difíciles, como la persona que está desempeñando un trabajo para el que no se siente capacitada, o que estando muy capacitada se desarrolla en condiciones laborales muy duras, o que no le gusta nada lo que hace, o que, aun gustándole, le absorbe todo su tiempo, impidiéndole su vida personal; o que le toca hacer todo el trabajo duro, pero siempre los méritos se los llevan otros. La verdad es que sobre situaciones laborales podríamos continuar casi hasta el infinito.

¿Y qué diríamos de las personas que "no trabajan" y, sin embargo, no paran en todo el día, incluidos los fines de semana? Nos estamos refiriendo, como no podría ser de otra manera, a una de las mayores injusticias de nuestra sociedad: el concepto peyorativo que se da a las/os amas/os de casa. Desgraciadamente, este hecho está tan incorporado en nuestra cultura que nos parece lo más natural del mundo que aún sigamos preguntando aquello de ¿usted o tú trabaja/s? En el propio enunciado ya damos por hecho que sólo consideramos que puede elevarse a la categoría de "trabajo" aquel que se realiza fuera del hogar o, para ser más exactos, que no tiene nada que ver con las tareas domésticas.

Estas circunstancias pueden dan lugar a realidades difíciles, y es importante que empecemos, entre otras cosas, por no infravalorar situaciones que con frecuencia están catalogadas como de "segunda". Nos evitaríamos discusiones inútiles. Con qué frecuencia oímos expresiones del estilo: "Ya quisiera yo estar en tu lugar", "Te cambio ahora mismo el sitio", "¿De qué demonios te quejas?", "¡Tú sí que vives bien!"... Éstas y otras lindezas parecidas se repiten en la dinámica de muchos matrimonios, parejas, amigos, compañeros, hermanos..., y provocan incomprensiones permanentes.

Esperemos que después de este preámbulo respetemos que, para cada persona, su realidad puede ser difícil; aunque desde nuestra perspectiva nos cueste entenderlo.

Pero, centrándonos en el enunciado de este capítulo: ¿podemos sentirnos bien, aunque la realidad que vivamos sea difícil? Si analizamos nuestra experiencia, seguro que hemos conseguido sentirnos bien, al menos en algunas ocasiones, en que nuestra realidad era difícil.

> El ser humano, por principio, se siente más feliz cuando consigue una meta difícil que cuando logra algo rápidamente y sin dificultad.

A la afirmación anterior tendríamos que añadir que esa felicidad será realmente duradera cuando, para conseguir sus objetivos, la persona emplee unos recursos y habilidades que siempre estén basados en principios éticos. El caso de Alfonso puede servir de buen ejemplo para comprender estas situaciones.

El caso de Alfonso

Alfonso tenía 46 años cuando estaba viviendo una de las situaciones más difíciles de su vida profesional. Había ocupado siempre cargos directivos en diversas empresas y ahora se encontraba con un trabajo de menor categoría en una compañía de "segunda fila", donde no apreciaban su verdadero potencial. Le pagaban la mitad de lo que había ganado en los últimos años, y los demás le constreñían enormemente los contenidos a desarrollar en su puesto.

Su situación familiar tampoco era "como para tirar cohetes". Su mujer se encontraba bastante insatisfecha con él, incluso resentida, pues estaba acostumbrada a gastar "sin miramientos" y culpabilizaba a su marido de la situación actual. Constantemente le preguntaba que por qué había tenido que cambiar tanto de trabajo, si hace años ya ocupaba un puesto importante. Al final, sus argumentos siempre terminaban en una frase lacónica: "¡Ya ves adónde nos ha llevado tu manía de no quedarte quieto en un sitio!".

Alfonso había intentado, hasta la desesperación, hacerle comprender a su mujer que estábamos inmersos en una situación de crisis económica a nivel internacional, y que eso siempre tiene repercusiones en el mundo empresarial; pero ella sólo entendía que no podía realizar en ese momento una reforma en su casa, después de ver cómo había quedado la obra de una vecina. Su mujer "no trabajaba fuera del hogar", y le parecían excusas los argumentos de su marido. Con los hijos la situación tampoco era muy distinta. Alfonso, a pesar de sus cargos directivos, siempre había sido muy niñero, le encantaban los niños y se había volcado "literalmente" en la educación y el cuidado de sus hijos. En esos momentos, Alfonso y Carlos, sus hijos, estaban viviendo la típica etapa de adolescentes; se mostraban menos cariñosos que lo habitual, con una clara inclinación a querer salir cada vez más con sus amigos, y a dejarse influenciar por ellos, en detrimento del medio familiar. Seguían teniendo una relación aceptable con su padre, pero los estudios empezaban a resentirse, a la par que llegaban las primeras broncas por sus salidas; no se ponían de acuerdo en la hora de volver a casa y, en algunas ocasiones, habían llegado con claros indicios de haber fumado, incluso de haber bebido, más de la cuenta.

Ante este panorama Alfonso había empezado a sentirse mal físicamente; cada vez eran más continuos los dolores de espalda, de cabeza, de huesos...; pronto esas dolencias dejaron paso a otras manifestaciones más típicas de la ansiedad: presión en el pecho, palpitaciones, dificultad para conciliar el sueño, pensamientos negativos... Finalmente, su médico le aconsejó que consultara a un psicólogo.

La verdad es que Alfonso no tenía buen concepto de los psicólogos y venía más escéptico que otra cosa. Este hecho, en principio, no constituye un buen comienzo, pero suele ser bastante habitual. Desgraciadamente, los psicólogos no tenemos "buen cartel" para muchas personas; con frecuencia piensan que somos poco serios y nada rigurosos en nuestro trabajo, y en las primeras sesiones están expectantes y alertas al mínimo indicio de incompetencia por nuestra parte.

Lo cierto es que Alfonso pronto se dio cuenta de que a mí, personalmente, tampoco me gustaban nada esas intervenciones en las que se crea una dependencia enfermiza hacia la figura del psicólogo. Por otra parte, lo tranquilizó mi experiencia en el mundo de la empresa y, además, se sintió aliviado cuando comprendió fácilmente las dificultades que empezaban a surgir en la relación con sus hijos.

Lo que más nos costó, antes de arrancar de verdad, fue la negativa que mantenía al principio Alfonso a considerar que su situación laboral, la incomprensión de su mujer y la difícil etapa que estaban viviendo sus hijos no eran los únicos responsables de todos sus "padecimientos" e insatisfacciones.

Se había quedado sin fuerzas intentando, de forma desesperada en los últimos meses, volver a cambiar de empresa. En aquellos momentos su estado habitual era de "aceleración permanente". Sus pensamientos cada vez se mostraban más negativos y catastrofistas y, día tras día, todos sus amigos y las personas cercanas le preguntaban qué le sucedía, pues había experimentado un notable deterioro físico.

Alfonso había concentrado todos sus esfuerzos en "huir" de la difícil situación que estaba viviendo, en lugar de pensar que la "salida" estaba "dentro de sí mismo".

Una vez que aceptó que sus pensamientos causaban sus emociones, estuvimos cuatro sesiones confrontando, uno a uno, todos los pensamientos que había registrado, y apuntado, durante las últimas semanas. La teoría de Alfonso es que sus pensamientos eran absolutamente racionales, por lo que no tenía que dedicarse a analizarlos; para él, lo lógico era dirigir sus esfuerzos a "cambiar la realidad": conseguir otro trabajo, elevar de nuevo sus ingresos, que sus hijos volvieran a ser "razonables"...

Afortunadamente, Alfonso, gracias al intenso trabajo realizado por su parte, y a que él siempre estuvo dispuesto a buscar la solución a su situación, poco a poco fue dándose cuenta de que, de forma inexplicable para él al principio, cada vez se encontraba mejor, y con ánimos para superar las dificultades del día a día.

Constantemente tuvimos que hacer confrontación de sus pensamientos, analizarlos uno a uno objetivamente y compararlos con la realidad; del mismo modo, en situaciones de tensión máxima, en que le era imposible controlar las taquicardias, la sudoración o la presión en el pecho, hacíamos "parada de pensamiento" y autoinstrucciones continuas, hasta que conseguíamos el control de la situación (se explican pormenorizadamente ambas técnicas en otro capítulo).

Alfonso asumió que la realidad era difícil para muchas personas y que lamentarse o enfadarse por ello no sólo no arreglaba nada, sino que además lo hacía sentirse cada vez más impotente e incapaz.

Empezó a cuestionarse primero, y a dejar atrás después, los pensamientos que se venían repitiendo de forma machacona los últimos meses. Por suerte, dejó de pensar aquello de: "No es justo lo que me está pasando, mi mujer en lugar de ayudarme aún me hunde más con sus comentarios; mis hijos se han vuelto egoístas y sólo saben pedir e ir como tontos detrás de los cabecillas, mis amigos ya veo yo lo que me aprecian, cuando no te pueden sacar algo dejan de llamarte; en realidad, les he importado siempre una mierda, por eso ahora no dan señales de vida...".

Por fin llegó un momento en que se dio cuenta de que con estas frases sólo conseguiría seguir sintiéndose mal. Poco a poco vio que, en su lugar, "podía hacer muchas cosas". Podía pensar, por ejemplo, que su actual trabajo era una "inversión" que, llevada inteligentemente, nos serviría para saber lo que no quería hacer, y cómo empezar a diseñar lo que podría ser su trabajo futuro. De momento, esa "inversión" le proporcionaba unos ingresos que, aunque limitados, eran suficientes para cubrir sus necesidades. Aprendió que tan importante como "ganar mucho" es "controlar lo que gastamos". Volvió a vivir la emoción que se siente cuando se consigue algo que ha costado un gran esfuerzo. No poder comprarse lo que se le antojara hizo que se sintiera muy bien, no sólo cuando por fin lo conseguía, sino mientras trabajaba y se esforzaba en lograrlo.

Sus hijos también aprendieron la satisfacción de conseguir las cosas a través de sus propios esfuerzos, ganándoselas de verdad, aplazando su conquista, no teniéndolo todo de forma inmediata. Uno de ellos, de forma abierta y sincera, le dijo que le gustaba bastante ese período "de pobres" que estaban viviendo, porque le estaba ayudando a madurar, se sentía mejor consigo mismo y menos egoísta con los demás.

La relación con su mujer no mejoró de forma tan notable, pero aprendieron de nuevo a hacer algunas cosas juntos, que habían olvidado hacía años. Redescubrieron lo saludable que resultaba caminar, y cómo muchas comidas caseras eran más apetecibles que los platos de grandes restaurantes, sobre todo porque, además, habían conseguido cambiar los grandes silencios por pequeñas tertulias. Su mujer se sintió de nuevo más valorada por Alfonso y empezó a verlo más como una persona de carne y hueso, que se esforzaba por salir de la situación difícil que estaba viviendo; aunque la fastidiaba que ya no trajera tanto dinero a casa y hubieran tenido que suspender un viaje programado.

Después de unos meses de práctica de las nuevas habilidades y recursos que estaba desarrollando, especialmente a nivel psicológico, se produjo un gran cambio a nivel profesional. Cuando ya pensó que controlaba bien sus emociones, se sintió más seguro consigo mismo y se atrevió a dar "el paso" que tantas veces había imaginado: trabajar con un grupo de antiguos compañeros que habían montado una pequeña empresa. Ésta era una opción que siempre le había atraído, pero no lo había hecho, entre otras cosas, porque dos de los integrantes del equipo le caían "mal" a nivel personal, y siempre había creído que si daba el paso tendría que ser con un grupo de gente que pensara en todo como él. De nuevo, curiosamente, pero no por casualidad, descubrió que esos compañeros eran bastante eficaces e, incluso, con uno de ellos terminó desarrollando una buena amistad; con la otra persona siguió manteniendo alguna distancia, pero había conseguido que su presencia no lo incomodase en lo más mínimo.

Una vez que Alfonso se convenció de que las cosas no tienen por qué ser como queremos en todo momento, ni que las personas han de comportarse como esperamos, se dio cuenta de que, por difícil que fuesen en cada momento las circunstancias, siempre habría algo que él podría hacer. Así recuperó la seguridad que casi siempre lo había acompañado y la ilusión que había perdido en los últimos meses.

Las situaciones podían ser difíciles, muy difíciles, pero siempre, incluso en esos momentos, seguía teniendo la posibilidad de sentirse bien consigo mismo. Cuando comprendió esta realidad, las cosas parecieron ser más accesibles. Nuestro amigo aprendió además un principio clave: *el presente nos pertenece.*

No nos engañemos: el presente nos pertenece

Con frecuencia nos sentimos "prisioneros" ante diversas circunstancias, y podemos pensar erróneamente que nuestro presente no nos pertenece. Ésta es otra de las ideas irracionales más extendidas, y que cuenta con más seguidores.

Es verdad que es fácil sentir que tienes "hipotecada" gran parte de tu presente y futuro cuando acabas de firmar unos pagarés altísimos, a los que tendrás que hacer frente durante los siguientes veinte años de tu vida. Asimismo, la pareja o la mujer que descubre que, contra su voluntad, viene un bebé en camino, puede pensar y sentir: "¡Qué mala suerte!", porque ha hipotecado gran parte de sus proyectos, porque irremediablemente su presente o futuro inmediato ya no le/les pertenecen. Algo parecido, salvando las lógicas distancias, piensa el estudiante que ha reprobado en junio, y que tiene que "echarle ganas" durante el verano si quiere aprobar en septiembre; seguramente sentirá que ese presente, al menos ese verano, no le pertenece. Los ejemplos podrían multiplicarse casi de forma indefinida. ¿Quién no ha sentido o siente que su presente no le pertenece?

Sin embargo, por fortuna, esta creencia es errónea; al menos en gran parte. Aunque en los próximos meses o años tengamos que madrugar todos los días laborables, aunque tengamos que trabajar por un sueldo que siempre se nos antoja injusto, aunque tengamos que quemarnos las pestañas con los libros, o las energías en intentar sacar adelante a unos niños que más bien parecen nuestros enemigos...; a pesar de todo, siempre conservamos un principio de libertad. Quizá tengamos que pasar las siguientes ocho horas fregando sin parar, o trabajando en una fábrica, en una cadena de montaje, que te impide descuidarte lo más mínimo; o entrar a las ocho de la mañana y terminar a las diez de la noche. A pesar de todo, tenemos la libertad de nuestros pensamientos; podemos hacer nuestro trabajo canturreando por dentro o machacándonos sin piedad; podemos amar o desechar, querer o aborrecer, sonreír o llorar, gritar o conversar...

> Podemos sentirnos bien con nosotros mismos, a pesar de nuestras circunstancias, o podemos dejarnos llevar por ellas.

El caso de Amaya puede ayudarnos a ver un presente "con luz", donde sólo parecía existir una enfermedad que nos robaba parte de nuestra vida.

El caso de Amaya

Amaya sólo tenía 17 años cuando la conocí. Era lo que suele decirse una gran chica: estudiosa, responsable, con buenos sentimientos, mucha fuerza de voluntad, bastante madura para su edad, muy popular entre sus compañeros..., pero acababa de sufrir un episodio físico tremendo. Después de varios días en el hospital, le habían diagnosticado una enfermedad degenerativa, que parecía privarla del futuro que con tanto esfuerzo se estaba ganando.

Como siempre en estos casos, el golpe lo acusaron más sus padres que la propia Amaya; seguramente por cierta ignorancia sobre la gravedad de su enfermedad, pero también por esa capacidad de adaptación tan tremenda que parece tener el ser humano.

Siguieron meses de trabajo intenso, donde el principal baluarte fueron la fuerza y la voluntad que puso Amaya.

En condiciones físicas muy precarias abordó lo que entonces era el COU (hoy, 2º año de Bachillerato); durante todo el curso compatibilizó sus estudios con sesiones de relajación, con prácticas de reestructuración cognitiva —autocontrol y estrategias de pensamientos— y con pequeñas crisis físicas, producto de la enfermedad, que condicionaban en extremo su libertad de movimiento.

La realidad es que Amaya venció, en toda regla, los imponderables de su enfermedad, y lo consiguió no por su terapeuta, sino por la enorme fuerza de voluntad que puso desde el principio y, sobre todo, por su plena confianza en sí misma; siempre pensó que lograría superarlo y encaminó todos sus esfuerzos y energías a conseguirlo. Continuamente se decía a sí misma frases como: "¡Sé que lo voy a superar!", "¡Estas crisis vienen en el peor momento —exámenes o situaciones de mucho trabajo—, pero no voy a dejar que puedan conmigo!", "¡Me fastidia mucho sentirme tan condicionada físicamente, pero sé que puedo conseguirlo!...".

Creo que pocas veces he visto a una persona con tanta entereza y confianza en sí misma; en lugar de hundirse, que habría sido lo más fácil, reaccionó con toda la inteligencia emocional del mundo: no dejó que sus energías se perdiesen en lamentos, las juntaba y dirigía para saltar cada bache que aparecía, cada barrera que se interponía, cada crisis que se presentaba.

No dejó, a pesar de las circunstancias adversas, que dejara de pertenecerle uno solo de sus pensamientos; no entregó ni un día sin esfuerzo; *no dejó que nadie ni nada le arrebatase su presente*. Al final, consiguió terminar brillantemente la escuela e hizo una de esas carreras que todo el mundo considera "muy difícil".

En la actualidad lleva cuatro años trabajando, con un nivel de rendimiento tan alto como el de la persona más productiva de su empresa y con un futuro espléndido, al menos desde el punto de vista profesional. La enfermedad está "tan estable" que los médicos se cuestionan si su diagnóstico fue exacto o estuvo equivocado durante todos esos años.

No queremos entrar en hipótesis inciertas; lo cierto es que Amaya ha sido capaz de vencer, o al menos convivir, con su enfermedad; ha destrozado todos los pronósticos tenebrosos que se ceñían sobre ella; ha conseguido un nivel de madurez muy superior al de cualquier persona de su edad; pero, sobre todo, ha conseguido ser dueña de su vida, de su presente y, estamos seguros, de su futuro.

Amaya confió en sí misma, no se rindió en ningún momento; no se entregó a la autocompasión, a la desesperanza, al desconsuelo... a la falta de ilusión, a la ausencia de vida. Decidió luchar y consiguió "poner su cerebro a su favor, no en su contra". Y lo hizo controlando primero sus pensamientos y después poniéndolos al servicio que perseguía, y que no era otro que recuperar su presente y conquistar su futuro. Quizás algunos piensen que no hay demasiadas personas como Amaya, que más bien es una excepción; y es verdad que es una persona muy especial, pero su mérito no fue tanto su excepcionalidad, sino su confianza en sí misma; su capacidad de lucha y la decisión clara y firme de que nada le podía arrebatar la vida que ella quería.

Cuando una persona tiene esta convicción, ni la muerte es capaz de frenar esa vida que lleva dentro.

Pero no todos los casos tienen que ser tan especiales; tanto en el contexto de la consulta, como en mi vida cotidiana, he asistido a muchas historias que nos demuestran lo mismo: el presente nos pertenece si tenemos la firme voluntad de que así sea. Si miramos a nuestro alrededor, y lo hacemos "con ojos de ver", encontraremos personas que han sabido hacer "propio" su presente; es decir, que han superado las circunstancias adversas que las rodeaban y han conquistado, también, su cuota de libertad y felicidad.

> No nos confundamos, no hay nada que pueda arrebatarnos nuestro presente; incluso en las circunstancias físicas más duras que nos podamos imaginar, siempre nos pertenecerán nuestros pensamientos y, con ellos, nuestras emociones.

Si lo pensamos con detenimiento, comprenderemos por qué hay personas que siguen buscando la felicidad, incluso en los momentos más adversos, mientras que otras encuentran constantemente la insatisfacción, hasta en los hechos más favorables. Pronto pasaremos a formar parte del "primer grupo" si aprendemos a extraer lo "útil" de todo lo que hemos vivido.

Capítulo 2

Extraer lo "útil" de todo
lo que hemos vivido

Aprendamos de nuestro pasado

Exponíamos en el capítulo anterior que las personas sabias siempre siguen la máxima "Cada instante de tu vida tiene sentido si aprendes de él", y, si lo haces, los siguientes instantes serán más sencillos.

¿Cuánta sabiduría esconde nuestro pasado? La respuesta más lógica sería que nuestro pasado atesora toda la sabiduría que encierra nuestra vida. No obstante, hay personas que dilapidan este legado y lo borran como si no hubiera existido nunca. Parece que hubieran nacido ayer, y por ello se encuentran sin defensas ni recursos para enfrentarse a su vida actual.

Resulta comprensible que en un primer momento reneguemos de un pasado que nos ha resultado doloroso; pero si lo hacemos de forma permanente estaremos enfrentándonos a un presente con "las manos casi vacías", al menos vacías del aprendizaje que hubiéramos podido extraer de los acontecimientos vividos.

Hay muchas personas que siguen cometiendo este error, y lo hacen casi sin darse cuenta, pensando que no quieren abrir viejas heridas; cuando la realidad es que éstas nunca dejaron de sangrar, porque nunca llegaron a cicatrizar. No se trata de ponernos a "hurgar" sin piedad y enfrentarnos sin defensas ante hechos difíciles, que aún no hemos asimilado; nada más lejos de nuestra intención. Es más, siempre decimos que cuando nos sintamos mal, primero tenemos que concentrar nuestras energías en salir de esa situación, y sólo cuando lo hayamos conseguido estaremos en disposición de aprender y superar viejos pensamientos, que nos produjeron vivencias dolorosas. Una vez realizado este ejercicio, nos encontraremos en la mejor de las disposiciones para afrontar con garantías de éxito los retos que el futuro nos depare.

Cuando han pasado años de un determinado acontecimiento, y éste aún nos sigue doliendo, la causa no la debemos buscar en el hecho en sí, sino en las ideas que aún nos repetimos acerca de ese acontecimiento. Si en un determinado momento de nuestra infancia fuimos injustos con algún/a amigo/a y le hicimos una faena auténticamente reprobable, al cabo de los años no podemos justificar nuestro malestar diciendo que aquello sigue presente en nosotros. No nos confundamos, aquello pasó hace muchos años y, si hoy sigue persistiendo, se debe a que continuamos repitiéndonos, una y otra vez, una serie de frases interiores que nos provocan emociones desagradables. No podemos sentirnos bien cuando no paramos de decirnos: "¿Cómo fui capaz de hacer algo así?", "¡No me lo perdonaré nunca!", "¡Qué falta de sensibilidad la mía!", "¡Cómo podía divertirme haciendo semejante cosa!", "¡Si la gente lo supiera, no me mirarían a la cara!"...

> Sufrir inútilmente es uno de los peores ejercicios que podemos hacer con nosotros mismos. No se trata de que "nos permitamos todo", en absoluto, sino de que cultivemos hábitos sanos y saludables. Y no tiene nada de sano ni de saludable que, al cabo de los años, nos estemos machacando con algo que, por muchas vueltas que le demos, no podemos modificar.

Lo que sí podemos hacer es "actuar", en la medida que aún nos sea posible. La mayoría de las veces la "actuación" será con nosotros mismos, controlando esos pensamientos y haciéndolos más racionales, pero, si una vez hecho este ejercicio de "sensatez" aún pensamos que debemos, en alguna medida, reparar lo que hicimos, nos pondremos "manos a la obra".

En el ejemplo que nos ocupa, si es que no lo hemos hecho antes, podemos intentar hablar con ese amigo, si fuera posible, y preguntarle si se acuerda de aquella situación. Es muy probable que ni siquiera lo recuerde, pero si así fuera y además para él resultara dolorosa su evocación, algo muy improbable, le pediremos disculpas y le diremos que, honestamente, no sabe la cantidad de veces que nos hemos arrepentido de ello. Nadie con un equilibrio mínimo intentará pasarnos factura alguna, pero, si lo hiciera, nos corresponde a nosotros, y sólo a nosotros, decirnos que no tiene sentido pasarnos la vida lamentándonos por cosas que no podemos cambiar. Si no consiguiéramos contactar con nuestro amigo, daremos el tema por zanjado e intentaremos poner a trabajar nuestra mente en aquellas cosas que sí dependan de nosotros.

> Recordemos que como humanos nos equivocamos y nos seguiremos equivocando, y una parte de nuestra madurez consistirá en aprender de nuestras equivocaciones pasadas y "poner los medios" para que éstas no vuelvan a suceder o se repitan en el futuro.

Pero ¡cuidado!, cuando pensemos que necesitamos preguntar por ese suceso al amigo/a implicado/a, es indispensable que lo hagamos en un contexto de buen humor, pues, de lo contrario, nuestro amigo/a se extrañará y hasta se asustará pensando: "¡Cómo es posible que nos atormentemos de esa forma!". Si trabajamos bien el control de nuestros pensamientos, no tendremos que llamar a las personas con las que pudimos ser injustos, máxime si fue algo que sucedió hace tiempo. Son nuestros pensamientos los que nos pueden estar jugando "una mala pasada", y ya es hora de que los pongamos "en su lugar" para que superemos definitivamente esa tristeza o ese dolor que los acompaña. Hay personas, como Andrés, que parecen no querer perdonarse nunca.

El caso de Andrés

Andrés cometió un error típico hace unos años, en el transcurso de un viaje de trabajo, que le costó la relación con su mujer y la tranquilidad consigo mismo.

Al cabo de mucho tiempo, Andrés seguía reprochándose cada día lo que había hecho. Estaba "tirando" su vida, pensando inútilmente en algo que ya no podía cambiar, pues, repetimos, no podemos modificar o reinventar el pasado.

Andrés constantemente se decía a sí mismo: "No tengo perdón, he arruinado mi vida y la de mi familia, nunca podré superarlo, ¡cómo pude ser tan débil!, no volveré a ser feliz...". Repitiéndose estos pensamientos sólo había conseguido, como él decía, sentirse "un gusano que no merecía vivir".

Pocas veces, en el transcurso de una terapia, resultó tan difícil que una persona empezara a "perdonarse", a concederse que aún merecía vivir, a darse cuenta de que estaba siendo tremendamente injusto consigo mismo y que, además, con su actitud, poco ayudaba a los que, según él, había hecho sufrir. Muchos condicionantes actuaban en contra de Andrés; entre ellos, la educación que había recibido, el sentimiento de culpa que constantemente se provocaba, la actitud de censura de su familia, su excesiva vulnerabilidad...; en definitiva, su propia condena, su muerte en vida.

Tuvimos que trabajar hasta la extenuación con la "parada de pensamiento", pues el SNA, el que menos podemos controlar, se le disparaba de tal forma que le impedía razonar mínimamente. Cada vez que se repetía que su vida ya no tenía sentido cortábamos de raíz esas frases interiores, y poco a poco fue capaz de adquirir control sobre sus pensamientos. En ese momento realizamos una y mil confrontaciones; en éstas, Andrés analizaba objetivamente la realidad, hasta que empezó a darse cuenta de que atormentándose sin piedad no iba a conseguir cambiar o "redimir" su vida, sino todo lo contrario.

Empezó a comprender que él no había querido hundir a su

familia, que, en efecto, había cometido un error importante, pero que lo mejor es salir de ellos. Él, sin pretenderlo, superponía cada día nuevos errores al error original, cada vez que se decía que no era digno de seguir viviendo se equivocaba y se hundía más en ese pozo en el que se había metido hacía años.

Cuando por fin aceptó su dimensión humana y, como tal, la posibilidad de haber cometido y de poder cometer nuevos errores, empezó a remontar; sus pensamientos comenzaron a ser racionales y al cabo de unos meses había aprendido lo "útil" de todo lo que había vivido. Se dio cuenta de que tenía derecho a vivir, que ese castigo que se infligía era tan cruel como estéril, que con morirse de dolor cada día no conseguiría borrar lo ocurrido; descubrió que sonriendo, mirando con esperanza y diciéndose a sí mismo que aún podía hacer cosas maravillosas, sería mucho más justo consigo mismo y avanzaría en su dimensión humana.

Andrés había experimentado en carne propia los errores típicos de una educación que nos enseñó a "sufrir inútilmente".

¿POR QUÉ NOS ENSEÑARON A SUFRIR?

¿Alguna vez nos hemos detenido a pensar, cuando éramos pequeños, cuántas veces hemos sufrido inútilmente?

Nos hemos pasado parte de nuestra infancia preocupándonos "a lo tonto". Fácilmente nos agobiábamos por lo que sucedía a nuestro alrededor: sufríamos si un amigo se enfadaba con nosotros, si nos peleábamos con nuestros hermanos; si nuestros padres nos miraban enojados, si nos regañaban, si pegábamos a otros niños, si nos pegaban, si rompíamos algo, si hacíamos trastadas...

Curiosamente, también nuestros padres y los adultos que nos rodeaban se preocupaban con una facilidad increíble; los motivos parecían no importar, todo constituía una buena excusa para sufrir, y se pasaron gran parte de esos años en "alerta" permanente. Lo pasaban mal por si nos enfermábamos (cuando las pequeñas enfermedades son una compañía constante en los niños); seguían sufriendo cuando creían que éramos muy irresponsables o, por el contrario, demasiado formales; de nuevo se agobiaban si parecía que no compartíamos las cosas, o si las abandonábamos demasiado; si estábamos siempre protestando, o si no protestábamos nunca; si nos pasábamos el día pidiendo cosas, o si no nos atrevíamos a pedir nada... El caso era "no vivir".

Con estas enseñanzas, curiosamente, cuando éramos niños aprendimos a estar "atentos" ante cualquier situación que pudiera ser motivo de disgusto, pena o enfado; tanto para nosotros, como para los que nos rodeaban.

La educación, ayer y hoy, parece ir "al revés". En lugar de sensibilizar a los niños hacia lo positivo, hacia lo que hacen bien, hacia lo que les puede dar seguridad y confianza en sí mismos, los sensibiliza hacia lo que los puede perturbar, inquietar, producir intranquilidad, inseguridad y desconfianza.

¿Cómo es posible que nos equivoquemos de esa manera? Porque lo cierto es que estas premisas tienen consecuencias nefastas para la vida presente y futura de los niños a los que hoy les enseñamos a sufrir, y que mañana se convertirán en alumnos entrenados y aventajados, que aprovecharán cualquier excusa para seguir sufriendo. Pero ¡no nos equivoquemos!, que nadie piense que los niños o los adultos somos masoquistas, simplemente nos han programado para "pasarlo mal" a la mínima oportunidad. Muchas inseguridades y frustraciones tienen su origen en esas desgraciadas enseñanzas que nos inculcaron de pequeños.

Hay personas que consideran que este aprendizaje era algo absolutamente programado. Piensan que enseñándonos a sufrir es más sencillo controlarnos de adultos, porque somos más fáciles de condicionar. Quizás algunas religiones o determinados "poderes fácticos" encuentren un buen caldo de cultivo en estos principios, pero no es el objetivo de este libro analizar esos postulados, aunque a nadie se le escapa el viejo axioma de que "quien controla la educación, controla el poder". Lo cierto es que los adultos de nuestro entorno seguramente nos enseñaron a sufrir, porque eso era lo que ellos habían vivido, lo que también habían aprendido, lo que creyeron que debían transmitirnos, o lo que nos transmitieron sin percatarse de la trascendencia de lo que estaban haciendo.

Sin duda, ésta fue una de las grandes fallas de la educación que recibimos; pero lo importante no es lamentarlo, pues sería inútil, sino *ser conscientes de estas fallas, para poder superarlas y no repetirlas con las nuevas generaciones.*

¿En qué falló la educación que recibimos?

Ante esta pregunta, inevitablemente, muchos responderán que la educación que recibimos falló "en todo". Desde el punto de vista psicopedagógico, falló en principios absolutamente esenciales.

Cuando analizamos cómo ha sido la educación hasta hoy y, lo que es peor, cómo sigue siendo mayoritariamente, nos dan ganas de tirar muchos postulados "por la borda" y decir aquello de: "¡Hagamos lo contrario y acertaremos!". Cuando nos han enseñado a fijarnos de forma casi exclusiva en lo negativo que hay a nuestro alrededor, indefectiblemente, casi sin darnos cuenta, hemos aprendido a estar siempre "en guardia", para corregir a la mínima oportunidad al que supuestamente ha hecho "algo mal". Ese principio, tan claro en psicología, sobre la importancia del "refuerzo", del reconocimiento, de animar a las personas, de congratularnos con sus logros, sus avances..., sigue estando "sepultado", en aras del castigo, de la humillación, de la agresividad, de la dureza que a veces encierran nuestras llamadas de atención.

Si tuviéramos que exponer las fallas de la educación que recibimos, deberíamos comenzar por enumerar algunas de las grandes equivocaciones en que se sustentaron, entre las que cabe citar las siguientes:

✔ *Fijarnos en lo negativo* y no en lo positivo.
✔ *Sancionar*, en lugar de reforzar.
✔ *Imponer*, en lugar de dialogar.
✔ *Emplear el deber y el miedo*, en lugar de la motivación.
✔ *Potenciar:*

1. *El seguidismo*, en lugar del razonamiento.
2. *El inmovilismo*, en lugar de la creatividad.
3. *La dureza*, en lugar del afecto.
4. *La insensibilidad*, en lugar de la sensibilidad.
5. *La tristeza*, en lugar de la alegría.
6. *La derrota y el pesimismo*, en lugar de la esperanza.
7. *La desconfianza y la ruindad*, en lugar de la confianza y la transparencia.
8. *La inseguridad*, en lugar de la seguridad.
9. *La humillación*, en lugar de la autoestima.
10. *El egoísmo*, en lugar de la generosidad.

Pero lo peor es que estos errores no sólo se siguen cometiendo en la educación de los niños, los adolescentes, los jóvenes y los adultos de hoy, sino que se han potenciado, al calor de la sociedad de consumo que nos arrolla, cuando no ahoga, a las personas, supuestamente "privilegiadas", que disfrutamos de las llamadas "culturas avanzadas" de los países desarrollados.

✔ El consumismo impera sobre el consumo sostenible.
✔ La intransigencia sobre la flexibilidad.
✔ El dogmatismo sobre el respeto a la inteligencia.
✔ Las "mentes cerradas" sobre las "mentes abiertas".
✔ La reacción y el estrés sobre la acción y la salud.

Hemos de potenciar el equilibrio, la madurez, el autocontrol y desterrar la tiranía, la manipulación, la insolidaridad, el narcisismo, el desequilibrio y la insatisfacción permanente. Porque debemos saber disfrutar de nuestra vida, de esa búsqueda sana y transparente de la felicidad.

Pero... ¿existe alguna defensa? La verdad es que no es fácil defendernos de todo aquello que se ha ido "grabando" a lo largo de nuestra vida, y no sólo por la educación que hemos recibido, también a través del bombardeo a que nos siguen sometiendo los medios de comunicación, por la influencia de las ideas de los que nos rodean, por nuestra propia experiencia... Ese "legado" se apodera de nosotros sin darnos cuenta y, de repente, nos sorprendemos defendiendo postulados que no resisten el mínimo análisis, pero que se manifiestan de forma "automática".

¿Nos hemos fijado en las discusiones de pareja? Seguramente nos llaman más la atención cuando las vemos a nuestro alrededor que cuando somos los protagonistas. En el primer caso, nos sorprende que uno de los dos integrantes, o ambos en muchas ocasiones, se "encierren" en argumentos inamovibles, y muchas veces irracionales. Parece mentira con qué vehemencia se defienden incoherencias o principios que no resisten el razonamiento más elemental. ¡Pero qué difícil nos resulta ser objetivos cuando somos nosotros los protagonistas!

La realidad es que cuesta mucho percatarse de la cantidad de ideas irracionales que aún persisten en nosotros. Sólo cuando hemos aprendido a dialogar con franqueza, y sentimos la suficiente seguridad en nosotros mismos como para no desequilibrarnos con la constatación de nuestras fallas o creencias erróneas, estaremos en disposición de descubrir estos pensamientos "foráneos" que aún nos limitan y nos condicionan. Pero ¡no nos engañemos! Si es difícil "sacar a la luz" esas ideas irracionales, más complicado será eliminarlas. Nos sorprenderemos muchas veces, más de las que pensamos, defendiendo aún esas ideas que ya creíamos superadas.

El ser humano aprende a sellar sus creencias "a fuego" y le resulta muy difícil "escindirlas". Posteriormente comienza el proceso de sustituirlas por otras más racionales; pero aún hay una última fase: integrar estos pensamientos en nuestra vida cotidiana, pues no habremos logrado nuestro objetivo hasta que los hayamos automatizado.

Darnos cuenta de una conducta equivocada no significa que estemos en disposición de sustituirla por otra más apropiada. Pensemos, por ejemplo, en el tema del tabaco. La mayoría de los adultos sabemos que fumar es malo para la salud; incluso que puede provocarnos o acelerarnos la muerte; sin embargo, el conocimiento de esta realidad no nos faculta para superar inmediatamente nuestra dependencia y cambiar nuestra conducta de fumador a no fumador. Algo parecido nos ocurre con los hábitos. Sólo el "entrenamiento", y no únicamente la voluntad, permite a las personas cambiar sus hábitos.

En muchas ocasiones algunas personas me preguntan si son neuróticas. Suelo responder a su vez preguntando qué entienden por neurosis y, ¡como no podría ser de otra manera!, me dan respuestas que me permiten aprender muchísimo sobre ellas mismas, y sobre el entorno que las rodea, pues... ¿quién, a pesar de ser inteligente, no se complica la vida innecesariamente y hace tonterías? Con sólo mirar a nuestro alrededor, descubrimos múltiples ejemplos, muchos en nosotros mismos. No resulta fácil liberarnos de las ideas y los prejuicios absurdos que nos acompañan, pero sí podemos intentar que, poco a poco, dejen de condicionarnos de forma negativa. El procedimiento sería muy claro:

a)   No podemos pararnos a pensar si cada idea que tenemos es racional o irracional, ¡bloquearíamos nuestra vida y terminaríamos con la paciencia de los que nos rodean!

b)   Sí podemos cuestionarnos aquellas ideas, aparentemente nuestras, que provocan dolor. El dolor a veces sólo lo sentimos nosotros; en otras ocasiones también lo sufren las personas próximas. En ambos casos nos plantearemos la necesidad de realizar un análisis riguroso; lo que en psicología llamamos "confrontación", que como dice Lucien Auger*: "No tiene nada de misterioso. Es fundamentalmente un proceso de comparación. Se trata de que uno tome las frases que se dice a propósito del

---

* Lucien Auger, *Ayudarse a sí mismo*, Sal Terrae, Santander, 1997.

acontecimiento que sea y compruebe atentamente su exactitud, las compare con lo real y examine si describen exactamente la realidad. Si constata que esas frases interiores no se corresponden con la realidad, tiene que desecharlas y reemplazarlas por otras más exactas que se ajusten más fácilmente al mundo tal como es (y no tal como, infantilmente, desearía uno que fuese)".

Analizaremos el caso de Carmen para ayudarnos en la confrontación de sus ideas no realistas.

El caso de Carmen

Carmen tenía 39 años cuando la conocimos. Era universitaria, y había decidido dedicarse íntegramente a su familia y no trabajar fuera de su casa. Aparentemente se llevaba muy bien con su marido y tenía tres hijos que mostraban un desarrollo normal en todos los ámbitos de sus vidas. Sin embargo, ella se sentía tremendamente insegura y se reprochaba continuamente sus actuaciones.

Aunque su marido estaba muy enamorado de ella, Carmen pensaba que se terminaría cansando de sus "tonterías" y llegaría un momento en que se encontraría atrapado y con ganas de liberarse. Sus hijos sentían auténtica adoración por su madre, pero para Carmen esto era sólo cuestión de tiempo: "Terminarán descubriendo la persona poco valiosa que soy, y en ese instante me querré morir". Sus pensamientos cada día eran más absurdos, se había obsesionado con el tema de las enfermedades y protegía en "exceso" a todos los miembros de la familia. Por otra parte, su espíritu sensible y generoso la llevaba a ocuparse de todos los que tenía a su alrededor, hasta el extremo de que no dejaba un segundo para ella misma. Se pasaba la vida acompañando a familiares o amigos al médico, escuchando a todos los que se sentían mal y haciendo favores diariamente.

Para ella era fundamental la opinión de los demás, y aunque su conducta hacia ellos era intachable, siempre pensaba que la terminarían valorando poco, "porque en realidad yo no valgo nada".

Empezamos a hacer confrontaciones de todos los pensamientos y frases que, en forma de monólogos, se repetía incesantemente. Nos pasamos semanas analizando: "¿Qué evidencia hay de que no valgo nada?, ¿por qué creo que en el fondo la gente no me valora?, ¿qué me hace pensar que mi marido se terminará separando de mí, y aunque así fuera, significaría eso que el mundo se acabaría?...". En muchas ocasiones las frases estaban tan arraigadas y le producían tal dolor que era imposible confrontarlas, así que las cortábamos y continuábamos trabajando en las siguientes. Después de dos meses, Carmen comprendió que era una persona valiosa, muy afectiva, con mucha fuerza de voluntad y una generosidad que salía por todos sus poros; además, era muy valorada por los que la rodeaban y, por fin, empezó a valorarse ella misma y a sentirse cada día más segura y feliz.

Una vez que llegamos a este punto, nos pusimos a trabajar otra serie de pensamientos, muy arraigados en ella, que estaban en el origen de su desvalorización. Carmen tenía una madre muy perfeccionista, pero sobre todo muy imperativa e implacable. Nunca se había sentido satisfecha con la forma de ser de su hija, la creía débil y poco brillante. Carmen no había tenido ocasión de escuchar, en toda su niñez, una palabra de ánimo, refuerzo o reconocimiento por parte de su madre; así que llegó a convencerse de que, en realidad, ella valía muy poco y lo único que podía hacer era volcarse en los demás y refugiarse en su padre, "su paño de lágrimas". Su madre, sin saberlo, había provocado una infelicidad enorme en su hija. Las continuas muestras de insatisfacción y hasta de desesperación habían terminado por minar a la niña.

Su madre era un fiel exponente de la educación de su época. Sólo se dirigía a Carmen para señalarle lo que, según ella, había hecho mal, y continuamente le recordaba lo poco hábil que era. Por el contrario, no mostraba nunca esa afectividad que solían tener la mayoría de las madres, por lo que esa extraña mezcla (descontento permanente y falta de afecto constante) había hecho que Carmen continuase siendo una persona insegura, a pesar de llevar ya cerca de quince años viviendo fuera de su casa.

Finalmente, nuestra protagonista entendió la equivocación de su madre, y también comprendió que sólo a ella le correspondía solucionar y "superar" esos conceptos erróneos y esas valoraciones poco objetivas que se había estado formulando desde pequeña. Hacía mucho tiempo que ya no vivía con su madre, pero durante todos esos años no había parado de repetirse las mismas frases que se decía en su adolescencia; el resultado era elocuente, pero el camino a seguir estaba muy claro: dejó de decirse continuamente esas descalificaciones hacia sí misma y las sustituyó por otras más racionales, objetivas y acordes con la realidad.

Sin duda, a Carmen la condicionaron los hechos vividos, pero lo que más la influyó fueron las frases que aún se repetía, al cabo de los años.

Tenemos poco control sobre las conductas de los demás, y menos aún sobre sus pensamientos, pero siempre podemos controlar nuestros pensamientos, lo que nos repetimos sin parar. Este control nos llevará a dejar de sufrir "inútilmente".

¿Cómo nos condicionan los hechos vividos?

Desde luego, los hechos que hemos vivido no nos condicionan a todos por igual. Como dijimos en otra oportunidad: "Un niño es una personita única, increíble y singular, desde el mismo momento en que nace. Es única porque no existe nadie como él, incluso aunque tenga un gemelo con su misma dotación genética, pero él, y sólo él, tiene su propio temperamento.

"Este hecho nos lleva a otro principio básico. Todos los niños nacen con un temperamento, el suyo, y depende de cómo sea este temperamento serán más permeables o menos influenciables por el medio externo que los rodea. Precisamente por ello no sirve ni es justo tratar a todos los hermanos igual, ni a todos los alumnos igual, ni a todas las personas igual"*.

El caso de Ignacio

Ignacio tenía 45 años cuando lo conocí. Era el típico exponente de lo que la gente llama "una buena persona", tenía un negocio propio que iba muy bien, estaba muy enamorado, disfrutaba de un buen estatus, buena salud..., pero todo en su vida eran dudas.

A nivel económico la mayor parte de sus esfuerzos se encaminaba a realizar operaciones que asegurasen "su vejez"; vivía en un "desasosiego permanente" con el tema de los "ingresos y los gastos"; a pesar de la "salud financiera" que mostraba su empresa, él no se permitía el mínimo descanso en el control de sus inversiones.

Con sus empleados era agradable, pero muy exigente; le costaba conciliar el sueño por las noches y no paraba de dar vueltas a problemas inexistentes. Aunque tenía un olfato comercial privilegiado, había desarrollado, por el contrario, una habilidad poco recomendable: la de pasarse los días preocupándose "inútilmente".

La verdad es que Ignacio había conseguido que esa preocupación amargase su vida, y se sentía incapaz de controlar sus miedos e inseguridades.

Después de varias sesiones, en las que Ignacio mostraba todas las resistencias del mundo a "racionalizar sus pensamientos", optamos por una vía más contundente y trabajamos "a destajo" en su autocontrol.

Recién cuando él sintió que podía dominar sus emociones, siguiendo el procedimiento que habíamos diseñado para su caso,

---

* M.ª Jesús Álava Reyes, *El No también ayuda a crecer*, La Esfera de los Libros, Madrid, 2002.

empezó a ser disciplinado con la metodología de trabajo que estábamos desarrollando, y pudo lograr un avance significativo en el control de sus temores irracionales. El origen de sus inseguridades era evidente; cuando era pequeño, pasó de una situación económica privilegiada a una etapa dura, en la que de repente no sobraba ni un peso en casa.

Podríamos pensar que la reacción de Ignacio estaba perfectamente justificada ante los hechos que había vivido. Él había sentido lo que era pasar de la riqueza a la pobreza, y eso había marcado su futuro. Pero si este argumento fuese válido, ¿cómo explicaríamos que sus tres hermanos reaccionaran de forma tan dispar ante el mismo suceso? Su hermana vivía como si fuese "la mujer de un multimillonario"; gastaba sin cesar, se permitía todos los lujos del mundo y, en más de una ocasión, su cuñado le había pedido dinero prestado a Ignacio, para hacer frente a facturas escandalosas. Sus hermanos tenían dos buenos empleos y llevaban una vida normal: pagaban sendas hipotecas, sus hijos acudían a colegios privados, sus mujeres "trabajaban" y, cuando podían, se permitían algún que otro viaje extra. Todos los hermanos habían vivido la misma situación, pero los cuatro reaccionaron de forma diferente. De nuevo la raíz no hay que buscarla en lo que había sucedido, sino en los pensamientos que cada uno había tenido a partir de aquel hecho.

Su cuñado terminó "dejando" a su hermana, porque no podía afrontar "el tren de vida" que ella parecía necesitar. Uno de sus hermanos tiene en este momento una situación económica más difícil, porque la empresa en que trabajaba hizo un drástico plan de prejubilaciones, y con 52 años se vio fuera del mercado laboral. El otro hermano sigue con su mismo empleo, aunque está atravesando por una seria crisis matrimonial.

Ignacio aún seguía pensando en el drama que había pasado de pequeño, y se decía frases como: "Hay que tener mucho cuidado, porque la suerte te puede volver la espalda en cualquier momento", "Cualquier crisis que surja puede terminar arruinando el negocio de mi empresa", "No podría volver a vivir una situación tan dramática", "Los que no han pasado por algo parecido, no tienen ni idea de lo que se puede sufrir", "Si me descuido, otros pueden aprovecharse y hundir mi empresa", "Hay que tener mucho cuidado con lo que gastamos, mi mujer no sabe controlarse y derrocha sin cesar, como si el dinero no tuviera fin"...

Con este tipo de pensamientos Ignacio estaba consiguiendo "hundir" su vida; aunque los acontecimientos ya quedaran muy lejos y su realidad actual fuese distinta, él se preocupaba por lo más inverosímil, hasta el punto de sentirse inseguro, agobiado y lleno de temores.

Muchas personas pueden pensar que ellos, al igual que Ignacio, no tienen solución, pues determinadas experiencias los han condicionado irremediablemente. Esto es rigurosamente falso. No son los acontecimientos de nuestra vida los que determinan nuestro presente o nuestro futuro, son nuestros pensamientos los que provocan que, en esos momentos o al cabo de los años, aún nos sintamos mal.

Por fortuna, Ignacio era una persona luchadora y no estaba dispuesto a pasarse la vida hipotecado por lo que vivió de pequeño. Cuando comprendió que podía cambiar su presente, simplemente controlando los pensamientos que pasaban por su mente, puso su cerebro a trabajar "a su favor", y hoy en día es un empresario de éxito, con grandes recursos y habilidades para superar las situaciones difíciles pero, sobre todo, es una persona que de nuevo disfruta y se siente seguro ante su futuro, porque ha conseguido extraer los aprendizajes "útiles" de los hechos que vivió.

¿Cómo extraer los aprendizajes "útiles"?

Los grandes progresos requieren de mucho trabajo callado, de muchas horas a la sombra, de muchos esfuerzos unidos, de muchas vivencias compartidas; de lo contrario se convierten en éxitos efímeros, que pronto se esfuman y terminan siendo dolorosos recuerdos.

No es fácil "trabajar en equipo", pues, de lo contrario, nos pasaríamos la vida impartiendo cursos de Cómo Trabajar en Equipo.

Personalmente siempre he tenido la suerte de trabajar con excelentes personas, porque las que no eran excelentes, que también las ha habido, sencillamente no cuentan en mi presente, ya que no ocupan mis pensamientos y, en consecuencia, no detraen un mínimo de mi energía. Sin embargo, hubiera cometido un error imperdonable si no hubiera extraído los aprendizajes útiles de esas vivencias. Todas las personas tienen o han tenido utilidad en nuestras vidas, porque de todas hemos podido aprender algo; y a veces algo tan esencial como ¡no dejar que nos destruyan la moral! y no sufrir inútilmente por el simple hecho de que esas personas parezcan tener, como única misión, la finalidad de "amargarnos la vida".

El ser humano es tan complejo como apasionante, pero es cierto que algunas veces nos habríamos sentido más felices si no hubiéramos tenido "el privilegio" de conocer, compartir o trabajar con determinadas personas.

Habrá pocos lectores que no se hayan encontrado en sus vidas con alguna de estas "personas", y seguramente han maldecido más de una vez su mala suerte por coincidir con ellas. Pero la verdad es que no solemos tener la oportunidad de elegir a la mayoría de nuestros "acompañantes".

Cuando somos estudiantes alguien elige a qué colegio debemos ir, y la suerte determina el tipo de alumnos y profesores que nos acompañarán en una etapa clave de nuestra vida. Posteriormente, en el trabajo tampoco tenemos muchas opciones para "seleccionar" a quienes serán nuestros "compañeros de faena". Incluso cuando podamos "elegir" la clase de restaurante, cine, o teatro al que vamos a ir, difícilmente podremos controlar a las personas que estarán a nuestro alrededor en esos sitios. Podríamos seguir indefinidamente poniendo ejemplos que demuestren nuestra poca capacidad de elección, en relación a muchas de las personas con las que nos encontraremos en nuestras vidas, pero seguro que "a estas alturas" la mayoría somos conscientes de esta realidad; no obstante, la evidencia nos demuestra, día a día, que nos "empeñamos" en no aceptar este hecho y, en lugar de generar recursos que nos hagan sentirnos bien por nosotros mismos, nos empeñamos en una lucha tan estéril como agotadora: ¡que cambien las personas que nos rodean, y hagan lo que nosotros creemos que deben hacer!

¿Cuántas veces oímos que fulanito o menganita está muy mal porque ha tenido muy mala suerte con los compañeros/as que le han tocado?, y en lugar de buscar, dentro del fulanito de turno, las soluciones a esa situación, nos "perdemos" en un "rosario" interminable de argumentos que justifiquen el malestar de esta persona. ¡Valiosa ayuda le estamos dando! En lugar de sacarlo de ese "pozo", le estamos diciendo que aún seguirá cayéndose, porque no tiene de dónde agarrarse.

Aunque parezca demasiado crudo, eso es lo que hacemos habitualmente, y con ello caemos en uno de los errores más característicos de nuestra sociedad: creer que nuestro bienestar depende, en gran medida, de los demás.

Afortunadamente, la realidad es muy distinta y el ser humano puede extraer los aprendizajes "útiles" de esas situaciones, para ello le sirven su inteligencia y su experiencia, pero si en lugar de hacerlo así se vuelca a buscar argumentos que justifiquen su malestar, caerá en un falso determinismo, que enturbiará y condicionará parte de su vida.

El caso de Beatriz

Nuestra protagonista, Beatriz, había sufrido "en carne propia" la "mala suerte" de tener dos compañeras de trabajo que le estaban "amargando la vida". Ella no tenía ninguna duda sobre este particular; a pesar de peinar ya canas, seguía pensando cada instante de cada día en cómo librarse de "ese par de víboras que me están amargando la existencia".

Beatriz llevaba doce años trabajando en la misma empresa. Gozaba de una consideración muy alta por parte de sus jefes; era una persona responsable, eficaz en su trabajo y buena compañera; además el trabajo que hacía últimamente le gustaba mucho, pero no conseguía disfrutarlo; se pasaba el día pendiente de los comentarios de sus dos "víboras".

Hacía un año que habían trasladado a una de esas personas a otro edificio, y la "restante" había sido ubicada en otro departamento. Beatriz creyó entonces que sus problemas terminarían, pero la realidad le había demostrado lo erróneo de su apreciación.

A pesar de que habitualmente ya no veía a estas personas, y de que en muy contadas ocasiones, por el contenido de su trabajo, debía hablar con ellas, la verdad es que seguía pasándolo tan mal como antaño, porque Beatriz seguía pensando: "aprovechan la mínima oportunidad para hacerme zancadillas". Cuando creía ver alguna conducta rara en alguien, inmediatamente pensaba que las "susodichas" seguro que... "han estado hablándole mal de mí". En definitiva, estaba constantemente "alerta" para detectar el mínimo indicio de actuación perniciosa por parte de sus "enemigas".

Beatriz sólo quería hablar y hablar de estas personas; pensaba que lo necesitaba para "desahogarse", y ante nuestros intentos de reconvertir las sesiones en algo más productivo, nos decía aquello de... "¡cómo se nota que no las conoces!".

Tuvimos que trabajar duro, muy duro, para conseguir que Beatriz no tirara sus energías y empleara correctamente su inteligencia. Poco a poco fueron haciendo mella preguntas del estilo de: ¿Son dueñas estas personas de tus pensamientos?, ¿de verdad crees que no tienes otra opción que darle vueltas a lo que estén diciendo o haciendo?, ¿cuándo vas a decidir que tu vida deje de pertenecerles?, ¿el único camino que te queda es el de cambiar de trabajo?, ¿no crees que aunque te vayas de la empresa, o pidas un traslado, seguirán hablando mal de ti?

Para reforzar su "racionalidad", también empleábamos otro frente de argumentos: ¿Qué ocurre con todas las personas a las que les caes bien, ellas no cuentan para nada?, ¿acaso sólo le das valor a lo que dicen tus dos "enemigas"?, ¿cómo puedes darles tanta importancia cuando tú misma dices que intelectualmente son una nulidad?, ¿necesitas que todo el mundo te aplauda para ser feliz?... Una tercera fase consistió en: ¿Tú crees que eres un desastre trabajando?, ¿piensas que tienen razón cuando dicen que eres una trepadora y mala compañera?, ¿los que te valoran son estúpidos o eres tú la engreída?...

Llegó un momento en que Beatriz se dio cuenta de que era imposible, absolutamente imposible, pretender caerle bien a todo el mundo, y que su vida sería lamentable si su felicidad dependía del criterio o la opinión que pudieran tener personas como las protagonistas de su historia. Ella no podía controlar lo que estas personas dijeran o pensaran, pero siempre podía controlar sus pensamientos. Una de las preguntas clave, que más le ayudaron en el proceso final, fue: *¿qué es lo más que te pueden hacer estas personas?* Al final acordamos que, dijeran lo que dijesen, si ella seguía siendo dueña de sus pensamientos, y en consecuencia de su bienestar, lo más que podrían hacer era "agredirla físicamente", y eso no parecía muy probable; pero incluso, aunque así fuera, tampoco tendría que significar que su vida fuera un fracaso, simplemente constataríamos que esas personas eran dos seres irracionales, con poquísimo autocontrol sobre sus conductas, y que ellas solas se descalificaban a sí mismas.

La lección más útil que aprendió Beatriz fue que su vida le pertenecía, y que nada importaba lo que pensaran determinadas personas; si ella conseguía ser dueña de sus pensamientos, sólo tendría motivos para sentirse bien con ella misma.

En cuanto asimiló en su totalidad estos principios, "curiosamente, pero no por casualidad", su vida pareció experimentar un cambio notable: por fin se decidió a practicar algunas de sus aficiones favoritas, pronto aumentó y se enriqueció su círculo de amistades; se daba tiempo para hacer sus cosas, físicamente se encontraba mucho mejor y, lo que es más importante, ¡se sentía de maravilla con ella misma!

Todos suponemos que una de las grandes ventajas del ser humano es su capacidad para aprender de sus vivencias; pongamos en marcha este principio y desterremos el viejo dicho de que "Sólo el hombre tropieza dos veces con la misma piedra". ¡Aprendamos pues de nuestro pasado para recuperar nuestro presente!

Recuperemos nuestro presente

Sin duda, el presente es nuestro principal "activo" y lo es porque nos pertenece plenamente. Es cierto que a veces hay circunstancias que no favorecen un presente cómodo, pero no por ello vamos a renunciar a él. En muchas ocasiones, cuando volvemos la vista atrás, vemos cómo algunos acontecimientos, que entonces los vivimos con tristeza y dificultad, fueron, por el contrario, cruciales en nuestras vidas. Gracias a ellos fuimos capaces de dar determinados pasos que, de otra forma, nunca habrían ocurrido.

Cuando miramos desde la distancia, ¡con qué facilidad extraemos las consecuencias de lo que vivimos! Es como si todo se desplegara ante nosotros para ofrecernos la oportunidad de aprender. Por el contrario, ¡qué difícil nos resulta a veces ver lo evidente, lo que está pasando ahora delante de nosotros, lo que estamos viviendo en el presente! Y es difícil porque perdemos la objetividad, estamos demasiado metidos en la acción, no miramos con perspectiva.

Resulta curioso que caigamos continuamente en algo tan evidente. Con una facilidad digna de mejor fin nos sentimos una y otra vez atrapados por alguna circunstancia que nos hace tambalearnos, que nos ciega hasta el extremo de creernos, de nuevo, que estamos ante un problema de difícil solución. A veces son sólo necesarias unas horas, incluso unos minutos, para que lo que veíamos negro y oscuro aparezca nítido y claro; pero... seguimos sin aprender, y en las siguientes horas ya estamos dispuestos a ver nuevos fantasmas en el horizonte. (Sin duda, éste debe ser el origen de ese dicho popular que nos aconseja contar hasta diez antes de actuar.)

La verdad es que si pensamos un poco veremos cómo continuamente hipotecamos nuestro presente. Reflexionemos, por ejemplo, con el tema de las vacaciones. Nos pasamos los meses esperando que lleguen las esperadas vacaciones; mientras tanto, vivimos el día a día con esfuerzo, los momentos para disfrutar parecen ser mínimos, y sólo nos alegra un poco el horizonte la ensoñación de esos días de descanso. Con abnegación, y a veces con auténtica resignación, vamos cumpliendo nuestras jornadas de trabajo o estudio, sin apenas disfrutarlas, como si el esfuerzo y la felicidad tuvieran que estar reñidos. Todo lo hacemos en función de las vacaciones, y así los días entre semana parecen ser un forzado peaje para llegar a los sábados y domingos, únicos días "que son nuestros", y que suponen un paréntesis en ese largo y duro camino que tenemos que andar para alcanzar las vacaciones del año.

¿Pero qué pasa cuando llegan las vacaciones? Las expectativas difícilmente se cumplen, han sido demasiados meses soñando y, con frecuencia, la realidad no se corresponde con los sueños; pero incluso en los casos en que todo va saliendo bien, llega un momento en que nos empezamos a "entristecer", que ya no disfrutamos tanto, porque comenzamos a pensar que... las vacaciones se terminan. En lugar de disfrutar de los días que nos quedan empezamos a imaginar que pronto volveremos al trabajo, a la rutina, al esfuerzo y que ya sólo nos faltan "x" días, que nos queda todo un año por delante antes de tener otras vacaciones largas. En definitiva, los últimos días los encaramos como los domingos por la tarde, con el síndrome del lunes, sin disfrutar, y con frecuencia con nostalgia, cuando no con rabia.

Moraleja: si vivimos el presente pensando en el futuro, y cuando llega el futuro rápidamente lo sentimos como pasado, volveremos a no vivir el presente... y nos hipotecaremos hasta el siguiente verano, cuando empezaremos de nuevo con ese desesperante engranaje, en el que rechinan todas las piezas.

Ante estas reflexiones, algunas personas creerán que no diríamos eso "si nos tocase vivir su cruda realidad". Pero sea cual fuere la realidad, lo cierto es que podemos conseguir "vivirla a nuestra manera", siendo dueños de nuestros pensamientos. Cuando llegamos a ese punto, en que nos adueñamos de lo que pasa por nuestra mente, de verdad que no hay realidad que no podamos mejorar internamente.

La observación de lo que ocurre a nuestro alrededor, como siempre, será la mejor forma de aprender. Si nos esforzamos por mirar y reflexionar sobre lo que vemos, nos daremos cuenta de que la gente es feliz o infeliz, no por lo que le pasa, sino por cómo se toma la vida.

Hace unos días me mandaron por correo electrónico una supuesta carta que García Márquez había escrito a sus amigos al saberse cercano a la muerte. De ser cierto, era un ejemplo de sensibilidad y sabiduría. A través de esas líneas, llenas de emoción, nos resultaba fácil imaginarnos cómo García Márquez estaba viviendo esos momentos; para él, cada día es un regalo que intenta aprovechar y disfrutar al máximo. No está esperando que llegue el próximo verano, *está disfrutando cada instante de su presente*.

En uno de los múltiples libros de autoayuda que, por mi profesión, he leído había un ejercicio que me pareció especialmente útil, aunque difícil de llevar a la práctica. El autor, en este caso con bastante sentido, nos decía que para intentar vivir con más plenitud y optimismo, "viviésemos cada día como si fuera el último de nuestra vida".

No es un drama, todos somos conscientes de la cantidad de tiempo que tiramos sin vivirlo, dejándolo pasar, como si el tiempo fuera infinito, como si nos perteneciera la eternidad. Recuperar el presente significa en muchos casos empezar a vivir; en otros, para recuperarlo de verdad, tendremos que liberarnos de una especie de secuestro o secuestrador que, sin darnos cuenta, nos está robando nuestra vida.

En cualquier circunstancia, recuperar el presente será el mejor regalo que siempre podemos hacernos.

¡No más sufrimientos inútiles!
¡Basta de sufrir!

Siempre es doloroso ver sufrir a las personas que hay a nuestro alrededor, pero resulta un drama cuando los que sufren son jóvenes que, teniendo toda la vida por delante, parecen convencidos de que para ellos ya no hay futuro. Cuando te has pasado la vida estudiando, con la ilusión de llegar a ser médico, ingeniero, arquitecto, químico... o lo que sea, y de repente te dicen que no puedes estudiar lo que tú quieres porque no te alcanza la nota, porque no has aprobado la selección, o por las distintas circunstancias que la razón no alcanza a comprender, ¡parece que el mundo se te cae encima!

Cuando por fin, después de más de veinte años de esfuerzo y sacrificios, acabas tu formación y, después de dos o tres años de incesante búsqueda, te encuentras con que es imposible hallar trabajo en tu área, también ¡se te cae el mundo encima! Cuando después de un accidente te quedas minusválido o fallece tu ser más querido, igual. En todos estos casos podríamos argumentar que es imposible no sufrir, y es cierto, pero, por favor, no nos sumerjamos y anclemos sin retorno en ese sufrimiento. Es injusto e inútil.

El caso de Miriam

Miriam se había pasado la vida, desde los 4 años, practicando su deporte favorito. Había conseguido ser una deportista de elite, de las que "le roban" todos los días varias horas a su vida para "llegar a lo más alto".

Al cabo de muchos años de esfuerzo y sacrificio, había conseguido figurar entre las mejores especialistas de España, pero cuando por fin parecía que iba a recoger los frutos de tanta dedicación se produjo una lesión que le impidió no sólo volver a la competición, sino que la dejó inútil para cualquier otro tipo de deporte.

Miriam se quedó ¡hundida en la miseria! Todo su mundo había girado en torno al deporte; los estudios se habían resentido hasta llegar a tirar por la borda la posibilidad de hacer una carrera universitaria; su círculo de amigos era muy exiguo y se circunscribía al ámbito deportivo, sus alegrías parecían haber muerto con su lesión.

No podía extrañarnos que Miriam pensara que no tenía futuro. La dedicación extraordinaria a esa actividad había resentido el resto de las áreas y facetas de su vida. Teníamos ante nosotros a una joven tímida, asustada, insegura, resentida con la humanidad y con una crisis depresiva importante: incapaz de ver algo positivo. Continuamente se repetía que *ya no volvería a ser feliz, que su vida había terminado, que no era justo acabar de esa manera después de tanto esfuerzo.*

Miriam estaba acostumbrada a sufrir, llevaba años sufriendo con el deporte; esforzándose por conseguir nuevas metas, intentando acallar el dolor de sus huesos ante tanto entrenamiento, resignándose cuando sus actuaciones no conseguían el premio esperado. Miriam se había pasado muchos fines de semana intentando recuperar el tiempo que le robaba diariamente a sus estudios, sin salir como el resto de sus compañeros, con un desarrollo corporal muy por debajo de las niñas de su edad, a consecuencia de la medicación que le hacían tomar para rendir más, para no perder la flexibilidad de sus movimientos... Miriam no era como el resto de las niñas, pero, como ella nos decía: "El deporte me compensaba todo". Cuando ya no pudo practicarlo, cuando sus huesos no quisieron seguir en esa lucha, a veces contra la propia naturaleza, Miriam "se quebró".

Los adolescentes y los jóvenes viven todo con la intensidad, profundidad y radicalidad que les da su edad. Miriam se había lanzado a una carrera de sufrimiento continuo y permanente. Nada parecía hacerla reaccionar, aunque había algo que podíamos volcar a su favor: la capacidad para esforzarse, para luchar, para vencer los obstáculos y las dificultades. Su resistencia era infranqueable, pero poco a poco empezó a dejar que emergiera la persona luchadora que llevaba dentro, primero para quejarse y quejarse, pero luego para poner sus energías al servicio de un objetivo más útil: recuperar su alegría, sus ganas de vivir, de pasarlo bien, pero, sobre todo, recuperarse a sí misma.

Miriam entendió que, tarde o temprano, su carrera deportiva habría llegado a su fin y, en ese momento, con varios años encima, seguramente le hubiera resultado más difícil integrarse en la vida normal de las personas de su edad. Por supuesto que compartimos con ella que su lesión había sido una canallada, pero quejándose lo único que conseguiría sería abrir otras heridas, las de la mente, como ella decía, y precisamente las más difíciles de curar.

Por el contrario, había empezado a disfrutar de ¡tiempo para ella! Aunque al principio no le interesaba nada, al cabo de unas semanas empezó a salir, muy tímidamente las primeras veces, pero con alegría y "asombro" después. No tardó mucho en darse cuenta de todo lo que se estaba perdiendo, del regalo que suponía poder disponer de esas horas que ella dedicaba al deporte, de los amigos nuevos que estaba conociendo. Tuvimos que trabajar casi todas las áreas: autocontrol, comunicación, habilidades sociales, asertividad (autoafirmación, seguridad en sí misma), proactividad (pasar de la reacción a la acción)..., pero ¡mereció la pena!

Para Miriam siempre será un duro golpe pensar en lo que podría haber logrado y el punto donde su lesión la frenó en seco. Con la tenacidad que había demostrado en el deporte, consiguió dejar de pensar continuamente en esa pérdida, y llegó un momento en que por fin volvió a sonreír.

No es la primera vez que he atendido casos de chicos o chicas, deportistas de elite, que habían conseguido triunfar en una faceta muy especial, pero a costa del resto de las áreas de su vida. Adolescentes y jóvenes que hacían una vida de extraterrestres, y que al final sufrían las consecuencias. El sufrimiento extremo de estos jóvenes, el estrés que genera la competición, la dedicación en cuerpo y alma a su deporte, los cambios hormonales que padecen..., siempre hacen que me cuestione la utilidad de esta "carrera" paralela, que los lleva muchas veces a la "cuneta" de la vida real.

Termino este apartado con una reflexión evidente:

El sufrimiento inútil siempre es doloroso, pero resulta insoportable cuando lo ves "provocado" en la figura de un menor.

Aprendamos a vivir el presente sin los condicionantes negativos de nuestro pasado. "Hoy es el mañana del ayer"

Ésta es la tarea más complicada, entre otras cosas, porque para liberarnos de los condicionantes negativos de nuestro pasado primero tendremos que ser conscientes de la cantidad de pensamientos y creencias que, en este momento "presente" de nuestras vidas, aún nos siguen condicionando.

Una de las mayores ingenuidades que cometemos los adultos es creer que somos "dueños de nosotros mismos", cuando la realidad es que una parte importante de nuestras conductas está "automatizada"; es decir, las repetimos sin darnos cuenta, como si fuéramos pequeños robots que reproducimos lo que tenemos grabado.

El ser humano va grabando en su cerebro, que actúa como una especie de disco duro, todo lo que va viviendo. Puntualmente quedan registrados todos los acontecimientos que le han ocurrido, los sentimientos que le han generado, las emociones que ha sentido (las alegrías o tristezas que ha experimentado)..., absolutamente todo. Cuando los acontecimientos tienden a repetirse, la persona empieza a actuar de forma mecánica, su cerebro "busca" hechos parecidos en su pasado y, cuando los encuentra, desencadena de inmediato las emociones que sintió en aquellos momentos y tiende a repetir las conductas de entonces.

No estamos hablando del determinismo ni de la falta de libertad de las personas; no nos confundamos, estamos hablando del *comportamiento humano*. En ningún momento negamos la capacidad de elegir libremente, pero no podemos obviar que esa "elección" la mayoría de las veces no se ha producido, sino que simplemente se ha "reproducido" una conducta ya vivida, que estaba unida a un hecho y a una emoción que ocurrieron en el pasado, y que quedaron registrados en nuestro cerebro.

Un ejemplo típico nos ayudará a entender fácilmente lo que puede parecer un "galimatías". Vayamos al mundo de los estudios; cuando yo estudiaba bachillerato en mi colegio no había COU, por lo que todas las alumnas (era de mujeres) nos disgregábamos y hacíamos este curso en diferentes centros. Yo lo hice en un instituto adscrito a la Complutense. Ninguna de mis antiguas compañeras había terminado en este centro, pero esto no me pareció un obstáculo importante, pues era un curso de transición y a esa edad te interesa conocer gente nueva. Por otra parte, nunca había tenido dificultades para establecer nuevas relaciones, así que me las prometía tan felices. Lo que entonces ignoraba, ingenua de mí, era que no tenía demasiadas defensas para enfrentarme a determinados "catedráticos", que entonces imperaban como mandatarios absolutistas de sus reducidos pero fuertes "reinos".

Empezó el curso y me dispuse a pasarlo lo mejor posible, una de las finalidades que siempre he creído que han de tener los estudiantes; para mí, estudiar siempre ha estado unido a una etapa en que disfrutas de un ambiente de alegría, compañerismo y buen humor. Pero no contaba yo con la trayectoria y las conductas ancladas del mencionado catedrático. La media de aprobados de este profesor no solía sobrepasar el cuatro por ciento; ni qué decir de las alumnas del instituto "de toda la vida", que apenas asistían a su clase, pues obviaban esta asignatura; allí estábamos las "novatas", que ingenuamente habíamos elegido su materia. Después de los primeros días de clase, la mayoría nos dimos cuenta de que "lo íbamos a pasar muy mal para aprobar". Además, era dificilísimo adaptarse a la forma de dar clase de esta persona, por lo que no tendríamos más remedio que "apechugar" y estudiar sin descanso, con una intensidad que yo, desde luego, no volví a experimentar, ni siquiera en los años de carrera, cuando, afortunadamente, no volví a encontrar un profesor con ese nivel de exigencia. Todo este preámbulo es para que nos situemos en el cúmulo de conductas automatizadas que se generaron en la mayoría de nosotras.

Una vez que vimos la proporción de aprobados de nuestro insigne profesor, las alumnas "aprendimos" a estudiar con bastante ansiedad esta materia, y "aprendimos" también a responder de una forma determinada antes, durante y después de los exámenes. Un grupo de alumnas decidió que ellas "pasaban" y directamente dejaban la materia para rendirla en septiembre. Otro grupo estudiaba con un nivel de dedicación y esfuerzo, seguramente merecedor de mejor causa, que las dejaba "exhaustas" y al borde del "ataque de nervios" en los exámenes; eran las alumnas que se quedaban "sin color" el día de los exámenes, que se les salía el corazón del pecho y que empezaban a sudar y a ir al *toilette* sin poder parar esas manifestaciones fisiológicas hasta terminar los exámenes. Y había un tercer grupo de alumnas que intentábamos estudiar lo que podíamos, que desde luego no lo pasábamos bien en los exámenes, pero que no llegábamos al nivel de pérdida de control de muchas de nuestras compañeras. Después del primer examen estas conductas fueron "aprendidas" y bastante "automatizadas". Incluso en el transcurso de las clases, muchas alumnas habían "aprendido" a "estar en vilo", casi ni se atrevían a respirar, ante la posibilidad de que nuestro augusto profesor optase ese día por preguntar de "sorpresa" a la clase, en lugar de disertar sin rumbo, que era su entretenimiento favorito.

Si lo pensamos con detenimiento, muchos reconoceremos conductas parecidas en nosotros. Los ejemplos pueden ser múltiples; con determinados amigos tendemos a comportarnos de una forma especial; lo mismo nos puede ocurrir con algunos compañeros, con el jefe de turno, con el "pesado" que siempre hay en nuestro entorno, con la persona generosa que casi todos conocemos...

En definitiva, y volviendo al principio de la disertación, nuestro cerebro siempre, ante la situación que en ese instante estemos viviendo, "rastrea" en nuestro pasado buscando situaciones similares, y tiende a provocarnos la emoción que entonces sentimos. Ese mecanismo hace que, sin darnos cuenta, "tendamos" a actuar como lo hicimos antaño y, en consecuencia, volvamos a sentir emociones parecidas. Imaginemos que hemos sufrido una humillación por parte de alguna de esas personas que, de forma bastante enfermiza, parecen disfrutar vejando a la gente, ¿qué creemos que sentiremos la siguiente vez que estemos delante de ese individuo? Seguramente, una emoción muy parecida a la que tuvimos la vez anterior.

Hay personas que aprenden a sentir rabia, coraje, desesperación, impotencia, alegría, júbilo... ante determinados hechos o en presencia de algunas personas; lo normal es que, cuando vuelvan a producirse acontecimientos parecidos, las emociones y los "pensamientos" que nos vengan a nuestra mente, en principio, sean "automáticos" y, en consecuencia, poco racionales. Nuestro cerebro, además, tiende a repetir con fuerte intensidad las últimas emociones, no las primeras. Eso explica por qué, cuando hemos sentido ansiedad, angustia o incluso pánico en una situación concreta, al repetirse lo primero que experimentamos es la última emoción. Imaginemos a una persona que conduce sin ningún problema durante diez años, y de repente tiene un accidente importante; la siguiente vez que maneje su auto su mente no estará relajada, pensando en los diez años de conducción sin problemas, sino que revivirá alguna de las sensaciones vividas antes, durante o inmediatamente después del accidente. Lo más reciente que hemos vivido es lo que más grabado está en nuestra mente.

Si vamos cualquier noche a la guardia de los hospitales veremos muchos casos de personas que acuden pensando que sufren un ataque al corazón, una angina de pecho o una dolencia similar. Un estudio más detallado nos mostrará que algunas de esas personas "repiten" periódicamente estas visitas, pensando que, de nuevo, están sufriendo una crisis importante. Han aprendido a interpretar como peligrosos determinados síntomas, y ante situaciones parecidas reviven ese conjunto de sensaciones que les parecen peligrosísimas y las empujan a visitar otra vez las instalaciones hospitalarias. Así empezaron muchos casos de personas que se acostumbraron a tomar un determinado ansiolítico o antidepresivo, para "paliar" estas crisis, y al cabo de los años se encuentran totalmente "enganchadas" y sin posibilidad aparente de librarse de esa medicación.

La causa, de nuevo, no hay que buscarla en la situación en sí, sino en los pensamientos que uno se repite, de forma continua, ante esos acontecimientos. Esos pensamientos, como ya hemos indicado en numerosas ocasiones, son los únicos responsables de esos dramas que parecen atenazarnos y que merman la capacidad de elección del ser humano. En definitiva, no se trata de pasarnos la vida "buceando" en nuestro interior, en un intento casi desesperado por localizar esos pensamientos automáticos, que parecen dirigir nuestra existencia. Pero sí conviene hacerlo cuando nos encontremos mal, cuando empecemos a sentir ansiedad, insatisfacción, disgusto, apatía, desconsuelo, rabia, impotencia...

No tiene sentido que nos sintamos mal "automáticamente" por el simple hecho de que una escena se parezca a otra anterior que vivimos, y que nuestro cerebro, en su momento, recogió y grabó como experiencia negativa, pero lo cierto es que así funcionamos habitualmente.

Es importante que recuperemos el control "voluntario" de nuestros pensamientos en esos momentos negativos, porque eso nos conducirá al control de nuestras conductas y, lo que es más importante, al control de nuestras emociones.

¿Qué creemos que le pasa a la persona bulímica cuando se provoca un vómito? La mayoría de las veces lo hace diciéndose a sí misma que es la última vez que lo va a hacer, pero que en ese momento no puede evitarlo, pues se siente muy incómoda, con una sensación de empacho, ya que le sale la comida por las orejas. Por desgracia, la siguiente vez que le ocurra algo parecido, de nuevo su cerebro le jugará una mala pasada, la llevará a la situación anterior, y ella volverá a repetir la misma conducta, diciéndose a sí misma que "será la última vez...". ¿Esta persona, de verdad actúa con total libertad en esos momentos, o su conducta se encuentra condicionada por hechos o situaciones parecidos que ha vivido anteriormente? Algo similar le ocurre a la gente que está intentando dejar de beber, o de fumar, o de gastar menos..., siempre la misma cantinela, siempre la misma jugada por parte de su cerebro.

¿Qué nos dicen esas personas que se "disparan" ante determinadas situaciones y provocan una bronca o una escena desagradable? Su argumento, tanto si son adolescentes como "adultos", suele ser que en esos momentos tienen un "genio" que les resulta imposible controlar; en el mejor de los casos piden disculpas, aunque no prometen que no vaya a suceder en un futuro, pero en muchas ocasiones se engañan a sí mismos, y exigen, como única solución, que el resto cambie su actuación, pues de lo contrario ellos no tendrán más remedio que volver a actuar de la misma forma. En esos casos, de nuevo, la causa de la falta de control no hay que buscarla en los hechos en sí mismos, sino en las frases, en los pensamientos que esas personas se repiten, a consecuencia de esos acontecimientos. Si alguien se dice sin cesar: "Esto es intolerable, me están agrediendo de forma injusta, ¡cómo voy a consentir algo así!...", difícilmente se controle, sobre todo cuando en otras ocasiones ya tiene el precedente de que él "salta" en cuanto empieza a decirse a sí mismo cosas parecidas.

¿Qué hacer entonces? Lo primero, en esas ocasiones de falta de control o cuando nos encontramos mal, es que aprendamos a ser conscientes de nuestros pensamientos, para poder confrontarlos con la realidad y sustituirlos por otros más objetivos; pero si vemos, cuando nos damos cuenta, que ya estamos muy "disparados", al menos seamos capaces de cortarlos y reemplazarlos por otros más neutros, que nos ayuden a salir de esa especie de pozo sin fondo en que nos metemos. Vamos a intentar ilustrar el procedimiento siguiendo el caso de Miguel.

El caso de Miguel

Nuestro protagonista era lo que, eufemísticamente, se considera "un niño de papá". A punto de cumplir 30 años, Miguel se consideraba una persona solitaria, llena de contradicciones, incapaz de llevar una existencia mínimamente normalizada, harto de sí mismo, de su familia, de sus compañeros de trabajo y de "muchos" de sus "pocos" amigos.

Su historia estaba plagada de fracasos, abandonos y, quizá como elemento causante del resto, de sobreprotección. Sus padres eran muy dispares "en todo"; la convivencia con ellos había sido un continuo caos que habían padecido los tres hermanos, pero a diferencia de Miguel, que era el pequeño, su hermana mayor y su hermano mediano, aunque recordaban con tristeza su infancia, habían conseguido, a pesar de todo, llevar una vida normal. Ambos tenían buenos trabajos y eran profesionales bastante competentes. A nivel familiar, estaban casados, con uno y dos hijos respectivamente y, salvo los típicos desencantos, disfrutaban de una relación afectiva estable.

Miguel, por el contrario, nunca había llegado a terminar una carrera, aunque había empezado dos, y laboralmente no parecía encontrar "su sitio" en ninguna empresa.

Rastreando vimos que él había vivido algunas circunstancias diferentes de las de sus hermanos. Su madre quedó embarazada de Miguel cuando la pareja había decidido separarse. En uno de esos momentos de "acercamiento o desesperación", cuando menos se lo esperaban, llegó el tercer embarazo. Los padres de Miguel decidieron volver a intentarlo y, de hecho, no se separaron hasta veinte años después.

Ambos pronto se sintieron muy culpables, al pensar que Miguel viviría desde pequeño el horror que suponía su convivencia y, como reacción, cada uno a su manera lo sobreprotegió hasta el extremo de que hicieron de él un "niño mantequita". Continuamente parecía estar enfermo, faltaba a clase con mucha asiduidad, le daban todos los caprichos, le perdonaban todas sus muestras de egoísmo y falta de control y, sin quererlo, hicieron de él una persona tirana y manipuladora, acostumbrada a tratar mal a todos los que había a su alrededor. Miguel se había convertido en un joven insatisfecho, poco solidario, apático, dispuesto a abandonar cualquier situación que requiriera esfuerzo, acostumbrado a mentir de forma compulsiva, como método de justificar lo injustificable, y en permanente lucha con todo lo que lo rodeaba.

Cuando lo conocimos aún vivía con su padre, lo habían echado del último trabajo que, como los anteriores, le había buscado y proporcionado su padre; acababa de dejarlo su novia y sus amigos "no querían saber nada de él". Su madre, desde hacía tiempo, no quería "ni verlo". Pensaba que toda la culpa la tenía su ex marido, pues había sido un ejemplo "infernal" para su hijo. Miguel no parecía echar de menos la falta de contacto con su madre, y sólo acudía a ella cuando quería alguna cosa concreta, normalmente dinero extra o algún capricho especial.

Su padre se sentía totalmente desbordado. ¡Ya no le quedaban amigos que quisieran proporcionarle trabajo a su hijo, ni aunque él se lo pagara! Sus hermanos vivían la situación a la distancia, los apenaba la realidad de Miguel, pero sentían que poco podían hacer, ya que su hermano siempre había "hecho la suya" y nunca los había escuchado. Además, últimamente Miguel se mostraba muy agresivo con ellos, y los culpaba de que no lo hubieran apoyado de pequeño y no le hubieran ayudado a estudiar. Decía: "Ellos bien que se apoyaban entre sí, pero a mí que me partiese un rayo; en realidad, debían de tenerme celos o envidia, porque yo era el pequeño".

Por supuesto que para Miguel todos sus fracasos en el mundo laboral habían sido producidos por los impresentables de sus jefes, o por los compañeros imposibles y llenos también de envidia, que había tenido. En ningún momento se planteaba que él podía haber hecho algo mal; según Miguel: "La gente no sabe trabajar y no admite nuevas ideas, están todos aborregados y son unos chupamedias indecentes".

Su ex novia tampoco se libraba de sus reproches. Él sentía que lo había dejado porque "No soy ingeniero, ni tengo una mierda de máster hecho en Estados Unidos".

Por supuesto que no había venido al psicólogo a petición propia, sino porque "al idiota de mi padre de nuevo le han lavado el coco y pretende que me arreglen afuera lo que él toda su vida lleva fastidiándome dentro; será porque no sabe cómo tirar el dinero, porque de pequeño ya me llevó a tres psicólogos diferentes, que lo único que hacían era intentar ganarse mi confianza y caerme bien".

Con estos antecedentes, la verdad es que el caso de Miguel era todo un reto. Una de las primeras decisiones que tomamos, después de la primera entrevista con él, fue la de no volver a verlo hasta que hubiéramos trabajado previamente con sus padres, especialmente con su padre. Necesitábamos entrenarlos en cómo tratar a una persona de las características de Miguel. Su padre no salía de su asombro al principio; le costaba entender que no tenía por qué aguantar las escenas de Miguel, ni seguirle dando dinero, con casi 30 años; ni soportar las broncas que siempre montaba cuando iba cualquiera de sus hermanos, ni las rencillas con la persona que trabajase en casa, fuese quien fuese, pues en los últimos dos años habían circulado cuatro distintas. Poco a poco fue comprendiendo que difícilmente Miguel actuaría como un adulto si lo seguíamos tratando como un niño, al que él consentía todo, entre otras cosas, por la culpabilidad que había sentido desde el mismo momento en que se enteró de que venía al mundo.

Podemos imaginarnos fácilmente las escenas que Miguel le montó a su padre en cuanto vio su cambio de actitud; intentó romper por todos los medios la incipiente seguridad y resolución que parecía mostrar su progenitor. Afortunadamente, y con el apoyo absoluto de sus hermanos, su padre empezó a darse cuenta de que ese era el único camino, y cada vez mostró una actitud más "madura y adulta" con Miguel.

Cuando Miguel volvió a consulta, venía con toda la agresividad que puede desarrollar una persona de sus características, muy poco acostumbrado además a controlarse. Evidentemente, las primeras sesiones fueron un pulso permanente por su parte para intentar que yo cambiase las orientaciones que le facilitaba a su familia, y que lo habían llevado "a la ruina económica", "no tengo ni para tabaco, ¡qué demonios pretendes, que me sumerja en el mundo de la droga para pagar mis cosas!". Por suerte, Miguel "no era tonto" y pronto comprendió que esos chantajes no funcionaban conmigo; antes bien, me reía bastante y le decía que si quería actuar como un adolescente yo lo trataría como tal.

La realidad es que hoy apenas veo a Miguel una o dos veces al año, para ver cómo sigue todo, y tenemos una buena relación, estoy convencida de que incluso siente afecto por mí. Miguel empezó a vivir el presente, sin condicionantes de su pasado, cuando aceptó que le correspondía a él, y sólo a él, la tarea de rehacer su vida.

Le costó entender que no había culpables, sino situaciones y circunstancias que habían producido determinados hechos; que cada uno había actuado lo mejor que había podido y que ahora, en su momento presente, que era el que realmente tenía, podía por fin poner orden entre tanto caos, y sacar "partido" a la persona, sin duda inteligente, que llevaba dentro. Una de mis frases favoritas por aquel entonces era: "Miguel, si conseguimos poner tu cerebro a tu favor, con la imaginación y la agilidad mental que tienes, pronto verás los resultados; pero si sigues poniéndolo en tu contra, no hace falta que analices cómo estás, basta con que cierres los ojos y te mires por dentro unos segundos".

Al principio, para que Miguel se diera cuenta de que su mente no paraba de decirle cosas negativas que lo único que le creaban era insatisfacción y conflictos, hicimos múltiples registros. Miguel apuntaba literalmente, cada vez que se sentía mal, qué día y hora eran, dónde estaba, con quién y qué hacía; qué sensaciones físicas o fisiológicas sentía y, lo que era más importante, qué estaba pensando en esos momentos. Poco a poco se fue haciendo un experto en detectar sus pensamientos; al cabo de unas semanas veía perfectamente la relación entre lo que pensaba y lo que sentía, y a los dos meses ya era capaz de "controlar" parte de sus pensamientos irracionales. Aún le costó tiempo cambiar algunos de los hábitos que más arraigo tenían en su vida, como el de echarles la culpa a los demás ante cualquier contratiempo, o controlar sus conductas impulsivas y agresivas.

A los seis meses fue capaz de comenzar a vivir de forma independiente. Por fin había conseguido un trabajo por sí mismo, y la verdad es que pronto aprendió cómo arreglárselas con las tareas domésticas.

Nos costó más desarrollar sus habilidades interpersonales; pues no estaba acostumbrado a dialogar; en él todo había sido mandar, imponer y exigir. Pero se terminó gustando mucho más a sí mismo cuando aprendió a ponerse en el lugar de los demás. Empezó a hacer algunos cursos, que le permitieron mejorar de forma significativa sus condiciones laborales. Miguel, en cuanto cambió su disposición, aprendió rápidamente. Aún tuvo dos o tres ocasiones en las que "metió la pata" claramente con sus compañeros, al no controlar la vena de "dictador" que llevaba dentro; pero al día siguiente fue capaz de pedir disculpas y, además, lo hizo con una actitud absolutamente dialogante y sin prepotencia. Hoy Miguel está viviendo su presente y, como hemos comentado muchas veces, lo está haciendo en mejores condiciones que la mayoría de las personas que lo rodean, pues éstas no han tenido la ocasión de entrenarse en el control de sus vidas, por lo que carecen de muchos de los recursos y habilidades que él ha desarrollado.

Si alguna ventaja tiene un pasado difícil es que te da la oportunidad de desarrollar más competencias, más destrezas ante las situaciones presentes y futuras. Miguel supo extraer los aprendizajes de su pasado. Ese cambio de actitud le permitió rescatar su presente: ¡había tomado el camino acertado!

> Tener un pasado complicado no tiene por qué ser igual a tener un presente sin futuro.

¡Tomemos el camino acertado!

En muchas ocasiones el problema no consiste en seguir un camino equivocado, sino en no ver ningún camino. Hay momentos en los que el destino parece ponernos a prueba, ¡y de qué forma! Hace unos meses, un amigo, a raíz de una situación complicada que estaba viviendo, me dijo algo así como: "¡Ya me contarás tú qué enseñanza se puede sacar de este desastre!", y yo le contesté, con una sonrisa de complicidad: "¡Hombre, no me digas que no lo ves!". Su siguiente expresión no me parece muy apropiado reproducirla en un soporte escrito, pero nos la podemos imaginar. Una vez soltado su "desahogo", de nuevo volví a la carga, esta vez riéndome, y le dije: "¡Pero no te das cuenta de que después de esto cualquier cosa que te pase te parecerá una insignificancia! ¿De verdad no ves la oportunidad que estás teniendo para aprender a no sentirte afectado, por mucho que un mentecato lo pretenda?".

Estábamos hablando de un tema laboral, le insistí en que "jugase" a sorprender a su inmerecido jefe en la primera ocasión que se le presentase; así, en lugar de enfadarse o sentirse consternado ante sus descalificaciones, le respondería con una amplia sonrisa, diciéndole aquello de "¿alguna otra aportación, o por hoy ya nos has iluminado bastante?". Esta respuesta no era agresiva considerando la superficialidad del "mandamás" en cuestión; no obstante, le sugerí otras respuestas "a medida", en función de su estado anímico y del ambiente imperante; si se sentía muy débil, y creía que "el horno no estaba para bollos", siempre podría sonreír y hacer un gesto como diciendo ¡hay que ser insensato! Pero eso sí, sin que saliera esa frase de su boca; lo máximo que podía pasar era que el mencionado jefe le preguntara ¿qué quería decir con esa sonrisa?, a lo que él podría responder: "¡Ah, pero estaba sonriendo!, ¡no me había dado cuenta, me sale esa sonrisa siempre que estoy especialmente atento!".

A los tres días mi amigo estaba eufórico, por primera vez había visto a su jefe desconcertado y nervioso; éste no había sabido cómo tomar la actitud de su subordinado, pero lo que tuvo claro fue que no había producido en él la tensión o el temor que esperaba, por lo que, de forma inesperada, cambió de tema y empezó a mover exageradamente las piernas y las manos, a la vez que se aceleraba en su discurso, y tomaba tal velocidad que todos creyeron que se terminaría asfixiando en cualquier frase.

Mi amigo había tomado el camino acertado; se dio cuenta de que cuando decidiera cambiar de empresa sería porque tenía otra opción mejor, no para salir huyendo ante el primer incompetente que tuviese al lado.

Hay una regla clave: *cuando no veas ningún camino, no sigas mirando.* ¡Párate! Cierra los ojos, controla tu respiración, intenta pensar en algo positivo y, cuando lo consigas, mira de nuevo y quizá ya puedas ver; pero si aún no distingues nada, no te preocupes, porque seguro que está ahí y lo único que quiere es darte una sorpresa; vuelve a concentrarte en otra cosa, de ser posible que te traiga recuerdos agradables, intenta disfrutar de esas imágenes y, cuando menos lo esperes, aparecerá lo que buscas. En casos extremos, en los que nos sentimos a punto de explotar, hagamos algún tipo de actividad física o deportiva; en casa, siempre podemos hacer algo de gimnasia o bailar, actividades ambas saludables que nos ayudan a canalizar esa energía que parece ahogarnos.

Siempre hay un camino, aunque en un determinado momento parezca escondido. Algo así parecía sentir Gonzalo.

El caso de Gonzalo

Nuestro protagonista era el típico joven que caía bien a todo el mundo. Tenía 20 años, era una persona sensible, culta, agradable, que sabía escuchar y que razonaba con mucha sensatez.

Cuando vimos a Gonzalo estaba pasando un mal momento. Toda su vida había tenido bastante éxito en los estudios; no era de los primeros de la clase, pero siempre había aprobado sin demasiadas dificultades.

Al llegar a la universidad había decidido hacer una doble licenciatura y se había entregado a la tarea en cuerpo y alma. Los primeros resultados fueron negativos, pero Gonzalo siguió porfiando, hasta que comprendió que era inútil continuar.

El segundo año, había cambiado de carrera y gracias a su buen ánimo rápidamente había hecho buenos amigos en su nueva facultad, pero de nuevo los resultados fueron desalentadores.

Gonzalo estaba desesperado; por una parte sentía ganas de tirar la toalla, pero por otra sabía que se arrepentiría si lo hacía, así que se debatía en medio de un aparente "callejón sin salida".

Había vivido los distintos aplazos como los mayores fracasos de su vida, y de esta forma había conseguido aprender a tener miedo; se había vuelto inseguro, incluso en sus relaciones personales, todos sus pensamientos eran catastrofistas y, aunque aún estaba dispuesto a intentarlo, la verdad es que ¡daba pena verlo!

De poco parecía servirle que sus padres estuviesen a su lado, que aún confiasen en él, que pudiera tener otras oportunidades.

En primer lugar, tras mucha indecisión, por fin decidió cambiar de carrera, pero lo hizo con criterio; minuciosamente habíamos analizado su perfil, sus habilidades, recursos y competencias, de tal forma que las posibilidades de un nuevo fracaso eran mínimas. El siguiente paso era entrenarlo para controlar sus miedos e inseguridades. Con mucho trabajo consiguió empezar a comprender que una persona no se vuelve "tonta" de un día para otro; pero es cierto que se pueden cometer muchos errores cuando se está tenso, nervioso, inquieto, desmoralizado, angustiado... A continuación hicimos registros de sus conductas académicas, lo que nos permitió ver sus errores y, en consecuencia, por dónde debíamos empezar para desarrollar las habilidades intelectuales.

Descubrimos que los recursos que le habían servido para terminar el bachillerato ahora se quedaban cortos ante los retos que planteaba una carrera. Tuvo que reforzar su método para tomar apuntes, de estar atento de forma selectiva, de resumir lo más importante, de potenciar la comprensión en la lectura, de concentrarse en los elementos clave y... tuvo que trabajar y mejorar mucho su autocontrol en los exámenes. Hicimos muchas prácticas de examen, intentábamos reproducir las condiciones de la forma más fiel posible: el mismo tiempo límite, el mismo número y tipo de preguntas, una situación de presión semejante... Los resultados se hicieron esperar al principio, Gonzalo no consiguió mejorar sus habilidades hasta que no adquirió un buen control sobre sus pensamientos, hasta que no se quitó el "miedo de encima". Una vez convencido de que podía "controlar sus nervios", los éxitos llegaron, y con ellos, su tranquilidad.

Gonzalo había estado a punto de abandonar la universidad y colocarse en algo que no le gustaba ni tenía futuro; pero en ese momento sólo quería huir, pues no veía "ningún camino", ninguna posibilidad de reconducir sus últimos fracasos.

> Cuando perdemos la confianza en nosotros mismos, toda nuestra vida se desmorona. En esos momentos resulta extraordinariamente difícil reaccionar, pero es ahí cuando tenemos que luchar y no dejarnos llevar por la apatía, el desencanto, la tristeza, la falta de esperanza, de ilusión..., la ausencia de horizontes.

Desde afuera, lo mejor que podemos hacer con las personas que están en esa situación es mostrar nuestra confianza en sus posibilidades, pero también nuestra determinación en esa lucha interna que están viviendo, para que no abandonen y no tiren la toalla. Otro de los principios que dan buen resultado, en esas circunstancias, es obligarlos a "salir de su escondite", que vuelvan a verse con los amigos, a hacer deporte, a realizar tareas, a darles pequeñas obligaciones...; en definitiva, a conectarlos otra vez con el mundo, para que se den cuenta de que siguen teniendo un sitio y que, finalmente, terminarán encontrando "el camino acertado".

A veces una recta no es el camino más corto cuando una persona se siente hundida o perdida. Antes de volver a caminar conviene que haga algunos "ejercicios previos" y, aunque se resista, lo incitaremos a ello poniéndonos a su lado, para que termine recuperando "su forma física y psíquica", y sea capaz de conseguir que sus pasos sean de nuevo firmes y seguros.

Gonzalo necesitó aprender de nuevo a estudiar, a tomar apuntes, a separar lo importante de lo accesorio, a esquematizar..., pero sobre todo necesitó aprender a controlar sus emociones, a sentirse de nuevo seguro y animado, a saber que podía volver a encontrar su camino, y que cuando lo hiciera, ya estaría preparado para seguir su trazado. Salir con los amigos, volver a andar en bicicleta, participar en las sobremesas, "engancharse a todo aquello que antes lo hacía feliz", fueron parte de las "muletas" que Gonzalo utilizó antes de lanzarse a la "carrera".

Repetimos: *siempre existen uno o varios caminos acertados, pero a veces necesitamos separarnos un poco del arcén y alzar la vista para poderlos ver.*

Por supuesto que nuestro joven de veinte años terminó consiguiendo el éxito que tanto anhelaba y se merecía, y lo consiguió cuando puso, entre otras cosas, su voluntad al servicio de su inteligencia, y no al revés. Son muchos los jóvenes que fracasan cuando llegan a la universidad, y la verdad es que, en la mayoría de los casos, no tienen la culpa. La responsabilidad es del sistema educativo que no los ha preparado para enfrentarse a esas situaciones, a esos nuevos retos y dificultades.

Nuestro equipo está realizando experiencias muy positivas con diferentes grupos de estudiantes, que están dando buenos resultados. Esperamos que las instancias oficiales recojan "el guante" y asuman su responsabilidad en este campo, y pronto incluyan, dentro del currículum académico de nuestros estudiantes, una parte dedicada a prepararlos para la vida, a enseñarles cómo desarrollar su inteligencia emocional.

Una vez que hemos aprendido de nuestro pasado y hemos conseguido recuperar nuestro presente, estaremos en las mejores condiciones para "conquistar" nuestro futuro.

¡CONQUISTEMOS NUESTRO FUTURO!

"La conquista del futuro" parece más el título de una película de ciencia ficción que una realidad a la que nos enfrentamos todas las personas. Lo cierto es que el futuro, salvo que muriésemos ahora mismo, "nos llegará" a todos, y llegará con o sin nuestro consentimiento, estemos preparados o no para recibirlo. Muchos nos dirán: "¡Cuidado, puede ser tremendo si no lo hemos 'trabajado un poco', si dejamos que nos alcance por sorpresa!".

De hecho, prepararse para el futuro es uno de los objetivos en los que se embarca media humanidad. Si lo analizamos, a la mayoría nos parecería razonable que parte de nuestros esfuerzos se dirigiesen a "asegurar" nuestro futuro, pero la triste realidad es que parece difícil encontrar el "punto medio".

Aparentemente, hay personas demasiado despreocupadas respecto de su futuro; viven tan en su presente que dan la impresión de que no hay otro tiempo verbal en sus vidas; todo parece un despilfarro constante: de tiempo, de esfuerzos, de consumo... ¡Es como si el mañana no existiera para ellos!

Por el contrario, en nuestra sociedad occidental también hay un grupo muy importante de personas que parecen vivir sólo para preparar o asegurar su futuro. Para ellas apenas hay resquicio en su presente, todo lo realizan en aras de lo que "vendrá después". Con esta filosofía, muchos adolescentes y jóvenes pasan por esa etapa de su vida como "de puntillas", no ven más allá de los estudios que deben terminar, de los idiomas que tienen que hablar, de los legajos brillantes que deben conseguir...

Algo similar ocurre con muchos adultos que sacrifican constantemente su vida en aras de ese piso que deben pagar, de ese coche nuevo que acaban de comprar, de esa segunda vivienda para el verano o como inversión, de esas obras que conviene hacer... y todo lo dejan para después; para cuando terminen la hipoteca, para cuando sus hijos acaben los estudios, para cuando se independicen, para cuando crezcan sus nietos, para cuando engorde su plan de pensiones... En ese mundo no hay lugar para las sorpresas, ni para los imprevistos, los accidentes o las enfermedades. Hace poco, comentando la muerte de un conocido, alguien me dijo: "¡Qué pena, ahora que ya le faltaba tan poco para empezar a vivir!". Me callé, pero pensé: "¡Qué pena de vida sin ser vivida!".

No pretendo implantar una revolución, nada más lejos de mi intención, ni de mi edad, pero cada día veo más como una trampa mortal ese enfoque de vida en el que todo es "una inversión para el futuro". ¿Quién tiene comprado su futuro?, ¿no será mejor que vivamos, de verdad, nuestro presente con la mejor de las disposiciones, y con toda la alegría que seamos capaces de sentir? Y ello sin matar nuestro futuro, ¡por supuesto! Podemos actuar razonablemente para que nuestro futuro sea tan agradable como nuestro momento actual, pero no hay nada que justifique que "nos matemos o nos inmolemos" en nuestro presente para garantizar un futuro que nadie nos puede asegurar.

> La mejor conquista del futuro es el día a día vivido con alegría, con buen ánimo, con esperanza, con proyectos; pero también con realidades presentes, con ilusiones repartidas en cada esfuerzo, con una meta constante en nuestra vida: ¡ser todo lo felices que nuestra limitación humana nos permita en cada momento!

Una vez "situados", es interesante que nos planteemos qué futuro queremos tener.

¿Qué futuro queremos tener?

Quizá pensemos que es una pregunta típica que debe formularse la gente joven, ¿pero por qué sólo la gente joven? Qué futuro queremos tener es algo que conviene que nos planteemos a cualquier edad y con cierta frecuencia, pues nuestras expectativas deberán adaptarse a las distintas circunstancias por las que atraviese nuestra vida.

Hay preguntas que parecen tan obvias que muchas personas no se las formulan, y cometen uno de los mayores errores del ser humano: no cuestionarse lo que parece evidente y, en consecuencia, no reflexionar sobre lo importante.

A veces vivimos con tantas prisas y tensiones nuestro día a día que ni levantamos la vista para mirar el horizonte y contemplar no sólo por dónde vamos, sino a dónde queremos llegar. El ajetreo cotidiano se convierte así en una trampa; trabajamos a destajo, dejamos todas las energías en superar "todo lo que se nos viene encima" y, cuando nos queremos dar cuenta, nos encontramos en un lugar muy diferente del esperado.

El caso de Dori

Llegó un momento en que Dori decidió parar y plantearse qué futuro quería tener. En esos instantes pasaba los 40 años, tenía una carrera universitaria, pero había empezado como auxiliar en la administración pública y así seguía diecisiete años después. Su matrimonio iba bien; tenía dos hijos preciosos, aunque en una edad terrible; había conservado un grupo de amigos/as con los que se encontraba muy a gusto; su situación económica no era boyante, pero vivían con cierto desahogo... Pero Dori no quería seguir de auxiliar el resto de su vida y, aunque no sentía gran prisa, tampoco deseaba dar el salto a la empresa privada, por lo que había decidido preparar las oposiciones al Cuerpo de Gestión.

Hasta aquí todo bastante típico y coherente; lo que Dori no había previsto era la reacción de su núcleo familiar. Su marido acogió esta noticia con ciertas reservas, diciéndole aquello de: "Tú sabrás, pero no creo que te compense el esfuerzo que vas a hacer, porque ¡no pretenderás que nos metamos en más gastos!, ¿quién va a ayudar a Pepe con sus deberes y quién va a llevar a los niños a las actividades extraescolares?". Cuando aún no había salido de su asombro, Dori se encontró con una actitud bastante parecida por parte de su hijo Pepe. Éste, al principio, no lo expresaba verbalmente, pero ponía una cara terrible ante los cambios cotidianos que lo afectaban a él; al cabo de dos semanas se plantó ante su madre y le dijo que no lo entendía, que por qué se empeñaba en estudiar a su edad y pasar menos tiempo con ellos, que le gustaban más las cosas como estaban antes, que se estaba volviendo egoísta al pensar sólo en ella. Afortunadamente, su hija reaccionó justo en el extremo contrario, y le dijo a su hermano que el egoísta era él y que su mamá tenía derecho a decidir lo que quería hacer con su vida, que por qué no se quejaba de su padre, que siempre había hecho lo que quería y nunca se había sacrificado por ellos.

Dori se preguntaba si era lógico lo que estaba ocurriendo en su familia. "Lo único que he conseguido es que todos estén divididos y yo me encuentro en medio, sin saber si tengo que tirar para adelante o dejarlo para mejor ocasión." No fue fácil empezar a poner las cosas un poco claras, y conseguir que Dori no se sintiera en ese "callejón sin salida", pero poco a poco los argumentos racionales se fueron imponiendo.

Trabajamos mucho con reflexiones como las siguientes: "¿Hay alguna ley que diga que la madre y sólo la madre es la única que se tiene que sacrificar siempre?, ¿acaso estamos en un país islámico? Tus hijos tienen una oportunidad fantástica para dar un poco de sí mismos, aprender a trabajar en equipo y elaborar recursos que los ayuden a superar estas pequeñas dificultades; si te dedicas el resto de tu vida a quitarles todas las piedras del camino, ¿qué pasará cuando tengan que saltar ellos solos el primer obstáculo? Tú tienes derecho a elegir lo que quieres hacer, tienes derecho a equivocarte —que no es éste el caso— y tienes derecho a emplear parte de tu tiempo en lo que decidas —porque tú también eres dueña de tu tiempo, no les pertenece sólo a los demás—; tu marido tiene una ocasión de oro para estrechar los lazos con sus hijos, para darse cuenta de que también son suyos, para apoyarte a ti, como tú llevas haciéndolo con él desde que lo conociste, para dejar de mirarse el ombligo y para empezar a ver el mundo que hay a diez centímetros de él...".

Cuando por fin Dori parecía encontrarse más tranquila y con las ideas claras, la asaltó una última duda: "¿Y qué pasa si después de tanto esfuerzo y sacrificio repruebo los exámenes?, porque, además, con las plazas que han salido y la gente que se ha presentado ¡será lo más probable!". Mi respuesta, más o menos, fue: "Pues pasarás a formar parte de esa mayoría que ha reprobado, que se ha esforzado, en mayor o menor medida; que ha vuelto a agarrar los libros; que se han sentido más jóvenes; que se han ilusionado con un nuevo proyecto; que han tenido la oportunidad de aprender otras cosas; que ha conocido a gente estupenda, que también preparaba las mismas oposiciones, y que, de no ser por esa circunstancia, se lo habrían perdido; que ha vuelto a recordar que a veces las metas dependen no sólo del esfuerzo, sino también un poco de la suerte, pero que siempre merece la pena esforzarse, intentar conseguir ese futuro que queremos tener... y lo habremos hecho bien si no nos arrepentimos del 'presente', si el esfuerzo ha ido unido a la satisfacción que teníamos cada día, si nuestro objetivo no era únicamente aprobar las oposiciones, sino aceptar que podíamos fallar, y que aún en ese supuesto ¡habría valido la pena intentarlo!". Desde el punto de vista profesional, Dori no iba a perder nada, en todo caso podría optar por una plaza de mayor cualificación y, además, habría adquirido nuevos conocimientos. Desde la perspectiva familiar, sus hijos, ella y su marido podrían desarrollar una convivencia más equilibrada, donde todos pusieran de su parte y aprendieran a ver las necesidades de los demás; en definitiva, donde se hicieran más "completos", más "humanos".

Dori, finalmente, optó por preparar sus oposiciones y dar un paso adelante en ese futuro que ella quería tener.

La familia no se desmoronó, en absoluto, aunque el marido fue el que menos "estuvo a la altura de las circunstancias"; ella, en ocasiones, disfrutó estudiando, y en otros momentos recordó la ansiedad que se experimenta cuando estudias y parece que no "te queda nada", lo que hizo que se sintiera más cerca de sus hijos. Por supuesto que volvió a tener algunas dudas sobre si merecía la pena tanto esfuerzo, pero siguió en su empeño y, lo que es más importante, consiguió sentirse bastante bien cada día, aunque algunas jornadas terminase físicamente agotada.

El resultado final era lo de menos; lo importante para Dori había sido recuperar su presente y saber que podía pensar qué futuro le gustaría tener.

No aprobó las oposiciones en esa ocasión, pero no se desmoronó, siguió viviendo cada día con la ilusión de sentirse bien, haciendo cosas que le gustaban, disfrutando y confiando en su persona. Al final, a la tercera oportunidad, lo consiguió, pero entonces tuvo claro que, de haber aprobado la primera vez, no hubiera desarrollado tantos recursos, ni una serie de habilidades de las que ahora se sentía tremendamente orgullosa. Dori descubrió algo muy interesante:

"El futuro bien entendido está en el presente bien vivido."

Aclaremos nuestras metas

Hay muchas personas que, desde su tierna infancia, parecían tener muy claros los objetivos de su vida. El problema suele llegar cuando, aparentemente, han alcanzado la meta final: ¿qué pasa entonces?, ¿por qué muchas veces las cosas son tan diferentes de como las imaginamos? Una respuesta bastante sensata a estas preguntas es que difícilmente de pequeños somos conscientes de nuestras limitaciones, y menos aún podemos tener un mínimo de objetividad que nos permita saber si las metas que nos proponemos son razonables.

Sin embargo, a veces nos empeñamos en "anclarnos" en pensamientos infantiles y, sin darnos cuenta, no afrontamos con realismo la situación actual. En esas ocasiones, con frecuencia nos sentimos hundidos, decepcionados, injustamente tratados por la vida y relegados o condenados al fracaso.

No es suficiente saber cuáles son nuestras metas, es más importante que analicemos si éstas son realistas.

El caso de Paco

Paco era y había sido toda su vida el típico "traga". Se había pasado la niñez devorando libros mientras sus compañeros jugaban, saltaban y corrían; siempre se había mostrado retraído, y hasta algo huraño, pero todos lo miraban con asombro cuando intervenía en clase. Los deportes le parecían aburridos y la asignatura en que menos brillaba era educación física. Para él, los fines de semana consistían en leer, leer, hacer ejercicios y volver a leer. Terminó su carrera de forma brillante, aunque con peores notas que las que él creía merecer, y con la finalización de sus estudios acabaron sus "días de gloria".

Tres años después de haber finalizado la carrera aún no había encontrado un trabajo "acorde con sus intereses, motivaciones y exigencias". El que no le parecía poco atrayente se le antojaba insuficiente, y el que le gustaba no se lo daban.

No estaba dispuesto a cambiar de ciudad, pues no quería perder las posibilidades culturales que le ofrecía Madrid; tampoco se planteaba hacer un trabajo que no fuese "exactamente" el que él había pensado y, por supuesto, no estaba dispuesto a hacer tareas u ocupaciones que le parecían denigrantes.

Cuando vino al despacho su pretensión era muy clara, quería que lo entrenase en hacer entrevistas profesionales, ya que en todos los procesos selectivos que había realizado era en la entrevista donde siempre lo rechazaban.

Una vez expresado su objetivo, se dedicó a "tirar por tierra" todas las empresas, directivos y personas que habían "osado" no seleccionarlo. Paco no se planteaba qué podía tener él que resultase tan poco conveniente para tantas personas; su argumento era justo el contrario: ¿cómo podía haber tanto incompetente decidiendo quién debía entrar en las empresas? Ésa era una pregunta que él mismo se hacía y se respondía diariamente.

La verdad es que no resulta sencillo trabajar con personas como Paco, porque les cuesta mucho reconocer que "algo" suyo no es perfecto o, sencillamente, que deben adaptarse a las circunstancias que los rodean. Nuestro joven tenía que realizar una difícil tarea previa: pensar cómo era él, cómo eran las personas que buscaban las empresas, en qué debía esforzarse, qué competencias tendría que desarrollar, qué aspectos suyos convendría modificar y qué metas debía redefinir o adaptar. El cambio no empezó a producirse hasta que Paco no comprendió que, en realidad, era una persona muy limitada, sin habilidades sociales, tremendamente rígido e inflexible, y fuera de la realidad. Nuestro joven se dio cuenta de que poco conseguiría persistiendo en su actitud, que no podía pasarse la vida protestando y viviendo "a costa" de sus padres y que ya había llegado la hora de empezar a remediar esa situación. Una de las primeras cosas que le exigí a Paco fue que dejara de "quejarse", primero porque resultaba molesto escuchar continuamente sus quejas, pero, sobre todo, porque era una actitud inútil, además de contraproducente para él.

También entrenamos mucho a Paco para desarrollar su sentido del humor; no fue fácil cambiar su tono "cáustico y mordaz" por un humor más saludable, más transparente y sociable. Otra de las principales áreas a desarrollar fue el control de sus pensamientos, que eran siempre negativos y estaban tan automatizados que Paco no era consciente de cómo condicionaban su comportamiento.

Una vez que hubo adquirido un autocontrol razonable, y

que empezaba a reírse de sí mismo, pronto se dio cuenta de que en la actualidad las empresas buscan personas acostumbradas a trabajar en equipo, participativas, que sepan compartir, sociables... En consecuencia, si quería trabajar tendría que acercarse a ese perfil y llegar a sentirse cómodo con esa nueva forma de ser y actuar.

En la fase final del aprendizaje tuvimos que grabarlo muchas veces a Paco en las entrevistas, pues aún mostraba un lenguaje verbal y corporal demasiado agresivo; le costó, pero aprendió a relajarse, y le gustó tanto esa nueva faceta suya que dedicó gran parte de sus energías a "recuperar el tiempo perdido". Paco comprendió que no bastaba con tener las metas claras, sino que, además, éstas debían ser realistas. Asimismo, fue consciente de que los niños necesitan jugar con los amigos, aprender a defenderse, a reírse, a divertirse... y que es un aprendizaje que ninguno debe saltearse; comprendió que los adultos necesitamos reírnos, buscar lo positivo de las situaciones, huir de las quejas permanentes y aprender a escuchar y a mirar a nuestro alrededor. Paco consiguió un buen trabajo, pero, sobre todo, aprendió a escuchar, a dialogar y a convivir; a partir de ahí, según sus propias palabras, la vida le resulta más agradable y más divertida.

La historia de Paco puede ser un buen preámbulo para ayudarnos a definir nuestras ilusiones.

Definamos nuestras ilusiones

Algo tan aparentemente sencillo puede resultar *desconocido o inexplorado* en muchas etapas de nuestra vida.

¿Sólo los niños tienen ilusiones? Si fuera así, ¡qué pena de los adultos! Quizás éste es uno de los grandes errores de nuestra sociedad "avanzada": perder las ilusiones es como perder la brújula; si todo lo que nos queda es esfuerzo y trabajo, personalmente "paso" de este juego.

Con frecuencia dejamos que nos confundan las supuestas "obligaciones y responsabilidades"; de tal forma que nuestra vida parece limitarse a ellas. ¿Qué queremos decir? ¿Que cada uno sólo debe hacer lo que se le dé la gana? Por supuesto que no, pero hemos de encontrar un equilibrio entre lo que debemos hacer, lo que queremos conseguir y lo que nos gustaría realizar.

> Obligaciones sin ilusiones es como el viento sin aire que azota la tierra seca; al final sólo queda polvareda.

Si en nuestro horizonte sólo hay polvo y humo, difícilmente podremos ver los caminos, y menos aún las "metas".

El esfuerzo es necesario, siempre que se dirija a un fin determinado; de lo contrario, se convierte en energía inútil que termina por agotarnos.

Las ilusiones, en todos los momentos de nuestra vida, deben constituir el eje que dé sentido a nuestros movimientos.

Este preámbulo tiene la intención no de confundir, sino de "hacernos reflexionar".

> ¿Nos hemos preguntado qué les falta a las personas que se sienten infelices o agotadas, a las que nos dicen "¡ya no puedo más!", a los amigos que vemos apáticos y decaídos, a muchos niños "de hoy" que parecen "estar aburridos", a tanta gente "mayor" con los ojos sin brillo?... ¿Qué nos falta cuando nos sentimos impotentes y sin esperanzas?
>
> NOS FALTAN ILUSIONES

Sin ilusiones perdemos la fuerza que nos mueve, el timón que nos guía, el horizonte que nos espera. Podemos perder la cartera, el paraguas, las llaves, hasta la ropa, pero no las ilusiones, porque entonces sólo nos queda la desesperanza.

¡El ser humano no puede vivir sin ilusiones! Porque entonces su existencia sólo es un cúmulo de obligaciones sin sentido, de esfuerzos malgastados, de falsas responsabilidades, de insatisfacciones permanentes..., de trampas constantes.

¿Por qué insisto tanto? Porque hay demasiada gente triste, demasiados niños perdidos, demasiados adultos confundidos, demasiadas personas sin esperanza... ¡Demasiado peso sobre nuestras espaldas! Cuando pregunto a "esas personas infelices" por qué se sienten tan insatisfechas, con frecuencia contestan: "Porque ya no espero nada", "Porque no puedo más", "Porque estoy agotado/a", "Porque no tengo esperanza de que las cosas puedan cambiar"... Entonces suelo preguntarles: "¿Ya no tienes ilusiones?", y me responden: "Hace tiempo que las perdí".

¿Qué está fallando en nuestro sistema de vida? ¿Cómo es posible que el 28 por ciento de la población sufra tales niveles de estrés que provoquen el 50 por ciento del ausentismo laboral? ¿Por qué tienen tanto éxito los cursos que organizamos para combatir la ansiedad y el estrés? ¿Qué busca la gente? ¿Qué esperan encontrar?... Seguramente buscan lo que han perdido y, aunque en · muchas ocasiones no sabrían definirlo, en realidad han perdido la ilusión.

Uno de los primeros aspectos que conviene trabajar, cuando se ha perdido la ilusión, es volver a encontrar nuestra misión, esa meta que justifica nuestros esfuerzos y da sentido a nuestra vida. A veces, de forma muy clara, el análisis nos dice que tenemos que crear nuevos objetivos porque los antiguos quedaron obsoletos; sin embargo, con frecuencia ese análisis riguroso nos hace ver lo que ya no veíamos; nos ayuda de nuevo a encontrar el sentido a nuestros esfuerzos y la utilidad a nuestro trabajo o sacrificio.

Al final, ¡todos tenemos una misión! Porque el día que la persona no lo sienta así será el principio de su desaliento. Entre los múltiples correos que me mandan los amigos a través de "la red" hay uno que he conservado, de forma muy especial, porque me parece "útil". Se trata de uno de esos "cuentos antiguos" que siguen tan vigentes hoy en día.

Un cargador de agua de la India tenía dos grandes vasijas que colgaba de los extremos de un palo y que llevaba encima de los hombros.

Una de las vasijas tenía varias grietas, mientras que la otra era perfecta y conservaba todo el agua al final del largo camino a pie, desde el arroyo hasta la casa de su patrón. Pero cuando llegaba, la vasija rota sólo tenía la mitad del agua.

Durante años esto fue así diariamente. Desde luego, la vasija perfecta estaba muy orgullosa de sus logros, pues se sabía perfecta para lo que fue creada.

Pero la vasija agrietada estaba muy avergonzada de su propia imperfección y se sentía miserable porque sólo podía hacer la mitad de todo lo que se suponía que era su obligación.

Después de dos años, la tinaja quebrada le habló al aguador, diciéndole así:

—Estoy avergonzada y me quiero disculpar contigo, porque debido a mis grietas sólo puedes entregar la mitad de mi carga y sólo obtienes la mitad del valor que deberías recibir.

El aguador dijo compasivamente:

—Cuando regresemos a la casa quiero que te fijes en las bellísimas flores que crecen a lo largo del camino.

Así lo hizo la tinaja. Y, en efecto, vio muchísimas flores hermosas a lo largo del camino, pero de todos modos se sentía apenada porque al final sólo quedaba dentro de sí la mitad del agua que debía llevar.

El aguador le dijo entonces:

—¿Te diste cuenta de que las flores sólo crecen en tu lado del camino? Sembré semillas de flores a lo largo del camino por donde vas, y todos los días las has regado y durante dos años yo he podido recoger esas flores para decorar el altar de Dios. Si no fueras exactamente como eres, con todo y tus defectos, no hubiera sido posible crear esta belleza.

A veces, simplemente tendremos que "mirar" con esos "ojos de ver" que ya hemos comentado en otros apartados; por el contrario, en otras ocasiones será bueno que encontremos ilusiones nuevas que nos motiven y nos ayuden a salir de ese estado tan lamentable, que sólo sirve para enseñarnos nuevos caminos que de otra forma no hubiéramos buscado.

El caso de Borja

Borja era el prototipo de este cuento. Actualmente pasaba los 50 años y había logrado ser todo lo que se puede aspirar ser profesionalmente: ejecutivo brillante, joven directivo, profesor de prestigio, persona reconocida en su medio y, finalmente, presidente y director general de su propia empresa.

Desde fuera, cualquiera diría que la vida le sonreía; gozaba de un nivel económico aparentemente desahogado, su empresa había adquirido mucha notoriedad, no se le conocían enemigos y su vida familiar parecía estable.

Sin embargo, Borja se sentía profundamente decaído, agotado, insatisfecho, sin ánimos para seguir luchando y con un horizonte sombrío.

El diagnóstico estaba claro: Borja había perdido la ilusión.

Mantener su empresa en los niveles de competitividad y rentabilidad adecuados le demandaba un esfuerzo inhumano; alcanzar el equilibrio económico entre sus ingresos y sus numerosos gastos parecía cada vez una meta más difícil de lograr; disfrutar de sus cortas vacaciones resultaba una hazaña; sentirse satisfecho de su familia "era un imposible" y, en medio de este panorama, todo quedaba invadido por una sombra de tristeza que lo llevaba a sentirse el ser más solo del mundo.

Borja era un luchador nato, pero pocas cosas resultan tan difíciles como devolver la ilusión a una persona que se entusiasmaba con facilidad pero que desde hace años está sumida en la más profunda de las tristezas, porque se siente sólo acompañado por su soledad sin límites, embarcado en una lucha sin tregua, donde él es el único guerrero que debe enfrentarse a todo un ejército.

Para Borja ya nada tenía sentido; no había nuevas metas, los esfuerzos se centraban en conseguir que no se desmoronase lo que le había costado toda una vida construir; a nivel afectivo era muy sensible, rodeado de personas que lo veían como un ser fuerte al que podían "exprimir" constantemente, ya que creían, de forma errónea, que él no necesitaba la ayuda o la ternura de los demás; personas que se situaban muy lejos de la realidad, que no sentían que tuviera dificultades económicas o que las crisis pudieran afectar a su empresa; porque no intuían siquiera que el mundo de "afuera" fuese difícil. Personas que siempre habían vivido bajo su cobijo y protección y que, seguramente, no habían "crecido" todo lo que necesitaban.

Lo único que podía motivarlo se lo vedaban sus creencias religiosas o morales; al final, Borja se sentía tremendamente fracasado, con un cansancio infinito que estaba empezando a hacer mella en su fortaleza física. Lo siguiente era fácil de adivinar: situaciones de ahogo, presión en el pecho, falta de aire, corazón "desbocado", angustia vital. Había llegado a pensar que estaba realmente enfermo, con una dolencia imposible de curar que terminaría cayendo como una losa sobre su ya maltrecha situación.

Afortunadamente a Borja aún le quedaba algo; aunque de forma muy limitada, en lo más profundo de su ser conservaba una pequeña esperanza: que sus hijos estuvieran "a la altura de las circunstancias". Con el tipo de educación que habían recibido, sus dos hijos no eran precisamente un ejemplo de esfuerzo y sacrificio. Su vida había sido muy fácil y su padre los había protegido en exceso, con ese cariño que a veces ahoga de "tanto querer". Los muchachos sólo pensaban en cómo presumir con un nuevo auto, o cómo pasarlo bien con sus amigos y sus numerosas novias.

Decidimos que había llegado el momento de que aprendieran (un poco) cómo era la "vida de verdad". Esto fue todo un reto para Borja, pero también una nueva ilusión. Por su parte, debía aprender cómo volver a disfrutar de nuevo, cómo ilusionarse con las pequeñas cosas, cómo hacer amigos de verdad, cómo liberarse de tanta carga absurda y de tanto sufrimiento "inútil". La verdad es que sus hijos y su mujer reaccionaron al principio como cabía esperar: la esposa de forma huraña, incluso agresiva, poco generosa; los hijos, como "niños malcriados" que no querían perder sus privilegios.

Sólo el convencimiento de que estaba actuando bien le proporcionó las fuerzas y el empuje necesarios para seguir y no ceder ante las quejas y las continuas muestras de insolidaridad. Borja se embarcó en una cruzada: había decidido "salvar" a sus hijos, rescatarlos de tanta protección y de tanta vida fácil; eso le proporcionó un auténtico motivo para seguir luchando, pero, sobre todo, un fin: que los esfuerzos de toda la vida no cayeran en saco roto.

Uno de sus hijos se "alió" con la madre y opuso una resistencia en "toda la línea"; como era lógico, Borja flaqueó en más de una ocasión, pero como persona pertinaz volvía pronto a la "carga" y finalmente consiguió que este "dúo se pusiera las pilas" y, por lo menos, no actuara en contra. Se dio cuenta de que uno no puede pasarse la vida trabajando, trabajando y trabajando, por mucho que el trabajo le guste; si lo hace así, al final la persona se pierde muchas cosas, muchas conversaciones con amigos, ratos compartidos, paseos no realizados, proyectos inconclusos; en suma, muchas cosas por vivir y mucha experiencia no desarrollada.

Es difícil pasar de una situación desahogada a "apretarse un poco el cinturón", de tener todo resuelto a empezar a hacer tú algunas cosas; te cuesta no conseguir todo lo que pides, pero es absolutamente necesario que vivas esa realidad; porque ésa es la vida de verdad, la vida que sus hijos y su mujer no habían vivido desde que él se había erigido en el protector de sus existencias.

Al cabo de tres años mantenía una excelente relación con su hijo mayor y una alerta continua, pero no estresante, con su hijo menor, pues éste aún albergaba esperanzas de vivir toda su vida "a costa" de sus padres (más bien de su padre). Su mujer seguía de vez en cuando quejándose y añorando "los viejos tiempos", pero cada vez influía menos en su estado anímico. Hacía muchos años que ya no había complicidad ni proyecto común entre ellos, pero Borja había conseguido que esta situación, que por lo demás él no consideraba necesario modificar, casi no lo afectase. Seguía trabajando mucho, pero ya no de forma incompatible con disfrutar un poco de ocio. Él, que de joven había sido un buen deportista, descubrió que a sus años podía practicar algunos deportes y sentirse muy bien con los nuevos amigos que había hecho en su recuperada faceta. Volvió a retomar viejos amigos de la juventud con los que, ante la presión de su mujer, había dejado de verse. Recuperó la alegría de recordar los momentos vividos juntos, las primeras ilusiones y escaramuzas... Las vivencias que siempre permanecen.

Ya no se sentía mal por hacer cosas que no eran del agrado de su pareja; en ningún momento pretendió que ésta cambiase su estilo de vida, pero desde hacía tres años él había vuelto a los sitios que lo ilusionaban, y había empezado a hacer las cosas que lo satisfacían.

Curiosamente, "pero no por casualidad", había establecido otro tipo de relación con su mujer, que a la larga estaba resultando más satisfactoria para ambos. No salían siempre juntos, pero salían más a menudo y a sitios diferentes. Habían aprendido, a sus años, a concederse ciertas libertades que les permitían disfrutar, a cada uno, de sus propios intereses; el sentimiento de "prisión" que habían experimentado ambos en muchas ocasiones había dado paso a una sensación agradable de libertad; su mujer tardó más tiempo en encontrar la parte positiva de estos cambios, pero también lo consiguió, aunque siguiera quejándose de vez en cuando "en voz alta". Como nos dijo un día Borja, una de las cosas que más le había costado aprender, pero que más lo reconfortaba haber aprendido, es a "no darle importancia a las quejas de mi mujer, especialmente cuando busca provocarme o quejarse delante de mi padre" (que pasaba alguna temporada con ellos).

Borja volvió a encontrar un sitio para él mismo en su vida. Recuperó las energías, su fuerza arrolladora, pero sobre todo *sus ilusiones*, y con ellas, las ganas de luchar y de disfrutar.

Es difícil vivir sin dinero y más aún sin salud, pero es imposible vivir sin ilusiones.

Para conseguir recuperar esas ilusiones tendremos que llevar a cabo cambios importantes en nuestra vida. A veces tendremos que desarrollar e implantar nuevos hábitos que nos permitan "poner nuestros pensamientos al servicio de nuestros objetivos".

Pongamos nuestros pensamientos al servicio de nuestros objetivos

Comentábamos al principio de este libro "que nuestros pensamientos son los responsables de nuestras emociones"; resulta por ello obvio que, si conseguimos controlar nuestros pensamientos, controlaremos nuestras emociones, pero... también puede ocurrir lo contrario: si nuestro cerebro nos juega malas pasadas, y no controlamos nuestros pensamientos, nuestra vida quedará lejos de nuestra voluntad.

¿Alguna vez nos han enseñado a controlar nuestros pensamientos? No. Como mucho, nos han dicho que no pensemos en determinadas cosas, o que controlemos nuestras conductas, pero no nos han enseñado algo tan crucial como que nuestro cerebro continuamente está pensando cosas, y esos pensamientos determinan nuestros estados de ánimo: que nos encontremos bien o mal. Cuando percibimos esta realidad intentamos aprenderla conforme a nuestros viejos hábitos, es decir, intentamos que esos pensamientos no nos alteren y, en el mejor de los casos, controlarnos. Pero ¿nos hemos planteado que, además de controlarlos, podemos ponerlos a nuestro servicio?

¿Qué queremos decir? Que podemos pasar de la "reacción" a la "acción".

Reaccionar sería darnos cuenta de lo que estamos pensando e intentar controlarlo para que no nos influya negativamente. Por el contrario, la "acción" significa que, de forma voluntaria y consciente, intentemos poner nuestros pensamientos a nuestro servicio: provocamos y producimos intencionadamente nuestros pensamientos; no nos dedicamos sólo a reaccionar ante ellos.

Si yo me siento mal tengo, fundamentalmente, cuatro opciones:

1. Desesperarme.
2. Intentar soportar esa situación lo mejor posible.
3. Intentar controlar los pensamientos que me provoca ese estado.
4. "Ir por delante", controlar los pensamientos "negativos o irracionales" y poner en su lugar pensamientos más racionales y positivos.

Dentro de lo que podríamos llamar Salud Mental, indudablemente la mejor opción es la cuarta, pero aun podemos mejorar nuestros hábitos si pasamos "a la acción"; es decir, si de forma consciente intentamos "dirigir" esos pensamientos que continuamente nos acompañan, en lugar de dejarnos sorprender por ellos. Será más fácil que controle mi ansiedad ante una situación de "examen" provocándome pensamientos y frases positivos sobre esa situación que dedicándome a contrarrestar los pensamientos negativos o pesimistas que me vienen a la cabeza.

Si me da mucha "vergüenza" dirigirme a alguien en concreto para establecer una comunicación con esa persona será mejor que me diga frases como: "¡Adelante, lo vas a hacer muy bien, te sentirás estupendamente, lo conseguirás!", en lugar de: "¡Cuidado, alerta, debes estar atento porque seguro que metes la pata, no camines tan rápido, todo el mundo te mira, no vas a conseguir hablar dos palabras seguidas...!". Estas últimas frases y otras parecidas sólo conseguirán ponerte más nervioso, menos controlado y provocarán una situación poco exitosa.

¿Cuántas veces nos sorprendemos diciéndonos internamente frases positivas a nosotros mismos? Y al contrario: ¿cuántas veces nos damos cuenta de que nos estamos "atormentando" con los comentarios o pensamientos que estamos teniendo?

Ya insistimos que en este punto tenemos un problema importante en el tipo de educación que recibimos, que nos enseñó a estar siempre atentos ante lo negativo pero nada receptivos ante lo positivo. Nos pasamos la vida diciéndonos: "¡Cuidado!", "¿Por qué habré dicho eso?", "¡Vaya forma de actuar!"..., en lugar de: "¡Eres una persona que se esfuerza, que pone interés y que va a conseguir sus objetivos!", "¡Ánimo!", "¡Adelante!", "¡Seguro que lo lograrás!", "¡No tengas dudas!", "¡Lo conseguirás!", "¡Vales mucho!"..., y cosas parecidas.

Habrá personas que sentirán "pudor" pensando que "eso" es darse autobombo o autoalabarse, pero no nos confundamos. No se trata de alabarnos, vanagloriarnos y encumbrarnos en el narcisismo; en absoluto, se trata de protegernos, de darnos ánimo, de darnos fuerzas y ponernos en la línea de largada ante el largo recorrido que nuestra mente y nuestro corazón hacen cada día.

Ya hemos comentado que el sufrimiento inútil no nos enseña nada, más bien nos debilita. Cuando dejamos que nuestra mente divague y se "desparrame" en pensamientos absurdos o negativos, lo único que hacemos es disponernos a machacarnos, a inmolarnos absurdamente.

¿Dejaríamos de comer y de beber para afianzar el control sobre nuestras necesidades fisiológicas? Sería absurdo, porque lo único que conseguiríamos sería someternos a un calvario que, de persistir, terminaría con nuestra propia existencia. ¿Por qué entonces nos sometemos a calvarios absurdos enredándonos en pensamientos tan negativos como irracionales?

Insistimos, no nos enseñaron a controlar nuestros pensamientos, ¡pero ya va siendo hora de que aprendamos a hacerlo!

El caso de Raúl

Raúl era un joven de 20 años, sin problemas relevantes, sociable, deportista, sano, sensible y muy amigo de sus amigos. Todo parecía ir bien, tenía novia, una familia que lo apoyaba, especialmente su madre..., pero un día, tomando "unos tragos", un amigo suyo le contó lo que le había pasado a otro amigo, al que Raúl conocía, y desde ese momento nuestro protagonista empezó a sentirse muy inquieto e intranquilo.

Al cabo de diez días lo conocimos, vino a la consulta con la certeza de "estar volviéndose loco". El conocido en cuestión había tenido un brote de paranoia y estaba internado en un hospital psiquiátrico. Raúl, aunque no tenía una relación estrecha con él, y estos temas siempre lo habían perturbado mucho, no había sido capaz de decirle a su amigo común que no le diera tantos detalles y había "aguantado" un relato pormenorizado del caso: cómo había surgido, qué síntomas tenía, que pensamientos paranoicos albergaba, cómo lo habían internado, cómo se resistía...

El SNA de Raúl había hecho el resto. Esa misma noche había sido incapaz de dormir, pensando lo mal que lo estaría pasando ese joven; a la mañana siguiente empezó a imaginar que a él le podía ocurrir lo mismo, y a los cuatro días ya creía "oír voces" que le indicaban que él también era un psicótico al que tendrían que encerrar.

Cuando nos relataba sus pensamientos "somatizaba" de forma extrema: inmediatamente sentía presión en el pecho, le sudaban las manos, su respiración se volvía agitada y se quedaba "sin color" en el rostro. A fuerza de pensar en lo que le pasaba a ese pobre muchacho, él generó una serie de pensamientos que no controlaba y que le estaban provocando auténtico pánico. Como era consciente de la falta de control físico que experimentaba en esos casos ya se daba por desahuciado y se pasaba el día imaginándose en el psiquiátrico.

¡Raúl se estaba tendiendo a sí mismo una trampa! Sus continuos pensamientos acerca de este joven lo estaban llevando a un supuesto "callejón sin salida"; pensaba que la única solución sería tomar "mucha medicación y muy fuerte" para conseguir que su situación no se agravara y no tuvieran que internarlo. Todas sus energías eran consumidas en estos pensamientos "agotadores"; el resto de su vida había pasado a un segundo plano: su familia, su novia, sus estudios, incluso sus amigos. Se pasaba el día "pensando" e intentando huir de sus pensamientos.

Afortunadamente, era un joven que a pesar de su estado seguía conservando su capacidad de "escucha" y, entre sorprendido y aliviado al principio por mi actitud segura y tajante, diciéndole que no tenía ningún brote o ataque de paranoia y que no terminaría en un hospital psiquiátrico, pronto empezó a seguir de forma disciplinada todas las indicaciones; aunque una cosa eran sus intenciones y otra sus pensamientos.

Como no podía ser de otra manera, al principio lo entrenamos para "cazar" sus pensamientos, para ser consciente de ellos. Esta fase fue muy dura, porque a la vez que le ayudaba a darse cuenta de los efectos de esos pensamientos, éstos seguían perturbándolo mucho, por lo que manifestó una resistencia muy fuerte hasta que empezamos a analizar esos pensamientos y a "descubrir" que eran totalmente irracionales, provocados por su miedo a convertirse en un paranoico.

En una segunda fase le enseñamos a relajarse y a "cortar de raíz" esos pensamientos para que él recobrara la confianza en sí mismo y se diera cuenta de que la situación estaba bajo control. Lógicamente, al principio le costaba "cortar" y sustituir esos pensamientos por otros más positivos y realistas, pero a fuerza de entrenamiento y entrenamiento se terminó convirtiendo en un experto. Al cabo de unos meses ese hecho tan dramático se había convertido en un recuerdo, casi en una anécdota. Raúl se encontraba muy satisfecho y creyó que ya habíamos terminado, por lo que se sorprendió mucho cuando le dije: "Ahora es cuando empezamos a trabajar de verdad; antes simplemente aprendimos a ser conscientes de esos pensamientos y logramos cortarlos para que dejasen de interferir, pero ahora llegó el momento de poner tus pensamientos al servicio de tus objetivos".

A pesar de la sorpresa, pronto se dio cuenta del argumento: si los pensamientos son negativos e irracionales pueden llegar a complicarnos mucho la vida, pero si conseguimos generar, de forma habitual, pensamientos positivos y racionales estaremos provocando las mejores situaciones para poder actuar de forma eficaz.

Una vez entrenado, Raúl mejoró su rendimiento intelectual, aumentó la seguridad en sí mismo, elevó su autoestima y alcanzó niveles de control muy aceptables sobre sus emociones negativas, a la par que provocaba con facilidad sus emociones positivas. Pero cuando se sintió realmente satisfecho fue al tomar conciencia de la importancia de ser proactivo en lugar de reactivo; es decir, aprendió a adelantarse a las situaciones a través de pensamientos adecuados que le impedían perder tiempo y energías. De esta forma, no se pasaba la vida agotándose en las reacciones, sino que disfrutaba de las situaciones porque en gran medida él se sentía responsable de ellas.

No le fue difícil salir de su crisis y convertirla en una oportunidad de aprendizaje. Diariamente, cuando se duchaba, viajaba en ómnibus, o volvía a casa..., se daba ánimos a sí mismo con frases como: "¡Aunque hoy pareces un poco cansado, ya verás como al final las cosas salen bien; ánimo, que es un día estupendo; tranquilo, que aunque Sonia (su novia) parece estar enfadada pronto se le pasará; tú ya sabes muy bien cómo no engancharte con eso y conseguir que se tranquilice; tengo buena capacidad para asimilar las cosas; conseguiré al final mi objetivo, aunque tenga que dar algún rodeo!...".

¿Por qué dejarnos sorprender muchas veces con pensamientos irracionales y pesimistas si podemos ponerlos a nuestro servicio? Todos nos creemos diferentes, y es verdad que lo somos, pero casi siempre nos sentimos sin esperanza y distintos cuando pensamos "que no tenemos solución", que no podemos cambiar a esta altura de la vida, que nuestras circunstancias nos marcan irremediablemente... Vamos a tratar de dar cumplida respuesta a estas preguntas que, con frecuencia, condicionan nuestra vida y nos sumergen en un estado anímico lamentable.

Capítulo 3
Preguntas típicas

"¿DE VERDAD TENGO SOLUCIÓN?"

Casi todos, en algún momento de nuestra vida, hemos tenido cerca alguna persona que nos ha hecho esta pregunta: ¿de verdad tengo solución? Lo malo es que cuando nos lo dicen están atravesando un momento anímico muy delicado, que no constituye, precisamente, la mejor plataforma para recibir de forma tranquila y relajada lo que les contestamos.

La certeza de que nuestra situación es "insalvable" crea un estado casi permanente de ansiedad y desesperanza.

> Cuando pensamos que no tenemos solución, en realidad le estamos diciendo a nuestro cerebro que, haga lo que haga, ¡está todo perdido! El cerebro se lo termina creyendo y actúa de hecho como si de verdad ya no se pudiera hacer nada. Nuestra "mala" predisposición determina, con frecuencia, una realidad negativa.

La persona que va conduciendo en una ciudad nueva y piensa que se va a perder, seguramente se terminará perdiendo; cuando nos anticipamos y creemos que una persona determinada no nos gustará, normalmente termina cayéndonos mal; si, por la razón que fuere, hemos deducido que nuestro amigo estará hoy muy decaído, terminaremos viéndolo profundamente triste, aunque parezca alegre por fuera.

Si ponemos toda la energía en nuestra contra; si continuamente nos decimos lo insatisfechos que nos encontramos, sin duda será difícil que nos sintamos bien.

El caso de Cristina

Cristina llevaba varios años atormentándose constantemente. Nada parecía tener solución, todo constituía un esfuerzo inútil, su vida había sido una permanente equivocación, a estas alturas sólo podía esperar fracasos... Éstos y otros pensamientos parecidos eran los eternos acompañantes de Cristina; en esas circunstancias a nadie puede sorprender la infelicidad que sentía.

Cristina era una persona muy cualificada profesionalmente, pero daba lo mismo; según ella, no valía nada. Tenía un marido que la seguía queriendo con auténtico amor después de casi veinte años de vivir juntos, pero eso tampoco valía gran cosa, pues en realidad, según nuestra protagonista, "su matrimonio había sido una equivocación"; por su carácter sociable hacía fácilmente amigos, pero los terminaba abandonando antes de que se desengañaran y se dieran cuenta de lo poco que valía...

Sus hijos estaban atravesando una situación delicada, en buena medida por su edad, pero en parte también por lo insegura que veían a su madre. Era un "círculo vicioso": como ella se mostraba decaída, insegura e insatisfecha, los hijos estaban bastante "huérfanos", buscaban unas referencias que no encontraban y adoptaban los típicos comportamientos extremos, que a los adolescentes les cuesta tan poco asumir.

Cristina no le reconocía autoridad alguna a su marido, por lo que sus hijos pronto perdieron "el mínimo respeto" hacia la figura del padre. Los años parecían habérsele echado encima, cuando en realidad era aún una persona bastante joven, aunque carecía de algo elemental: esperanza e ilusiones.

De nuevo, "pero no por casualidad", todo en su vida parecía desmoronarse: ámbito social, familiar, laboral... Nada funcionaba y, sin embargo, nada era demasiado complicado. En la raíz de sus problemas había dos pensamientos que se repetían machaconamente: "¡No valgo nada!" y "¡No hay solución para mí!". Estaba convencida de que todo era inútil; la única solución pasaba por dejar a su marido, a sus hijos, la ciudad que la asfixiaba y ese trabajo que la hacía tan infeliz.

Cristina estuvo a punto de no volver a la consulta cuando le dijimos que la solución estaba dentro de ella misma: que no necesitaba dejar a su marido, ni a sus hijos, ni cambiar de ciudad..., que esos pensamientos eran erróneos, que le estaban impidiendo ver la auténtica verdad y sólo le provocaban inseguridad e insatisfacción.

Se sintió agredida y atacada: "¿Así que soy infeliz porque me da la gana, porque no tengo otra forma de divertirme, porque me gusta pasarlo mal y soy masoquista?". "Por supuesto que no", respondí, "eres infeliz porque crees que ya no hay solución para tu caso, que te metiste en una especie de trampa mortal, que no hay posibilidad de salvarte, que todo es inútil, que sólo te queda sufrir y sufrir, porque además estás convencida de que las cosas cada vez irán peor, porque no pueden ir de otra manera". Cristina se resistía y mostraba la agresividad típica que producen la insatisfacción y la falta de horizontes. "¿No es así?", pregunté. "¿Es que los psicólogos piensan que pueden cambiar la realidad sólo con sus teorías?", "¡No sé qué hago aquí, perdiendo el tiempo con todo lo que tengo que hacer!..." Después de un largo monólogo por su parte sonreí y le dije algo parecido a: "Seguramente estás buscando algo que te proporcione una esperanza, algo que te permita abrir los ojos y no asustarte".

Tuvimos que trabajar varias semanas "a destajo", intentando que reaccionara ante el cúmulo de pensamientos, la mayoría irracionales, que continuamente se decía. Con anterioridad habíamos llegado al acuerdo de que ¡no tomaría ninguna decisión definitiva en su vida en los dos próximos meses!, pues Cristina quería dejar inmediatamente su trabajo y comprarse otra casa en una zona muy alejada de su actual vivienda. Al cabo de un mes ya parecía "entender" lo que de verdad le pasaba, lo que originaba sus estados de ánimo, pero veía muy difícil la solución, porque creía que no podría controlar esa cascada de pensamientos que constantemente "se dirigía contra ella misma".

Su marido intentó ayudar, pero tenía su autoestima "por el piso"; los hijos, como es lógico esperar, reaccionaron con alguna brusquedad al principio, pero pronto se sintieron mejor con una madre más segura, aunque también más "dura", que no cedía fácilmente a sus chantajes y que, además, de vez en cuando ¡por fin sonreía!

Los problemas de Cristina no eran los que ella creía en un principio; su auténtico problema lo constituían esos pensamientos desmoralizadores que continuamente se decía. Seguro que su trabajo podía ser mejor, incluso su marido, sus hijos y hasta sus amigos, pero cuando todo parece que falla lo normal es que estemos fallando nosotros, no porque queramos, sino porque nos estamos dejando confundir por pensamientos poco realistas que nos cierran cualquier "vía de escape".

Aún no he encontrado a nadie "que no tenga solución", pero, desgraciadamente, he conocido a muchas personas que se habían pasado media vida pensándolo, sufriendo inútilmente y creando un ambiente muy difícil a su alrededor y, por supuesto, algunas de esas personas seguramente aún lo pasan mal. A veces las mayores resistencias están provocadas por la "edad interna" de nuestros protagonistas: jóvenes que se sienten viejos o personas mayores que se consideran acabadas y piensan aquello de: ¿cómo voy a poder cambiar a esta altura de mi vida?

"¿CÓMO VOY A PODER CAMBIAR A ESTA ALTURA DE MI VIDA?"

Cuando oímos esta frase a una persona "mayor" entendemos su planteamiento, aunque no lo compartamos, pero lo gracioso es cuando lo dice un joven de 12, 15 o 18 años. ¡Cómo van a cambiar ya a estas alturas de sus vidas...!

Ya comentamos en el apartado "¿Cómo nos condicionan los

hechos vividos?" que cada persona nace con un temperamento, el suyo, "y depende de cómo sea este temperamento serán más permeables o menos influenciables por el medio externo que los rodea". Todos conocemos personas que son más condicionables y, por el contrario, personas que no parecen cambiar por muchos años que pasen.

No se trata de "volvernos del revés", en absoluto; se trata de evolucionar y seguir creciendo...; en suma, se trata de madurar.

¿Para qué sirven los años o los acontecimientos de la vida, especialmente cuando son negativos, si no es para aprender de ellos? ¿Cómo puede alguien decir que a esta altura de la vida ya no le es posible cambiar o corregir determinadas conductas suyas, que él mismo reconoce como negativas? Evidentemente, cuando una persona dice algo así no lo hace por obsecado, lo hace por miedo, por inseguridad; porque realmente piensa que "es imposible controlar ese genio que tiene o tomarse las cosas de otra manera".

Afortunadamente, el control de nuestros pensamientos nos posibilita el control de nuestras reacciones y, en definitiva, de nuestras conductas. En aquellos casos en que ya "nos hemos lanzado" y parece que es imposible retroceder, incluso en esos casos, con más o menos rapidez, podemos reaccionar y retomar nuestro control.

En el capítulo 7, "Estrategias para dejar de sufrir y prepararnos para la vida", explicaremos con detalle cómo hacerlo. Ahora vamos a tratar de analizar, con un caso real, cómo las personas podemos "evolucionar", y esa progresión nos lleva muchas veces a un "cambio" tan palpable que deja bastante sorprendidos a los que nos rodean.

El caso de Ángeles

Ángeles tenía 51 años cuando vino al consultorio; en esos momentos llevaba dos meses de licencia. Ella decía: "Ya no puedo más, no puedo volver a mi trabajo, me han agotado, sólo tengo enemigos; estoy rodeada de trepadores que son capaces de matar a quien sea con tal de subir ellos...". Haciendo la ficha vimos que Ángeles había llegado al límite de su aguante físico y emocional; en realidad, llevaba años sufriendo un ambiente difícil, con un jefe débil y, como tal, muchas veces cruel, entregado a una parte del equipo, actuando como una "marioneta peligrosa" y consciente de que Ángeles era la persona más brillante de todas, la que más sombra le podía hacer y la que sabía perfectamente cuáles eran sus limitaciones. En casa, como es bastante habitual, al principio tuvo mucho apoyo por parte de su marido y sus hijos, que eran dos jóvenes promesas, pero con el tiempo todos se fueron cansando de oír siempre las mismas historias y, últimamente, sentía que su familia no comprendía la situación y le daban "consejos absurdos". Con sus amigos se encontraba más amparada, pero también había puesto a dos "en la lista negra" porque "tampoco habían sabido estar a la altura de las circunstancias".

En estos últimos años Ángeles no había parado de repetirse que "su situación no tenía arreglo, que sabía que no estaba actuando como esas personas se merecían, pero que ya no podía más y que a su edad no le podíamos pedir que cambiase".

En definitiva, teníamos ante nosotros a una excelente persona, tanto desde el punto de vista humano como profesional, pero estaba a punto de "tirar la toalla", de presentar la renuncia, arruinar su carrera y malograr su vida personal y familiar.

Una de las primeras cosas que abordamos con Ángeles, y que es habitual en este tipo de situaciones, fue acordar un "pacto"; en él especificamos que, como mucho, en dos semanas se reincorporaría a su trabajo; igualmente, no pediría una licencia por depresión en los próximos meses, por mucho que se sintiera fatal; empezaría a hacer una serie de actividades a partir del día siguiente, actividades que iban desde preparar unos temas de trabajo, que tendría que exponer en un mes y medio, hasta quedar todas las semanas en salir con los amigos, ir al cine, volver al gimnasio... y, además, dedicaría al menos treinta minutos diarios a las "tareas" que iba a tener que realizar para avanzar en el Programa de Autocontrol que habíamos empezado.

Ángeles era muy tenaz y también muy autoexigente, por lo que una vez que hubo adquirido esos compromisos se puso "en marcha" con toda la fuerza de las personas luchadoras, que se han hecho a sí mismas y que están acostumbradas a vencer adversidades, cansancio y situaciones difíciles, pero que pueden sucumbir ante acciones desleales, "puñaladas traperas" y ciertas "ruindades" que, al no esperarlas, nos encuentran indefensos para combatirlas.

Fue un proceso muy enriquecedor, un auténtico estímulo intelectual y un privilegio poder ayudar a una persona de la dimensión humana de Ángeles, en la búsqueda y el control de las "claves" que todos deberíamos conocer y desarrollar para poder enfrentarnos con garantías de éxito a la vida. Le costó asumir que hay muchas personas que "no son buenas personas", que se disculpan a sí mismas los comportamientos más innobles; que son capaces de urdir las mentiras más despiadadas; que no se acuerdan de los que siempre han tenido con ellos una actitud de ayuda y colaboración; que son capaces de "matar", en el más amplio sentido de la palabra, para conseguir sus fines. Estas personas existen, son una realidad que tenemos que saber "manejar" y, además, debemos hacerlo con toda nuestra inteligencia y no con nuestra emoción, porque ellas difícilmente tienen nuestros sentimientos ni nuestras emociones, y si actuásemos a ese nivel perderíamos con facilidad.

¿Esas personas son dignas de lástima? Desde luego no son envidiables, pero ¡cuidado!, porque si les tenemos lástima no actuaremos de forma racional y les estaremos dando una ventaja que, sin duda, puede volverse en nuestra contra. No hay que pecar de ingenuos. Con estas personas hay que actuar muy "fríamente"; no hay que caer en la trampa de tratar de ponerse en su lugar, pues nosotros nunca haríamos lo que ellos hacen, y estaríamos cometiendo un error de análisis imperdonable: hay que analizar cómo son, cómo sienten, cómo reaccionan, lo que quieren, lo que son capaces de hacer para conseguirlo... y, finalmente, hay que actuar y además, siempre que se pueda, hay que hacerlo "por sorpresa".

Pero poco habríamos conseguido con Ángeles si previamente

no hubiéramos trabajado su propio autocontrol. Sólo cuando ella se dio cuenta de que podía manejar "cualquier situación", que lo que sintiera estaría en función de lo que élla pensara e hiciera, y no de lo que los demás realizaran, en ese momento supo que ¡saldría adelante!

Es difícil trabajar con una persona inteligente, pero es una delicia cuando, por fin, pone su inteligencia a su servicio. Nos costó, porque Ángeles estaba muy herida, se sentía realmente incomprendida, incluso por su círculo más cercano, y veía como una injusticia tremenda todo lo que le estaba sucediendo.

Una vez contrastados todos los principios de la psicología, y resueltas sus dudas y confrontaciones, empezó a dar "pasos de gigante" en su proceso interno. Ángeles comprendió que podía analizar, de forma muy realista y objetiva, la situación que había a su alrededor y, con gran rapidez sobre los demás, podía actuar de la forma más objetiva, pragmática e inteligente posible.

Empezó a sentirse mejor consigo misma, más contenta, satisfecha con su forma de ser y muy orgullosa de su nueva manera de actuar. "Los tengo sorprendidísimos, no me reconocen, no saben con qué voy a salir en cada momento, se miran todos extrañados, y no paran de preguntarme si me pasa algo, porque están ¡perdidos y desorientados!" Aunque Ángeles disfrutaba mucho de su nueva situación, lo que sin duda la hacía más feliz era lo alegre que se encontraba: "Hacía tiempo que no estaba tan orgullosa de mí misma, mira que lo he pasado mal cuando en realidad ¡ellos no tienen nada con qué perjudicarme!".

Un día llegó diciendo: "Sabes que he cambiado mucho, me he dado cuenta de que ya no me disgusto con casi nada, además me resulta muy sencillo ver cómo van a actuar los demás, y estoy convencida de que ya nunca volveré a cometer los mismos errores, porque tengo claro que no voy a dejar que me condicionen la vida esta manga de indeseables". Se mostró sorprendida cuando le dije: "Lo normal es que aún cometas algún que otro error, pues han sido muchos años grabando en tu mente esos pensamientos que tantos disgustos te proporcionaron", pero que no se preocupase, porque ya se había dado cuenta de cómo funcionaba su cerebro y, cuando se estuviera desorientando un poco, sabría ponerlo en su sitio. Esta parte es importante dejarlo en claro, pues siempre, inevitablemente, se vuelve a producir alguna "situación parecida a las de antaño" y, si no estamos preparados o alertas, o simplemente nos sorprende cansados o con las defensas bajas, cuando llega podemos vivirla con mucha inquietud, y hasta con desesperación, cuando simplemente se tratará de un hecho normal que podemos volver a solucionar.

La frase de: "¡Ya sabía yo que lo bueno no podía durar mucho!" hay que sustituirla por otra que, más o menos, diga: "No podemos esperar que lo bueno sea permanente, pero estaremos tranquilos porque lo bueno siempre es posible, sólo es necesario actuar de forma racional, no emocional, y eso, afortunadamente, lo podemos conseguir siempre que lo intentemos".

Ángeles aprendió a no tener miedo frente a nuevas situaciones difíciles, incluso, como ella decía, "me vienen muy bien para mantener mis neuronas activas". Las relaciones familiares y sociales atravesaban el mejor momento de su vida, pero lo más importante era que "se había convencido de que podía cambiar su forma de ser sin dejar de ser ella misma".

> La persona es un proceso en permanente crecimiento, en continua superación y adaptación constante. Si olvidamos estos principios, estaremos negando la esencia de nuestra realidad y con ello, las posibilidades de evolución, aprendizaje y enriquecimiento que cualquier vida conlleva.

Cuando al cabo de los años nos encontramos con amigos muy queridos de nuestra infancia o juventud, ¡qué tristeza sentimos al comprobar que algunos se han quedado anclados en aquella etapa, con las mismas reacciones, singularidades e imperfecciones! y, por el contrario, qué felicidad sentimos al comprobar ¡cómo han crecido otros, se han hecho más sabios y han sabido cambiar y adaptarse a su nueva realidad! No nos podemos quedar satisfechos pensando que somos personas privilegiadas, que sabemos manejar muy bien las situaciones, y que ya hemos descubierto cómo funciona el ser humano; esa creencia, si no va acompañada de una observación y una adaptación constante a las nuevas realidades, hará que nos estanquemos y que pronto nuestros recursos sean insuficientes.

Pocas cosas resultan tan tristes como observar a alguien que está firmemente convencido de que no necesita cambiar; entonces, podríamos preguntarnos: ¿para qué sigue viviendo si, pase lo que pase, va a seguir actuando a "piñón fijo", pues cree que ya no le queda nada por aprender? La vida, lo hemos repetido ya en innumerables ocasiones, es un continuo aprendizaje, por lo que no hay mayor insensatez que creer que ya todo está aprendido.

Cuando algunas personas dejan de escuchar es como si estuvieran muertas. ¿Qué nos van a transmitir, si han dejado de vivir? A veces estas personas se sorprenden cuando, fuera de lo que es mi estilo habitual, adopto un semblante grave, y de forma enérgica les digo: ¡Quieres hacer el favor de escuchar!, o: ¡Basta de escucharte tú solo, porque te estás perdiendo lo que podrías aprender!, o: ¡Cuando estés dispuesto a escuchar, me avisas!... Resulta curioso que a veces escuchemos tan poco a los demás, y que ¡encima no nos demos cuenta de los efectos que provoca en nosotros ese lenguaje interior que constantemente nos estamos diciendo!

Ángeles aprendió a oír sus pensamientos, a escuchar y a observar a los demás, a analizar su entorno y actuar con seguridad. No es fácil hacerlo con el grado de maestría que ella alcanzó, pero siempre podremos mejorar los niveles actuales. No obstante, si alguien no cree en este principio básico, al menos podremos pedirle ¡que no martirice a las personas de su alrededor pretendiendo que se pasen la vida sólo escuchándolo!

De la misma manera, así como podemos cambiar determinadas actitudes y conductas, aunque nos parezca complicado, podemos dejar de ser excesivamente blandos y vulnerables, y conseguir que no nos afecte todo lo que nos sucede.

"¿CÓMO DEJAR DE SER TAN SENSIBLE, TAN BLANDO Y VULNERABLE, SI TODO ME AFECTA?"

¿Toda persona sensible es insegura? No. Se puede ser sensible y seguro a la vez, pero es cierto que en muchas personas sensibilidad e inseguridad parecen ir de la mano, como dos compañeras inseparables.

¿Hay personas a las que "todo" parece afectarlas? Si no todo, gran parte de lo que sucede a su alrededor suele tener mucha trascendencia para ellas, con todo el sufrimiento que ello pueda implicar. En estos casos, a menudo se las describe como buenas personas, sensibles y afectivas, pero débiles, inseguras y vulnerables. Tratan de ayudar a los que tienen alrededor, se vuelcan a hacer la vida más fácil, rápidamente están dispuestas a dar una mano, a sacrificarse y ofrecerse voluntariamente para las tareas menos agradables; saben escuchar, tienen bastante paciencia... pero sufren demasiado, y además suele ser un sufrimiento inútil, pues no les sirve de aprendizaje, sino que les proporciona inseguridad e insatisfacción. Son personas que dan pena, pero ante las que nos sentimos impotentes para ayudarlas a cambiar.

El caso de Salomé

Algo parecido le ocurría a Salomé. Todo en su vida era motivo de duda, cualquier situación agradable podía tornarse en ansiedad creciente, parecía no estar nunca satisfecha con su desempeño, siempre dispuesta a "echarse la culpa", a reprocharse... En esos momentos tenía 25 años, había terminado una carrera, estaba a punto de empezar a trabajar, tenía un novio maravilloso y se llevaba bien con todo el mundo. Pero no había día en que no sufriera, ¡y de qué forma!

Sus dudas abarcaban todas las áreas de su vida y nunca parecía progresar; cuando dejaba de darle vueltas a un tema se iba a otro, y cuando resolvía éste, vuelta a empezar.

Cuando conoció a su novio, se fijó inmediatamente en él; era igual de sensible, tierno, sociable, muy comprometido con el mundo que lo rodeaba y generoso hasta decir ¡basta! Con el paso del tiempo Salomé se sintió cada vez más atraída, y cuando por fin se dio cuenta de que se había enamorado, pensó que él nunca se fijaría en ella, ¡pues valía tan poco! La realidad es que Paco, su novio, también se había enamorado de Salomé, y cuando se lo dijo ella estalló en júbilo. ¡Pero la alegría le duró sólo dos semanas! Enseguida empezó a pensar que él la quería por lástima, que se había dado cuenta de que a ella le gustaba mucho y, como era un buen chico, se había convencido de que Salomé era una buena persona, ¡pero nada más! A fuerza de pasarlo mal, un día reunió el suficiente coraje para decirle lo que pensaba de su situación. Paco, con toda la paciencia y ternura del mundo, le hizo comprender que, de verdad, él se sentía muy feliz a su lado y se había enamorado "hasta los huesos de ella".

De nuevo esta confesión de amor incondicional pareció devolver la paz a Salomé, pero sólo por tres meses. Como Paco seguía dando continuas muestras de su amor, sus dudas se volvieron hacia sí misma. No tardó en plantearse si ella realmente estaba enamorada de él o sólo se estaba engañando.

Cuando vimos a Salomé, llevaba un año atormentándose con esa duda. Mientras tanto, había empezado a trabajar, sus compañeros parecían ser bastante agradables, el trabajo era el que ella siempre había deseado, pero... ¡era tremendamente infeliz! y ya le había dicho varias veces al sufrido Paco que lo mejor que podía hacer era enamorarse de una mujer que realmente lo quisiera. La autoestima de Salomé no estaba precisamente en su mejor momento. Raro era el día que no lloraba y, además, se sentía terriblemente enfadada con ella misma, pues reconocía que todo le había salido bien y, encima, ¡era una pobre desgraciada que le estaba amargando la vida a Paco! Un sentimiento tan negativo hacia sí misma hacía muy difícil que pudiera analizar los hechos con un mínimo de objetividad.

Empezamos analizando sus pensamientos. Salomé era una máquina de fabricar pensamientos negativos y, como temíamos, llevaba años haciéndolo: se consideraba la peor de las hijas, la persona menos preparada en el trabajo, la joven más gorda y fea de su entorno, la menos simpática y, por supuesto, nada de esto era objetivo.

Cuando parecía que avanzábamos un poco, volvía a la semana siguiente con nuevas dudas y nuevos pensamientos negativos. Tuvimos que hacer un alto en el camino, firmar una "tregua" y llegar al convencimiento de que, en ese momento, era incapaz de racionalizar diez minutos sin empezar a censurarse por algo. En estas circunstancias dejamos de trabajar la "confrontación" de sus diálogos internos y pusimos toda la energía en "parar" y "cortar" los pensamientos negativos, que eran la mayoría.

Es un trabajo pesado y poco gratificante al principio, pero Salomé empezó a sentirse liberada cuando vio que, al menos, podía "cortar" con bastante rapidez esos pensamientos que tanto la angustiaban, y además podía hacerlo tantas veces como fuera necesario. Aprendió a dejar de tenerles miedo a sus propias ideas. Posteriormente, cuando ya era capaz de cortar esos diálogos internos que la martirizaban, volvimos a intentar que "racionalizara" sus pensamientos. Entonces tuvimos más éxito, aunque Salomé seguía encontrando con mucha facilidad argumentos en contra de su persona. Era difícil sentirse bien si siempre se estaba diciendo: "No valgo nada", "Los demás están engañados, pero se terminarán dando cuenta", "Nunca estoy segura de lo que hay que hacer", "Toda mi vida he sido un desastre", "Estoy gorda y fea", "Soy un monstruo"... Salomé llevaba repitiéndose frases de este estilo desde pequeña; nunca se había gustado físicamente, intelectualmente se veía torpe y lenta, creía que sus padres la querían mucho porque eran muy buenos, pero ella intuía que, en el fondo, se sentían desilusionados por tener una hija así; sus amigas la aguantaban porque la conocían desde hacía años, pero ahora no creía que fuese capaz de hacer nuevos amigos... Tuvo que trabajar mucho para poder remontar tantos pensamientos irracionales.

Pasamos semanas enteras confrontando una a una cada frase que se decía internamente. Por ejemplo: ¿las personas intelectualmente deficientes sacan las notas que tú has obtenido siempre?, ¿primero en un colegio tan exigente como el tuyo y después en una carrera tan difícil como la que elegiste? ¿Qué pasó para que esto sucediera?, ¿tus profesores se pusieron todos de acuerdo para aprobarte por caridad? ¿En la carrera también ocurrió lo mismo?, ¿tus compañeros te pedían que les explicaras las materias para que te sintieras bien? ¿Cuando en tu cumpleaños te felicitan más de veinte personas es porque Paco las llama y se lo pide por favor? ¿Dirías que una persona de 1,65 metro con 52 kilos está gorda?, ¿entonces qué te ocurre a ti, acaso te pesas en balanzas defectuosas? ¿Qué evidencia tienes de que no quieres a Paco cuando estás dos días sin verlo y no paras de pensar en él? ¿Tu jefe se dedica a felicitar a los incompetentes?, ¿entonces por qué te ha felicitado ya tres veces en el último mes?...

No es fácil que alguien tan vulnerable aprenda a dejar de sufrir inútilmente, pero se puede conseguir, aunque su cerebro se resista, y es lógico que lo haga, pues ha estado almacenando pensamientos negativos sobre sí mismo durante años. La verdad es que Salomé siempre será un poco "más sensible" que la mayoría, pero ahora es capaz de disfrutar de las cosas positivas que le ocurren y, lo que es más importante, "corta" bastante bien sus pensamientos irracionales y tiene un concepto sobre sí misma mucho más acorde con la realidad.

Paco la ayudó mucho en todo el proceso, pero fue ella quien en realidad reconquistó su capacidad de disfrutar, divertirse y enfocar la vida de forma realista. Por fin es capaz de verse con objetividad, aunque aún es demasiado "blanda" en sus apreciaciones sobre los demás. Ha aprendido a no justificar lo injustificable y, aunque le cuesta, exige responsabilidades y pide explicaciones en el trabajo.

> La psicología nos demuestra que todo lo que se aprende se puede desaprender. Así como nos hemos entrenado para pasarlo mal, podemos entrenarnos para ser más realistas y enfocar la vida de forma objetiva.

De cualquier modo, habrá personas que aun estando de acuerdo con estos principios pensarán que no son aplicables a su caso, pues en sus "actuales circunstancias nadie podría sentirse bien". Analizaremos hasta dónde las "circunstancias" son más determinantes que los pensamientos.

"¿CÓMO VOY A CONSEGUIR ESTAR BIEN EN MIS ACTUALES CIRCUNSTANCIAS?"

La mayoría sentimos que nuestro caso es único ¡y tenemos razón! Pero otra cosa muy distinta es cuando empezamos con pensamientos tan irracionales como: "No tengo remedio", o "Mis circunstancias hacen que nada sea posible", "Todo eso me parece muy bien, pero no es aplicable en mi caso". Cuando nos sentimos mal, realmente mal, pocas personas se muestran optimistas y convencidas de una rápida recuperación. Las "circunstancias personales", consideradas de esa forma, se convierten en una especie de "barrera" que impide cualquier "salida". La realidad, por el contrario, es que cualquier persona puede siempre "tratar" de encontrarse lo mejor posible en cualquier situación; por supuesto que habrá circunstancias que lo hagan más sencillo o más complicado, pero nunca imposible.

El caso de Adela

Adela tenía 31 años, era una persona muy luchadora, con un temperamento fuerte, acostumbrada a enfrentarse a situaciones difíciles, pero desde hacía dos años se había vuelto muy insegura y vulnerable a causa de una enfermedad que había diezmado la confianza en sí misma.

La enfermedad era irreversible, aunque compatible con una vida normal. Adela trabajaba desde hacía tres años en la misma empresa, era una buena profesional y estaba casada con Jorge, que siempre había mostrado un cariño y una sensibilidad dignos de elogio.

En los últimos dos años las "salidas" de Adela, fuera del ámbito laboral, se habían restringido al máximo. Tenía miedo de que le pasara cualquier cosa, vivía en un continuo estado de alerta y, como no podía ser de otra manera, llevaba varios meses sin dormir bien. Al principio, simplemente le costaba conciliar el sueño durante unos quince o veinte minutos; después empezó a despertarse a medianoche y a tener dificultades para volver a dormirse; en la actualidad no hay noche en que no se despierte tres o cuatro veces y puede pasarse hasta cuatro o cinco horas en blanco. Lógicamente, su estado físico se ha resentido y todo parecía desplomarse: en el trabajo eran frecuentes las dificultades para concentrarse; cualquier tarea, por monótona que fuese, se le hacía dificilísima; mostraba una lentitud desesperante en relación con su capacidad anterior para resolver problemas; su carácter se había vuelto más pesimista e irascible; su marido no sabía cómo ayudarle, y se sentía impotente y bastante triste al ver cómo sufría.

Nuestra protagonista vivía en un estado de ansiedad constante, y aunque su ánimo "estaba por el piso", su carácter luchador hacía que aún buscase una solución que la sacara del pozo en que se encontraba. Dado que prácticamente todos los "frentes" de su vida se encontraban afectados en ese momento, seleccionamos y priorizamos las áreas en las que íbamos a desarrollar los mayores esfuerzos.

Éste es un principio básico:

> Cuando la persona se encuentra muy desestructurada no deben abordarse todos los objetivos de forma simultánea, pues los resultados serían pobres y tardíos, y el desánimo y las ganas de "abandonar" se impondrían.

De forma conjunta decidimos abordar primero las dificultades para conseguir un sueño continuo y reparador. A continuación, trabajaríamos su inseguridad y los miedos ante diversas situaciones de la vida cotidiana, como salir sola, hablar con desconocidos, volver a comprar en las tiendas habituales... y no pretender que Jorge hiciera todas las tareas que para ella eran "inquietantes". Nos costó conseguir los primeros resultados, porque al margen de nuestra impericia, que seguro se producía, Adela se empeñaba en racionalizar sus miedos, y ése es un esfuerzo inútil que sólo consigue agotar a la persona que lo intenta, creándole un sentimiento de impotencia y desesperanza.

El miedo, por definición, es irracional; activa además una serie de mecanismos fisiológicos que contribuyen a que la persona se sienta aún más insegura y bloqueada. En las situaciones en que se padece, se activa el SNA, y lo hace con tal intensidad que "anula" prácticamente al SNC (nuestra parte más racional e intelectual). De tal forma que actúa como un "filtro" que sólo deja pasar los pensamientos y las emociones negativos y pesimistas, deformando siempre nuestras percepciones e impidiendo que la persona racionalice la situación.

En esos casos, Adela sentía que su "corazón se disparaba", que la "angustia le oprimía el pecho", dificultándole la respiración. Otras veces sus manos empezaban a sudar, la boca se le secaba y tenía dificultad para articular dos palabras seguidas; "todo parecía venirse abajo", era como una "guerra desigual" que terminaba siempre dejándola agotada y exhausta.

> ¡No hay que intentar racionalizar el miedo, hay que combatirlo! Para ello, nuestros principales recursos girarán en torno al control de nuestros pensamientos, no a su racionalización. En esos momentos es más útil intentar "distraer" nuestra mente que perseverar para que "razone".

En muchas ocasiones nos sorprendemos "totalmente desconectados", sin escuchar a quien nos esté hablando, sin mirar lo que vemos ni atender lo que estábamos haciendo; en definitiva, "sin estar donde estamos". Esta reacción nos puede ayudar en determinados momentos (en que nos encontremos mal), pero en otros nos creará problemas innecesarios.

Nuestro objetivo será controlar "esas reacciones", de tal modo que no se "disparen solas", sino que las activemos, o no, en función de las circunstancias en que nos encontremos. A veces nos será muy útil "desconectarnos" de situaciones ansiógenas, que sólo nos llevan a aumentar nuestra inseguridad y a disparar más ansiedad; en otras ocasiones nos "enfrentaremos" con decisión y voluntad a ellas, para conseguir "doblegarlas" y encauzarlas.

Con Adela no tenía sentido ponerse a "racionalizar" sus miedos a las dos, tres, cuatro o seis de la mañana; en esos casos siempre hay que "cortar" los pensamientos que los están provocando. Para ello, lo mejor es distraer la mente, y ahí haremos "un traje a medida", pues no sirve lo mismo para todo el mundo. En función de cómo sea cada persona diseñaremos las estrategias a seguir.

Adela aprendió, no sin esfuerzo, a cortar esos pensamientos y a sustituirlos por otros más agradables y relajantes. A veces el miedo era tan paralizante que tuvimos que emplear algunos trucos "físicos" para ayudar a su desactivación. En esas ocasiones resulta útil beber agua de forma pausada, o realizar algunos ejercicios físicos que nos permitan recuperar el control del SNA: respiración diafragmática, relajación, visualización.

Cuando por fin parecía que ya tenía controlado el tema del sueño, surgían de nuevo dos o tres noches difíciles. En esas ocasiones la persona se "tambalea" un poco; en nuestro caso, Adela se desesperaba, pues creía tener resuelta ya esa situación. La verdad es que, por nuestra parte, por el contrario, siempre nos alegramos, pues esas pequeñas "recaídas" permiten consolidar los avances y, a la larga, le dan seguridad a la persona al demostrarle que no hay razón para tener miedo dado que, surjan los imprevistos que surjan, ella siempre podrá volver a conseguir el control de la situación.

Transcurridos dos meses Adela ya se encontraba en disposición de afrontar el resto de las situaciones que tanto habían constreñido su vida. Le costó volver a pasear sola, tardó tres semanas en ir a sitios oscuros o desconocidos; aún estaba muy pendiente de todo lo que sucedía a su alrededor, pero ya el miedo no limitaba su vida normal.

Al final, ella se sentía perfectamente capacitada, desde el punto de vista físico, para hacer cualquier acción; por otra parte, al haber conseguido un buen control de sus pensamientos, mejoraron mucho sus relaciones sociales; disfrutaba de esos momentos y daba rienda suelta a su sentido del humor, que en los dos últimos años había adoptado un tono cáustico, mordaz y satírico, que podía provocar crispación y tensión en los que estaban a su lado.

Sería una exageración decir que Adela, al final, se alegró del déficit físico que padecía desde hacía dos años, pero sí que valoraba enormemente haber conseguido, gracias a esas circunstancias, un autocontrol que le iba a facilitar mucho la vida. ¡Es una pena que haya tenido que pasar esto para ver cómo funciona la mente, nos lo tendrían que enseñar desde pequeños, pero —nos decía con cierta frecuencia— "no hay mal que por bien no venga!".

Seguramente Adela no tiene ninguna duda de que es posible ser feliz a pesar de la pareja, los hijos, amigos, jefes, compañeros; pero hay muchas personas que están convencidas de lo contrario. Aportaremos algo de racionalidad y esperanza a esta creencia, tan errónea como extendida en nuestra sociedad, y que afecta ¡a media humanidad!

"¿CÓMO VOY A SER FELIZ CON MI MARIDO/MUJER, PAREJA, HIJOS, AMIGOS, JEFES, COMPAÑEROS..., SI ELLOS SON LOS RESPONSABLES DE MI INFELICIDAD?"

No conozco ninguna persona adulta que, en algún momento de su vida, no haya pensado que su "situación" no tiene solución. Es fácil dejarse llevar por el abatimiento y el pesimismo cuando nos encontramos en momentos penosos y tristes. Somos humanos y, como tales, nos sentimos débiles y muchas veces impotentes, pero una de las ideas erróneas que más "arraigo" ha alcanzado, y que más equivocaciones suscita, es pensar que "los demás" son los responsables de nuestra infelicidad.

> Las personas de nuestro alrededor pueden favorecer o entorpecer nuestra búsqueda de la felicidad pero, no nos engañemos: ni son los responsables de que lo consigamos ni los culpables de que no la alcancemos.

La realidad nos lo demuestra día tras día. Si miramos a nuestro alrededor no tardaremos en ver situaciones que nos confirman esta premisa. En efecto, seguro que encontramos maridos/esposas, hijos, amigos, compañeros, jefes, que, a pesar de encontrarse en circunstancias difíciles, consiguen ser felices o, al menos, viven con bastante serenidad y procuran disfrutar de cada instante.

¡Es fácil echarles la culpa a los demás! No en vano es una costumbre muy arraigada y fomentada desde la más tierna infancia. ¿Quién ha tenido la culpa?, ¿quién ha sido?, ¿quién ha hecho tal cosa?... ¿Recordamos esas frases? ¡Por supuesto que sí!

Sin darnos cuenta nos enseñaron a unir e identificar la respuesta a estas preguntas con el culpable de la situación. Durante la infancia nos sentimos vulnerables ante la opinión de los demás pues estamos indefensos y, sencillamente, necesitamos el cariño de los que nos rodean para sobrevivir. En consecuencia, además de sentirnos culpables de lo ocurrido, sin que haya mediado un mínimo de reflexión, nos sentimos responsables de lo que nuestra actuación ha ocasionado en los demás. Lógicamente, de la misma manera que aprendimos a sentirnos culpables, también "aprendimos" a responsabilizar a los demás de nuestro infortunio, cuando "los malos" no somos nosotros. En esas ocasiones, y basándonos en un argumento tan irracional, la culpa la tienen los que nos rodeaban. Al final, terminamos adquiriendo uno de los "mecanismos de defensa" que más arraigo alcanza en nuestra forma de sentir y de actuar.

¿Podemos ser felices, aunque no hayamos tenido mucha

suerte con las circunstancias de nuestra vida ni con las personas de nuestro entorno? Intentaremos ver la respuesta en el caso de Gabriela.

El caso de Gabriela

Nuestra "colaboradora" en este apartado tenía 41 años cuando creyó que ya no podría volver a ser feliz. Hasta ese momento Gabriela había sido siempre bastante decidida y resuelta; tenía muchos amigos y, en general, se relacionaba bien con la gente de su trabajo. Profesionalmente era una persona bien cualificada, que acababa de ver los resultados de tanto esfuerzo: le habían dado un cargo importante, que esperaba desde hacía años, pero... ¡su felicidad se rompió! "Porque mi marido es un desgraciado que se ha ido con otra mujer más joven, y encima me dice que no está seguro de haberse enamorado de esa p..., no sabe si lo mejor es vivir solo durante algún tiempo hasta que sus ideas se aclaren. ¡Hace falta ser cínico, el muy h..., y parecía una mosquita muerta!"

El dolor de Gabriela era aún más intenso, si consideramos que se había pasado los últimos ocho años peleándose con su familia "a causa de su marido", pues ni a sus padres ni a su hermana les había gustado nunca Jorge. "Todos tenían razón y yo sin quererlo ver, ¡hay que ser subnormal para no haberse dado cuenta antes!" "Parece que lo hubiera hecho a propósito, ahora que yo estaba tan feliz en el trabajo" "¿Cómo ha podido hacerme algo así, después de tantos años?" "¡No podré perdonarlo nunca!" "¡Me ha arruinado la vida y encima dice que lo siente!" "¡Jamás podré volver a confiar en alguien!"... Con estos y otros pensamientos parecidos no era de extrañar que Gabriela se sintiera infeliz, pero lo peor era que se sentía impotente ante la situación, pues creía que su marido era el responsable de su infelicidad.

En estos casos, en los que la persona está "desgarrada" y sin fuerzas, no me empeño en que desde el primer día empiece a racionalizar sus actuales creencias. Sería absurdo, inútil e injusto para quien lo está pasando tan mal, además de que aún no está preparada para asumir otra realidad, y mucho menos otra autoría. En esas situaciones empezamos siempre por analizar cuál ha sido el desarrollo de su vida, los momentos en los que se ha sentido más feliz, sus mayores logros, las actuaciones que le han producido mayor satisfacción, la relación con los amigos, cómo disfrutaba en el pasado y de qué manera... En definitiva, qué es lo que más le gusta o le gustaba de sí misma, lo que más valora en los demás, lo que aún tiene, lo que aún conserva, lo que sigue estando presente. Así, poco a poco, tratamos de que vea su vida de conjunto, que recuerde que antes de conocer a Jorge había sido feliz, que sea consciente de que aún tiene amigos valiosos, compañeros que la quieren..., pero, sobre todo, que sigue teniendo lo más importante para ser o volver a ser feliz: ¡se tiene a ella misma! Y ella es la única persona que siempre ha estado y estará a su lado.

No resulta sencillo que quien está sufriendo tan intensamente pueda reaccionar con rapidez; es como si su organismo necesitara un tiempo para volver a ser uno mismo, para creer de nuevo en la gente y, sobre todo, para volver a sentirse bien.

Ante estos hechos, necesitamos un tiempo de "duelo", pero un tiempo no es una eternidad, es un espacio razonable que nos permita "recuperarnos", "reconstruirnos" y "volver a la vida" con toda la intensidad y la felicidad que seamos capaces de generar. Cuando alguien nos cuenta que está mal, hundido y desesperado porque hace un año su esposa/marido, madre, hijo... cometió alguna "falta terrible", o porque pasó algo trágico en su vida, en ese instante le decimos que ¡ya deje de confundirse! No hay nada que justifique su enterramiento en vida.

Para que el "duelo" sea lo más breve posible conviene actuar de forma simultánea sobre la persona. Gabriela, como es lógico, oponía mucha resistencia durante las primeras sesiones en las que ya abordábamos sus pensamientos irracionales, pero, a pesar del esfuerzo que le demandaba, fue bastante "disciplinada" en el seguimiento de las actividades lúdicas y ocupacionales que le impusimos. En este sentido, la ayudaron mucho sus amigos y algunos compañeros.

Dado el estado de precariedad que presentaba, le aconsejamos que no viera a su familia durante unas semanas, las suficientes como para poder hablar del tema "sin venirse abajo". Estaba con las fuerzas justas y en ese momento por nada del mundo debemos desperdiciar un átomo de energía. Gabriela empezó a comprender que si había sido feliz antes de conocer a Jorge podía volver a ser feliz ahora que ya no estaba con él.

Con el trabajo, lejos de apoyar su determinación de presentar la renuncia, la hicimos sumergirse en él, que llenara parte de su tiempo. Conseguimos que todos los días tuviera una razón para levantarse y, una vez logrado ese objetivo, para distraerse. Otra de las cosas a las que Gabriela mostró mucha resistencia, pero que finalmente aceptó, fue anular y desterrar los sentimientos de "odio y venganza". Sin darse cuenta, se hacía daño ella misma, no se permitía avanzar, estaba "anclada" en cómo devolverle la jugada a su marido, trataba de compensar su amargura pensando que él terminaría sintiéndose solo y, en esos momentos, se imaginaba mil actuaciones de su parte. Pero, como es lógico, sus esfuerzos terminaron por "dar fruto" y al cabo de unos meses ya era capaz de disfrutar en algunas situaciones. Se centró mucho en ella misma, en sus valores, en la suerte que tenía de contar con tanta gente que la quería; al final, empezó a encontrarle ciertos privilegios a su nueva vida.

La "historia de su marido" era lo de menos, ésa era una decisión que no le pertenecía a ella. Gabriela comprendió que no nos enamoramos para hacer daño a otras personas, que a veces ocurre muy a nuestro pesar y que, en esos momentos, sus esfuerzos no debían dirigirse a martirizar a su pareja, sino a "rescatarse" a sí misma para salir de ese estado de choque en que se había quedado.

En la actualidad, Gabriela se encuentra muy a gusto con ella misma; de vez en cuando ve a su ex marido, pero esto ocurre más a petición de él que a iniciativa suya. Al final, la historia de Jorge no cuajó, pero nuestra amiga determinó que se sentía muy feliz y satisfecha con ella misma y que por nada del mundo quería renunciar a su actual libertad.

La vida de Gabriela, antes de ese suceso "especial", era una lucha continua por hacer cosas, llegar a todos los sitios, contentar a todo el mundo y demostrar su valía. En la actualidad, sus objetivos se cifran en sentirse lo mejor posible con ella misma, sonreír cuando las circunstancias se lo permitan —lo que prácticamente ocurre todos los días—, descubrir nuevos ocios, nuevas posibilidades, nuevas relaciones. En definitiva, descubrir la vida, esa vida donde ella siempre será la protagonista, no la víctima.

No obstante, nos consta que muchas personas siguen pasándolo mal, supuestamente por "culpa de otros", de las circunstancias o de hechos que han "marcado" sus vidas. En esos casos, así como en cualquier otra situación, no olvidemos que podemos aprender "estrategias para dejar de sufrir y prepararnos para la vida".

CAPÍTULO 4

El sufrimiento útil/inútil en el amor

¡Cuánto misterio rodea al amor!, ¡cuánto se ha escrito en su nombre!

Todo parece girar en torno al amor y, sin embargo, de nuevo, ¡qué poco nos han preparado para vivir el amor!

¿Quién se atrevería a definir de forma incuestionable el amor? A pesar de ello, todos creemos saber lo que significa y nos pasamos la vida hablando del amor, quejándonos del amor, obsesionándonos por el amor.

> Muchas veces hemos escuchado que ¡la vida sin amor no merece la pena ser vivida! Esta frase podría indicar que hay personas que pueden vivir su vida al margen del amor. ¡Cuidado!, ¡no confundamos conceptos!, ¡no reduzcamos el amor al enamoramiento de una u otra persona! El amor es consustancial a la vida, va unido a la esencia del ser humano: es nuestra "vida" si sabemos encontrarlo dentro de nosotros mismos, y nuestra "muerte" si creemos haberlo perdido para siempre.

Cada vez que sale el tema del amor pregunto a mi interlocutor qué es para él/ella el amor. Casi nunca están muy satisfechos/as. Parece que las palabras son demasiado limitadoras, que no ayudan a la definición de algo tan amplio, rico, concreto o abstracto como el amor.

Favorecer la reflexión siempre me ha parecido uno de los ejercicios más estimulantes que puede hacer la persona. Animo al lector para que, antes de seguir leyendo, haga un ejercicio de reflexión y trate de responder qué es para él/ella el amor.

Por nuestra parte, en este capítulo, aunque sea someramente, vamos a tratar de exponer algunos principios básicos que nos ayudarán a "situarnos", que nos obliguen a buscar nuestras propias respuestas.

¿EL AMOR ES FELICIDAD Y PLENITUD, PERO TAMBIÉN DOLOR Y SUFRIMIENTO?

Muchas personas piensan que su felicidad está en manos de los demás porque dependen de su amor para sentirse bien. Esto es erróneo, aunque está muy extendido. Gran parte de la equivocación quizá tenga fundamento en nuestra propia experiencia, pero en la de los primeros años de vida, cuando somos pequeños. Confundir las necesidades del niño con las del adulto no parece un ejercicio de objetividad, pero es lógico que nos pase si nunca nos han ayudado a reflexionar sobre ello.

En efecto, cuando somos pequeños, durante los primeros años de nuestra vida dependemos de los demás para sobrevivir. El niño necesita del afecto de los que lo rodean, no puede vivir sin él. En psicología son muchas las experiencias y los estudios que se han realizado sobre este particular; así nació el síndrome del hospitalismo, que explica la repercusión que puede tener en un niño pequeño el estar semanas o meses en un hospital sin poder sentir el calor y el afecto de sus seres más próximos. En la actualidad, los hospitales tratan de remediar esas situaciones y, aunque la situación del bebé o del niño lo haga difícil, intentan por todos los medios que sus padres puedan estar con ellos el mayor tiempo posible. Para el niño pequeño sentirse querido es vital; su dependencia del entorno lo marca en los primeros años, y muchas de sus características y conductas futuras tienen su origen en los hechos, circunstancias o situaciones que se dan en esa fase. Pero no nos confundamos, ¡el adulto puede sobrevivir incluso en situaciones de aislamiento!, ¡está preparado para ello! Por supuesto que no le resultará fácil, y ojalá no tenga que experimentar esa vivencia; pero el adulto, a diferencia del niño, ¡se tiene a sí mismo! Con sus limitaciones, pero también con sus fortalezas, con el equilibrio, el apoyo y los recursos de sus experiencias, y con los aprendizajes que ha ido elaborando a lo largo de la vida.

Es frecuente que algunas personas se sientan "morir" ante el hecho de haber perdido a la persona amada, o ante una discusión o un disgusto que acaban de experimentar, y que vivan con dolor y un sufrimiento terribles. Ese sufrimiento lo justifican como parte consustancial del amor: "Si te enamoras ya sabes lo que te pasa, puedes ser la persona más feliz del mundo, pero también la más desgraciada". ¡Cuántas veces hemos oído algo parecido! Tantas que ya lo creemos sin necesidad de cuestionarlo, sin hacerlo pasar por nuestra mente racional.

> El amor, como los demás sentimientos del ser humano, tiene sus explicaciones y sus misterios; sus grandezas y sus miserias. Pero no confundamos deseo con necesidad.

Es lógico que deseemos que nos quieran las personas clave de nuestra vida, pero ello no significa que lo necesitemos para vivir. No pretendo provocar, ¡de verdad!, y entiendo que muchas personas encuentren en mis palabras provocación e irracionalidad. Es lógico, porque han asumido premisas e ideas erróneas que están muy extendidas en nuestra sociedad occidental.

Necesitamos respirar, comer, dormir..., vivir en condiciones físicas que nos permitan la supervivencia, pero no necesitamos que nos quiera alguien en concreto para seguir viviendo. Aunque, sin duda, si nos quieren y lo hacen de la forma que nosotros queremos que lo hagan, nos sentiremos más felices. ¡Por supuesto que sí! *Pero eso no es una necesidad, es un deseo;* absolutamente lógico, por otra parte, pero no esencial ni determinante para nuestra vida actual.

Éste es uno de los puntos donde los psicólogos encontramos mayores reticencias y hasta resistencia por parte de nuestros interlocutores. La verdad es que si no hacemos un esfuerzo para explicar claramente lo que queremos decir es normal que nos ganemos esa fama de personas "raras" y poco accesibles. Trataremos de explicar y aclarar estos conceptos con la ayuda de un caso tan real como usual, con el que fácilmente se identificarán muchos de nuestros lectores.

El caso de Javier

Javier acababa de sobrepasar los 50 años, esa edad que tanta significación parece tener para muchos hombres y mujeres. Cuando lo conocimos atravesaba momentos difíciles, estaba literalmente aterrado, pensando que su actual mujer podía dejarlo; para él, toda su vida y su felicidad dependían de la decisión de su cónyuge.

El análisis de su historia personal nos reveló algunos datos significativos. Javier había crecido en el seno de una familia matriarcal, pero con una madre atípica: tenía un carácter fuerte, era poco afectiva, excesivamente rigurosa y exigente con sus tres hijos y su marido. En definitiva, una persona en constante estado de insatisfacción, que había condicionado mucho la vida de los que estaban a su alrededor.

Sus hijos tenían un sentimiento muy desarrollado sobre la responsabilidad y las obligaciones para con los demás. Javier, al igual que sus hermanos, se había esforzado para abrirse camino y obtener prestigio profesional, y lo había conseguido. Sin embargo, a nivel personal las cosas no le habían ido tan bien. Rápidamente se dio cuenta de que su primer matrimonio había sido una equivocación; en realidad, se trataba de una persona bastante parecida a su madre: excesivamente seria, demasiado rigurosa, exigente, dogmática, con pocas habilidades sociales y una moral inflexible que literalmente "ahogaba" a su marido y lo llenaba de obligaciones.

Javier fue una persona resignada y triste mientras duró su matrimonio. Se refugió en el trabajo y su único consuelo se hallaba en el progreso como profesional. Por mucho que una separación no entrara en sus esquemas, llegó un momento en que no pudo más y, casualmente, conoció a la antítesis de su mujer: una persona alegre, agradable, divertida, sociable, llena de vida, con ganas de pasarla bien y de querer y sentirse querida. Hace más de diez años que viven juntos y Javier se siente bastante satisfecho con su vida familiar, pero a veces experimenta un sufrimiento que lo ahoga.

En realidad, Javier era tremendamente inseguro a nivel personal, necesitaba constantes pruebas del amor de su mujer; cualquier gesto no esperado, cualquier comentario podían "hundirlo en la miseria". Rápidamente reconstruía su historia dramática y sentía que su matrimonio estaba en peligro, que su mujer lo iba a dejar en cualquier momento, que había perdido su cariño, y que ¡la vida había terminado para él! A fuerza de repetirse estas ideas "en su cabeza", de exigir tantas señales de afecto, tantas muestras de amor incondicional, su mujer terminó realmente "cansada" y le había dicho que así no podían seguir.

El análisis nos demostró que Javier estaba lleno de ideas irracionales; su inseguridad lo llevaba a ver peligro donde no lo había, a magnificar la mínima discrepancia. En el fondo, estaba convencido de que el amor y el sufrimiento iban inevitablemente unidos. No podía admitir que, sencillamente, era feliz, no existía ese concepto en su mente, así que cuando se sentía maravillosamente bien no tardaba en buscar algún gesto que le indicase que esa situación pronto se iba a terminar.

Con su actitud había conseguido agotar a su mujer, y realmente estaba a punto de lograr que se cumplieran sus "tristes profecías" cuando vino a vernos. La verdad es que estuvo varias sesiones tratando de convencernos de la lógica de sus argumentos, del triste destino que la vida le deparaba. Estas ideas irracionales estaban tan "arraigadas" en Javier que cuando conseguía un par de semanas de tranquilidad y de buena armonía con su mujer, inmediatamente se disparaban sus "alertas" y, sin ser consciente de ello, se volvía susceptible, como buscando cualquier palabra que le indicara que "todo se iría al diablo", y que de nuevo el sufrimiento y el dolor se harían dueños de su vida.

Javier tenía ese sentido trágico del amor; por una parte, se sentía inmensamente feliz al lado de su mujer, estaba enamorado como un adolescente, pero pensaba que ese estado no podía continuar por mucho tiempo y, sin quererlo, provocaba discusiones inútiles y disgustos innecesarios.

La situación no mejoró hasta que Javier aceptó su equivocación. No podía pasarse los días pidiendo demostraciones constantes de lo que para él era ser querido; el que su mujer no le contestase con un tono suave no significaba forzosamente que ya no lo quisiera, simplemente podía estar cansada, distraída, incluso harta y aburrida, pero no por ello había dejado de amarlo. Si alguna vez no mostraba interés en su conversación o se dormía mientras él hablaba, tampoco quería decir que sus preocupaciones o sus opiniones no le importasen; si no quería "hacer el amor" —y lo hacían con mucha frecuencia—, no tenía por qué ser un drama, ni quería decir que no lo considerase atractivo o que ya no la estimulase sexualmente.

Poco a poco Javier fue aprendiendo a vivir sin sobresaltos, a disfrutar sin "estar siempre en guardia" y a no sentirse mal a la primera oportunidad. Aprendió a amar y a sentirse amado, a reírse, a no tener miedo y a no esperar la tragedia a la vuelta de cada esquina.

Una vez conseguido el equilibrio en su vida personal, los momentos de felicidad fueron cada vez más constantes y duraderos; la relación con su mujer se colmó de buen humor y desinhibición; su autoestima y su seguridad aumentaron al mismo nivel que su razonamiento y autocontrol. Por fin, Javier había logrado vencer el sentimiento trágico del amor. A medida que conseguía ser más espontáneo, más flexible y más paciente, fue logrando ser auténticamente feliz. Había abandonado definitivamente ese miedo enfermizo que siempre lo había acompañado y que, sin quererlo, había marcado su vida.

> No tenemos por qué tener miedo al dolor, incluso al sufrimiento cuando es inevitable; porque ese dolor y ese sufrimiento serán pasajeros. Lo que no podemos pensar es que el amor y el sufrimiento van indefectiblemente unidos. Se-

rá normal que en algún momento de nuestra vida amorosa sintamos dolor, y nos prepararemos para superarlo y vivirlo con naturalidad y madurez.

¿TENEMOS QUE PAGAR "PEAJES" EN EL AMOR?

"El amor te lleva a la felicidad, pero el privilegio del amor también tiene su contrapartida, yo lo he vivido en mi propia carne y no me arrepiento, pero en estos momentos no puedo más y, aunque suene afectado, siento que este amor me está matando."

El caso de Jaime

Más o menos con estas palabras nos definió Jaime el estado emocional que lo embargaba cuando vino a vernos. Teníamos ante nosotros a un joven de apenas 30 años, que reflejaba en su rostro un dolor infinito.

Jaime había sentido una auténtica convulsión en su vida hacía cuatro años; hasta esa fecha, todos sus esfuerzos se habían volcado a terminar los estudios, abrirse camino en una ciudad tan competitiva como Madrid y hacerse un hueco en su profesión.

Durante ese período Jaime tuvo dos medio novias y muchos "fantasmas" en la cabeza, aunque siempre había tratado de apartarlos de su mente. Hacía cuatro años, de un modo bastante casual, surgió una relación, al principio amistosa, con un compañero de trabajo; pero esa relación terminó convirtiéndose en "el amor de su vida". "Nunca pensé que se podía vivir y sentir con esa intensidad; me he pasado estos años como flotando, pero llevo varios meses hundido, con un sufrimiento inhumano que ya no puedo resistir más." El novio de Jaime, la persona que le había enseñado los secretos del amor, que lo había introducido en un mundo hasta entonces desconocido para él, se mostraba cada vez más lejano; parecía perder progresivamente interés por Jaime, y nuestro protagonista se encontraba desesperado. Al principio, no aceptaba la nueva realidad, no quería verla; reclamaba en vano la atención de su pareja. Luego empezó a sentir unos celos demoledores: nunca había sido una persona agresiva, pero ahora, a la primera oportunidad, se sentía humillado y adoptaba una actitud entre dolida y colérica, que en nada favorecía la relación.

La situación se había deteriorado hasta tal punto que Jaime no aceptaba lo que hasta entonces eran costumbres muy arraigadas en la relación de ambos, como salir con amigos comunes, invitarlos a comer o a cenar en su casa, ir de viaje con ellos... Sólo quería que su pareja "fuese como antes, y se comportase con él 'como' al principio".

Con su actitud estaba ahogando la relación; él lo sabía, pero era incapaz de actuar de otra manera.

La vulnerabilidad de Jaime era tremenda, cualquier pensamiento acerca de la viabilidad de su relación lo hundía, su autoestima estaba por el piso y en los últimos meses la inseguridad había hecho mella en él y se sentía sin fuerzas ni ánimos para ilusionarse ante nada. Su trabajo se había resentido y su jefe le había llamado la atención. Este hecho lo llevó al límite; sentía que todo se le "venía abajo", pues hasta entonces a nivel laboral siempre había recibido felicitaciones por su buen desempeño.

"Nada funciona en mi vida y yo no tengo fuerzas para seguir luchando; de verdad, siento que ya no puedo hacer nada." Ante esta confesión de su parte le contesté, más o menos, que "no lucha quien no se da cuenta de que tiene que luchar", y que en su caso él era consciente de que debía hacer algo, y eso en sí mismo constituía ya un progreso enorme. "Jaime, si de verdad pensaras que ya no puedes hacer nada no estarías aquí; no habrías venido a contar algo que llevas tan en secreto dentro de ti. Sabes que esa sensibilidad que te hizo sentirte la persona más afortunada del mundo te va a permitir ahora salir de esta crisis. Pero no lo vas a lograr compadeciéndote, hundiéndote y fomentado tu sufrimiento. Lo vas a lograr poniendo toda tu atención, incluso toda tu rabia, en función de extraer los aprendizajes de esta experiencia; en sacar afuera todo el dolor que llevas dentro. Y lo vas a lograr cuando consigas controlar tus pensamientos; en ese momento volverás a tener el control de tu vida y, con ello, la posibilidad de volver a ser feliz."

Jaime se empeñaba en contarme pormenorizadamente lo que había sentido cada día, y yo, por el contrario, le insistía en que no se recrease en sus pensamientos, que en ese momento eran tan subjetivos y tan traicioneros que sólo le traerían dolor y oscuridad a su vida y a la relación con su pareja. Al contrario de lo que muchos puedan pensar, no se trataba de hurgar en sus heridas, porque eso hubiese terminado con la poca fuerza que tenía; se trataba de "cortar la hemorragia", de darle los recursos que le permitiesen dejar de sufrir de forma tan inútil como negativa.

Cuando por fin Jaime fue capaz de controlar sus pensamientos y actuar con racionalidad, vio que no había que "pagar peajes en el amor". La felicidad que da sentir y vivir un amor maravilloso no tiene por qué conllevar un sufrimiento de igual intensidad. Tenemos que prepararnos para vivir, y eso significa que a veces sentiremos dolor, pero nuestros esfuerzos se dirigirán a vivirlo con naturalidad y a superarlo lo antes posible.

Jaime abandonó la absurda idea de que ya no podría volver a sentir con igual intensidad; admitió que a veces las relaciones acaban terminándose, pero lo que no tiene sentido es pulverizarlas con nuestros pensamientos y con nuestras exigencias. Las relaciones tienen un comienzo y un desarrollo, y lo mejor que podemos hacer es entrenarnos para vivirlas en las mejores condiciones, para favorecerlas, no para malograrlas.

Como suele ocurrir, cuando Jaime se libró de esa "angustia" que lo atenazaba, la relación con su pareja empezó de nuevo a mejorar. A medida que él se sentía más seguro empezó a actuar de forma más racional, dejando a su pareja la posibilidad de respirar y de elegir libremente (recordemos que la persona que no se siente libre en su relación tarde o temprano termina ahogándose, por lo que inevitablemente busca el oxígeno que le permita seguir adelante).

En sus fases más irracionales, condicionado por el sufrimiento que estaba experimentando, Jaime había creído esa extraña pero extendida teoría que nos induce a creer que un sentimiento tan maravilloso como el amor, la felicidad sin límites que te hace sentir, tarde o temprano termina pasándonos la factura. Como si el ser humano no mereciera gozar de los momentos sublimes del amor, por lo que el amor se convierte en desamor y la felicidad busca el peaje del dolor.

Otras personas piensan que quien nos ha inducido a descubrir y sentir el amor tiene un poder extraordinario sobre nosotros, pues al igual que es el artífice de nuestra felicidad puede ser el inductor de nuestro sufrimiento.

La realidad es que la felicidad está en nosotros. La capacidad de amar y sentirnos amados también está dentro de nosotros y, por encima de todo, el amor que siempre, absolutamente siempre, estará a nuestro lado será nuestro propio amor. De ahí la importancia vital que adquiere el concepto que tengamos de nosotros mismos. Sin duda, para aprender a amar, haremos bien en entrenarnos primero en amarnos a nosotros mismos, pues, de lo contrario, difícilmente podremos amar a los que nos rodean, y nunca seremos dueños de nuestra felicidad, ya que la habremos puesto en "manos de los otros".

Curiosamente, pero ya hemos señalado que no por casualidad, cuando nos apreciamos y nos queremos de verdad a nosotros mismos resultamos más atractivos para los que nos conocen. Por otra parte, si trabajamos nuestra sensibilidad y nos entrenamos en buscar las cosas aceptables en los que nos rodean, y no al revés, como muchas veces hacemos, pronto descubriremos que muchas personas poseen cualidades que nos ayudan a sentirnos bien a su lado y nos hacen valorarlas como merecen.

En definitiva, ni hay que pagar peaje en el amor ni la vida se termina cuando se acaba el amor.

¿LA VIDA SE TERMINA CUANDO SE ACABA EL AMOR?

Mucha gente piensa que una vez que has descubierto lo que es el amor no puedes vivir sin él y, si puedes, no merece la pena hacerlo.

Como siempre, deberíamos matizar esta afirmación. La verdad es que, tal y como mucha gente cree que es el amor, es lógico que piensen que sin él no merece la pena vivir. Esas personas sitúan el amor como algo externo a sí mismas. Para ellas, sentir amor o no sentirlo dependerá de que otras personas se lo proporcionen. De nuevo tenemos ese sentimiento de invalidez; la felicidad no nos pertenece, el amor tampoco, sólo el sufrimiento parece estar siempre al alcance de nuestras manos.

El caso de Leonor

Leonor tenía 48 años cuando llegó a la conclusión de que su vida ya no merecía la pena, pues la persona que le había hecho sentir el amor acababa de comunicarle que ya no quería continuar, que la relación se había terminado.

La realidad es que su pareja le había comunicado este hecho ya en muchas otras ocasiones, pero Leonor se resistía a aceptarlo, y una y otra vez se humillaba, se arrastraba a sus pies y suplicaba una nueva oportunidad.

Leonor siempre había sido una mujer con un encanto especial, había tenido varios amores en su vida, y no menos amantes, pero quedó impactada cuando conoció a su pareja actual. Aparentemente cumplía y reunía todos los requisitos: hombre atractivo, inteligente, ameno, agradable, profundo, delicado, sensible y un amante excepcional, ¡qué más se puede pedir! Ante una "joya" semejante, Leonor sucumbió y se rindió incondicionalmente a sus encantos; tan incondicionalmente que fue incapaz de ver algunas señales que indicaban peligros evidentes en esta persona.

El enamoramiento fue de tal calibre que Leonor pasó por

alto cualquier aspecto que no respondiera a la imagen ideal que se había formado. Así, no dio importancia a los celos exagerados del principio, ni al exclusivismo que le imponía, ni al despotismo de muchas de sus actitudes. Incluso trató de no enterarse de sus infidelidades.

A la excitación y la exaltación del principio habían sucedido ocho años llenos de dolor, calvario y sufrimiento, pero Leonor, para desesperación de todos los que la querían, seguía enamorada de esta persona, y era capaz de soportar las mayores vejaciones con tal de seguir viéndolo y de "tenerlo" de vez en cuando.

Cuando la vimos se encontraba en un estado penoso. Estaba tan al límite que nada le parecía bien. Todo era motivo de discusión e insatisfacción para ella. No soportaba ni el lugar donde residía, ni la ciudad donde vivía, ni su trabajo, ni su gente... No soportaba nada ni a nadie. Sólo exigía: que la escuchasen, que la dejasen repetir una y mil veces que no podía vivir sin esa persona, que el resto del mundo no merecía la pena.

Como podemos imaginarnos, no eran precisamente amigos los que le sobraban a Leonor en esa etapa de su vida. A los pocos que le quedaban los atormentaba a diario con sus quejas e insatisfacciones.

Pocas primeras consultas me han resultado tan difíciles como la de Leonor; si no fuera por la larga experiencia en la profesión, intensamente vivida, difícilmente habría podido contener su agresividad. Pero los psicólogos sabemos que estas personas están inmersas en un dolor tan desgarrador que, aunque no justifique sus conductas, sí las hace perfectamente entendibles.

Leonor estaba firmemente convencida de que su vida no merecía la pena. Después de haber alcanzado el "éxtasis" más increíble, ¡cómo se iba a conformar ahora con vivencias llenas de mediocridad e imperfección!

Las primeras sesiones fueron todo un ejercicio de paciencia infinita, de autocontrol por ambas partes y de calor humano. Poco a poco, pero muy lentamente, Leonor fue mostrándose más receptiva, se dio cuenta de que realmente yo la apreciaba y quería —y podía— ayudarle si ella colaboraba, pero ¡no era fácil! Su sufrimiento la había dejado sin fuerzas, ¡ni siquiera para reaccionar!

Resultaba doloroso comprobar cómo a la mínima oportunidad volvía a dejarse humillar y vejar por la persona que ella más adoraba, en la misma medida que la odiaba. No podía "desprenderse" de su verdugo, aunque había aceptado que trabajar en su "liberación" era la única tabla de salvación que le quedaba.

De repente, los acontecimientos hicieron que forzosamente tuviera que dirigir su atención a otro ámbito. El tema no era precisamente halagüeño, pero al menos nos permitió trabajar en ella misma, de tal modo que, poco a poco, fue recuperando cierta autonomía y, sobre todo, la capacidad de control sobre sí misma.

Seguramente, uno de los momentos clave a lo largo de las distintas sesiones fue hacer reflexionar a Leonor sobre lo equivocado de su planteamiento esencial; es decir, sobre su hipótesis de que ¡ya nunca podría ser feliz! Un día le pregunté si estaba en condiciones de pensar "la cuestión". Le dije: "Es tan simple como compleja: por favor, dime si hasta cumplir los 37 años habías sido capaz de tener momentos de auténtica felicidad en tu vida, piénsalo bien antes de contestar". Leonor me miró atentamente y respondió: "¡Por supuesto que sí, pero esos momentos ahora no me compensan!". "De acuerdo –dije yo–, pero entonces, si tú has sido capaz de tener momentos felices sin esta persona, significa que la felicidad está y estaba dentro de ti, en tu capacidad de disfrutar, y esa capacidad, por mucho que lo niegues, sigues teniéndola. Si no, tendrás que explicarme cómo puedes ser feliz en determinados momentos, a pesar de atravesar las peores condiciones posibles, siendo humillada, vejada y maltratada. ¿De verdad crees que la capacidad está en él y no en ti? ¡Piénsalo, pero utiliza para ello tu inteligencia, no tu testarudez!"

Leonor, poco a poco, fue aprendiendo algo esencial: estaba empezando a poner su voluntad, que era mucha, al servicio de su inteligencia, y no al revés.

La vida no se termina cuando un amor se termina, por mucho que creamos que es el amor de nuestra vida. La vida se termina cuando nos negamos a sentir, a ver, a escuchar..., a razonar.

Cuando nos negamos a controlar nuestros pensamientos y nos forzamos a no creer en nosotros mismos. La vida llega realmente después de ese amor-desamor, pues esa experiencia nos permite aprender a vivir, a conocernos mejor, a protegernos adecuadamente, a ser más racionales, más generosos, más humanos. Después del desencanto del amor del otro nos queda el reencuentro con nosotros mismos, con el amor que llevamos dentro, con esa parte maravillosa que nos hará volver a sentirnos, y nos permitirá abrir las puertas a un amor más auténtico, más maduro, pero no menos intenso ni menos real. Nos permitirá abrir las puertas "al amor de verdad".

El amor no es sinónimo de felicidad y sufrimiento; el amor es la mejor oportunidad para aprender a vivir nuestra vida; para integrar nuestras experiencias, para mejorar nuestros sentimientos, para crecer como personas.

> La vida no se termina cuando acaba un amor. El amor da vida a la vida. ¡No reneguemos del amor, pero no suframos inútilmente en su nombre!

Una de las mejores formas para dejar de "sufrir inútilmente" será evitar los principales errores que cometemos. En el siguiente capítulo trataremos de dar algunas "pistas" que nos ayuden a conseguir este objetivo.

Capítulo 5

Errores a evitar

Sufrir "inútilmente"

Si hiciéramos un análisis riguroso, concluiríamos que más del 95 por ciento de las veces sufrimos inútilmente. Ese porcentaje tan alto puede extrañar a mucha gente, pero hemos desarrollado una facilidad enorme para provocarnos sufrimientos injustificados. A los lectores más escépticos les sugeriría un ejercicio bastante sencillo:

a) Anoten en una hoja los nombres de las personas más representativas de su vida; háganlo cronológicamente, desde que eran pequeños.

b) Al lado señalen y clasifiquen sus rasgos más significativos de carácter: sensible/insensible, sociable/insociable, afectivo/frío, generoso/egoísta, alegre/triste. Pongan todas las características que se les ocurra, pero no dejen de señalar el nivel de sufrimiento que más se ajuste a su forma de entender la vida: *sufridor alto* (sufre por todo), *sufridor medio* (sufre con facilidad), *sufridor bajo* (sólo sufre en situaciones difíciles) y *no sufridor*. En esta última categoría sólo pondremos a las personas que afrontan o afrontaban su vida con alegría, que se muestran o mostraban positivas ante las dificultades, con una visión optimista, que no pierden o perdían el control, aunque la situación fuera difícil, que siempre se las ve o veía de buen humor. En resumidas cuentas, que sólo las vimos tristes cuando perdieron un ser querido, o ante situaciones tan dramáticas como la referida.

c) Pongan al lado el nivel de simpatía/antipatía, afecto/frialdad que nos provocaban esas personas.

d) Intenten asignarles una nota de 0 a 10, en función de cómo pensamos que han sabido o saben enfocar la vida (el 0 estaría en el extremo inferior, no han sabido enfocar la vida, sólo veían las dificultades, iban siempre por detrás de los acontecimientos, sufriendo inútilmente, y con 10 calificaríamos a las personas que han utilizado mejor su inteligencia emocional y han sido o son realmente sabios en el enfoque de su vida).

e)   Señalen y sumen todas las personas que han clasificado como *no sufridoras* y comprobarán que difícilmente superan el 5 por ciento de la muestra, aunque, por el contrario, ese grupo alcanzará las notas más altas en cómo han sabido o saben vivir la vida.

Nuestra cultura, nuestra educación y —por qué no decirlo— también las distintas religiones parecen haberse empeñado en ofrecernos una visión negativa de la vida, que nos ha provocado un aprendizaje en gran medida estéril, y nos ha condicionado a pasarnos la vida sufriendo inútilmente. Las manifestaciones y las sensaciones más desagradables que experimenta el ser humano están unidas o asociadas a sufrimientos inútiles.

Cada vez son más las personas con una sintomatología ansiógena (provocada por una ansiedad y un estrés negativo). Éstas pierden el control de su SNA y generan respuestas poco adaptadas a la situación real: aceleración del ritmo cardíaco, opresión en el pecho, "embotamiento" generalizado, disminución de las funciones intelectuales (pérdida de memoria, dificultades de concentración, ralentización de los procesos mentales, falta de agilidad y fluidez verbal); en definitiva, pérdida del control voluntario de las conductas y las emociones.

> El sufrimiento inútil provoca un desgaste exagerado a nivel físico, una irritabilidad creciente a nivel psíquico y un desplome enorme de nuestro control emocional.

Cuando el SNA se "conecta", sufrimos un desgaste físico equivalente al que existe cuando nos forzamos a correr velozmente. Este desgaste, y esto es lo más inquietante, dura mientras permanece el sufrimiento; es decir, si nos pasamos tres horas dándole vueltas a algo que nos hace sufrir, desde el punto de vista orgánico es como si hubiéramos estado tres horas corriendo sin parar: el desgaste, mal que nos pese, es equivalente.

El sufrimiento activa las "funciones de huida": aceleración del ritmo cardíaco, combustión de oxígeno, pero difícilmente tenemos que realizar una huida de verdad. Podemos estar sentados y hasta recostados en una cama y, sin embargo, pondremos nuestro corazón a 120 palpitaciones por minuto, lo mismo que si estuviéramos corriendo a gran velocidad. Las consecuencias son fáciles de imaginar: nos sentimos cansados, aunque no nos hayamos movido de una silla; embotados, aunque no hayamos desarrollado funciones importantes a nivel intelectual; apáticos, aunque nada justifique ese malestar; decaídos y tristes, aunque estemos rodeados de personas que nos quieren y se sienten cercanos a nosotros...

> El sufrimiento nos provoca un desgaste enorme, un malestar constante, pérdida de energía, falta de adecuación a la situación que estamos viviendo y bajada significativa de las funciones intelectuales.

Cuando sufrimos inútilmente bajamos al mínimo nuestro rendimiento intelectual, la parte más "humana". El sufrimiento distorsiona y entorpece nuestro rendimiento, a la par que las crisis de ansiedad que provoca pueden originarnos estados predepresivos.

En resumen, sólo hay un sufrimiento positivo: el que te hace reaccionar pronto y facilita que, sin hundirte, aprendas de la situación vivida, e incorpores un nuevo recurso al repertorio de tus conductas.

Los ejemplos que podemos encontrar en nuestra vida cotidiana son múltiples: ¿nos ayuda sufrir antes, durante y después de un examen? ¿Resulta útil enloquecernos antes de una entrevista de trabajo? ¿Nos facilita la resolución de un problema el que le demos vueltas, de forma reiterada, una y mil veces, intentando advertir cualquier peligro o posible amenaza? ¿Nos proporciona energía el llanto, la tristeza, el abatimiento...? Entonces, ¿para qué sufrir inútilmente?

Repetimos: uno de los signos de equilibrio que deberíamos poseer las personas supuestamente maduras es haber aprendido a no sufrir de forma tan absurda como peligrosa. Si miramos hacia atrás y vemos que aún lo seguimos pasamos mal... concluiremos que no hemos avanzado mucho desde que éramos niños.

Los desengaños, los desencantos, las desilusiones, las frustraciones no justifican nuestro sufrimiento, porque lo único que conseguimos con ello, si optamos por ese camino, es hundirnos cada vez más en esas vivencias negativas. Esa actitud hace que en lugar de aprender y salir rápidamente a la superficie nos torturemos de forma absurda y nos enfanguemos en terrenos pantanosos; al final, nos sentiremos agotados en medio de una lucha sin tregua.

> Conseguir no sufrir inútilmente es uno de los aprendizajes más importantes en la vida del ser humano; no conseguirlo es no saber vivir.

"DARLE VUELTAS" A UN HECHO QUE YA PASÓ

¿Cuántas veces nos sorprendemos "dando vueltas" a hechos o situaciones que ya han pasado, incluso que han pasado hace bastante tiempo? Por favor, ¡no queremos provocar! No estamos diciendo que no sea necesario analizar nuestras conductas o las circunstancias en que se desarrollaron, ¡por supuesto que sí!, pero si lo hacemos bien, y con objetividad, será suficiente con que este ejercicio lo hagamos una vez y extraigamos las enseñanzas oportunas. Lo contraproducente es que pasemos horas y horas, a veces días, "dándoles vueltas".

Muchos historiadores nos dicen que si supiéramos y repasáramos de vez en cuando la historia veríamos que los acontecimientos se repiten. ¡Es cierto!, pero cierto hasta ese punto. Cuando a partir de un hecho, bastante irrefutable, añaden que "si aprendiéramos de la historia no cometeríamos los mismos errores", en gran medida se equivocan. Porque ¡difícilmente aprendemos de los errores ajenos! La psicología lo demuestra constantemente. Hemos repetido varias veces que cada persona es "única y singular, desde el momento en que nace", y por ello no podemos esperar que reaccione o se comporte de la misma manera.

Hay un célebre dicho que nos recuerda "que no escarmentamos en cabeza ajena". La sabiduría popular se ha nutrido de hechos contrastados por el sentido común, que es el menos común de los sentidos, pero sin duda el que más deberíamos desarrollar. Efectivamente, si nos cuesta aprender de nuestras propias vivencias, ¡cómo vamos a pretender que las personas interioricen y hagan suyas enseñanzas o experiencias de otras personas!

Entonces, se preguntarán algunos, "¿es que no hay que pensar nunca en lo que hemos hecho?, ¿cómo vamos a aprender entonces?, ¡nos pasaremos la vida cometiendo los mismos errores!". Tienen razón, porque sí hay que pensar en lo que hemos hecho, pero ¡ojo!, de forma selectiva y sólo en condiciones que nos faciliten el aprendizaje.

> No siempre que le demos vueltas a un hecho estaremos aprendiendo de él. A veces, justamente hacemos lo contrario, y sólo conseguimos ¡hundirnos y condicionarnos negativamente para cometer luego los mismos errores!

Si queremos aprender de nuestra experiencia pasada debemos saber que para que ese aprendizaje sea real deben darse varias condiciones:

a) *Distancia emocional.* Es decir, aprenderemos cuando no nos sintamos culpables por lo que acabamos de hacer, cuando no estemos "sufriendo" intensamente las consecuencias de nuestra actuación, porque en esas situaciones, en lugar de analizar, simplemente nos martirizamos sin piedad.

Muchos se preguntarán: "¿Pero entonces, cómo lo hacemos?". "¿Si estamos mal, cómo salimos de esa situación?" "Si hasta que estemos bien no podemos extraer las enseñanzas que encierra la experiencia, ¿cómo salimos del atolladero?, ¿no es una contradicción?"

Afortunadamente se puede hacer. Es posible aprender a "cortar" esos pensamientos perturbadores y recuperar nuestro autocontrol, y entonces estaremos en disposición de asimilar, de extraer las enseñanzas e incorporar nuevas pautas a nuestras conductas. Lo veremos con más detalle en el capítulo 7, dedicado a las "Estrategias para dejar de sufrir y prepararnos para la vida".

b) *Análisis riguroso y objetivo.* Lógicamente, para ello tendremos que haber conseguido, primero, la "distancia emocional", pero además deberemos seguir un método estricto que nos permita "objetivar" los hechos.

Un análisis acertado se basa en una observación rigurosa. Aquí nos entrenaremos para "registrar escrupulosamente" todas las conductas que han intervenido en el suceso. El lenguaje verbal sólo representa una parte muy pequeña del proceso de comunicación; el lenguaje no verbal —nuestra expresividad corporal— es más importante y significativo en el análisis de las conductas propias y ajenas.

Fácilmente nos dejamos llevar por lo que dicen los demás en lugar de por lo que hacen.

En el mejor de los casos, nos han entrenado para escuchar, en lugar de observar, mirar y analizar.

---

c) *Consecuencias del hecho.* El análisis de las consecuencias nos permitirá alcanzar una "atalaya privilegiada" que nos situará en el "punto real" de la situación. Lógicamente, contemplaremos las consecuencias que se han producido para el conjunto de las personas, tanto para las que han intervenido directamente como para las que, estando ausentes, juegan un papel importante para el hecho en sí, directa o indirectamente. El estudio de las consecuencias nos llevará a determinar las estrategias.

d) *Estrategias a seguir*. Si hemos seguido bien los pasos anteriores, las estrategias se deducirán fácilmente; estarán determinadas por los análisis previos.

e) *Disposición anímica adecuada*. Sólo abordaremos las estrategias y las actuaciones que hayamos determinado cuando nuestro estado anímico sea el ideal para conseguirlo; es decir, cuando tengamos el nivel de autocontrol que nos facilite los resultados esperados. Si tenemos claridad, pero en desorden el SNA, nuestra conducta será emocional, no intelectual, y ahí seremos más vulnerables.

En consecuencia, "dar vueltas por dar vueltas" es tan inútil y desesperante como poco eficaz si no se realiza en las condiciones adecuadas. Si lo pensamos detenidamente, descubriremos que la mayoría de las veces que nos dedicamos a este "menester" lo hacemos a nivel emocional; de ahí los resultados.

Para concluir, sólo cuando se den las circunstancias y las condiciones descritas analizaremos los hechos pasados y, una vez extraídas las consecuencias, nos "situaremos" y alcanzaremos el nivel racional óptimo para que las estrategias a seguir se desarrollen con las máximas garantías de éxito.

NO ACEPTAR LO INEVITABLE

¿Hay algo más inevitable que la muerte? Pero ¡qué poco nos han preparado para afrontarla! Hemos estado quince, veinte, treinta o más años estudiando y "preparándonos para la vida", ¿pero cuánto tiempo hemos dedicado a "prepararnos" para afrontar la muerte que vamos a "vivir" a nuestro alrededor, incluso la propia?

De todas formas, no queremos circunscribir este capítulo sólo al tema de la muerte. Existen muchos hechos "inevitables" que se sucederán a lo largo de nuestra vida; no aceptarlos, desde un punto de vista de salud mental, significa, de nuevo, embarcarnos en un sufrimiento inútil, desgarrador y, en muchas ocasiones, muy duradero en el tiempo. Sin pretender "adoctrinar": *La lucha no significa desgarro, sino adecuación a los hechos, para obtener el máximo fruto posible, no la máxima desgracia que el ser humano pueda vivir.* Si has sufrido en tu propia carne el impacto de tener un hijo con parálisis cerebral o con cualquier enfermedad degenerativa, incapacitante o minusvalía, poco nos ayudaremos a nosotros, y menos aún a nuestro hijo, si nos pasamos la vida negando este hecho. Será preferible que nuestros esfuerzos se encaminen a procurar las mejores condiciones de vida, para él y para nosotros; el niño alcanzará su mejor potencial y el bienestar máximo que su enfermedad le permita si consagramos todos los esfuerzos a ese objetivo, pero *si nos pasamos la vida negando lo inevitable el sufrimiento será tan inútil como injusto.*

¿Qué podríamos poner dentro del capítulo de hechos inevitables? Me temo que un montón de sucesos o situaciones que se escapan a nuestro control o intervención. A modo de ejemplo, podemos señalar:

1. *Potencial intelectual con que nacemos.* Por mucho que nos empeñemos los psicólogos, no es el mismo para todas las personas.
2. *Padres y familiares* que tenemos. ¿Acaso los podemos elegir?
3. *Personas que nos rodean en nuestra infancia.* Profesores, compañeros de colegio, vecinos, amigos de nuestros padres...
4. *La ciudad donde vivimos.* Hasta ahora, pocas opciones podíamos tener sobre este tema "de pequeños", pero lo peor es que, en las condiciones de globalización actuales, en muchos casos tampoco tendremos muchas alternativas "de mayores". Habrá personas que se sentirán condicionadas a desplazarse o quedarse a vivir en ciudades poco gratas para ellas, ya que los temas laborales, profesionales, familiares o de cualquier otra índole los mediatizarán.

5. *Jefes* que tenemos. Al menos hasta que estemos en otra compañía, nos trasladen, o cesen a nuestro jefe actual, en la mayoría de las ocasiones nuestra opinión no contará en la designación de los jefes que vamos a tener.

6. *Ex maridos/ex esposas; ex novios/as; ex amigos/as; compañeros/as...* Por mucho que nos fastidie, y que nos reprochemos el "haber sido tan cretinos o tan ingenuos como para casarnos con fulanito, haber tenido de novio/a a menganito/a, haber sido amigo/a de zutanito y tener como compañero/a a alguien cuyo nombre no queremos ni recordar", la verdad es que esas personas han sido, o son, una parte aún de nuestras vidas, y resulta absurdo reprocharnos por su existencia, o por nuestra actuación pasada, cuando sobre ese pasado ¡nada podemos cambiar en este momento!

7. *Guerras, genocidios, masacres, abusos, violaciones...* ya pasadas. Podemos, dentro de nuestras posibilidades, intentar que en nuestro ámbito de actuación no se produzca ninguna de esas circunstancias, pero de nada sirve pasarnos la vida lamentándonos por aquello que ya no puede ser de otra manera.

En esos casos, la inmoralidad es quedarnos en el lamento, en la queja y en el sufrimiento inútiles. Reservemos toda nuestra energía en luchar, de forma realista, en el ámbito de actuación que tenemos, y aprovechemos todas las condiciones y circunstancias posibles para que nuestra "lucha particular" tenga la máxima repercusión en el mayor número de personas.

La lista sería larguísima, pero lo importante no es su dimensión sino nuestra actuación. La grandeza del ser humano es su capacidad de adaptación a la realidad, pero la adaptación no debemos entenderla como resignación, sino como situación óptima donde la persona pondrá todos los recursos disponibles en la consecución de sus fines. Y no hay mejor ni más noble objetivo que alcanzar la máxima felicidad para uno mismo y para quienes nos rodean. A ese fin dedicaremos nuestros esfuerzos, a actuar, no a lamentarnos.

El caso de Antonio

Antonio no supo aceptar, en su momento, lo inevitable, y las consecuencias han sido muy negativas para su vida.

Nuestro protagonista era el típico hombre de negocios lleno de éxitos. Nada parecía resistirse a sus habilidades y recursos: ¡sacaba dinero de las piedras! Pero había un tema que lo hacía sentirse profundamente insatisfecho: iba a cumplir 40 años, estaba casado con una mujer muy agradable y, como él decía, bellísima, pero ¡no habían conseguido tener hijos!

Aunque llegó un momento en que su mujer ya no quería someterse a más "pruebas de fecundidad" porque llevaban diez años intentándolo, había sufrido dos abortos, se había alterado todo su sistema hormonal, no dormía por las noches, se sentía irritable y permanentemente cansada..., accedió, como de costumbre, a la presión de Antonio y volvió a someterse, a lo que para ella sería un auténtico martirio durante dos años más.

Al final, Antonio decidió que adoptarían un niño. Su mujer no estaba al principio muy convencida, pero terminó aceptando la decisión y trató de hacerla suya.

Como de costumbre, nuestro exitoso hombre de negocios no admitió ningún tipo de sugerencias y terminó adoptando un niño que ya tenía dos años y medio, ¡bellísimo! El pobre niño, desde el principio, dio muestras de una agresividad poco contenida y un retraso madurativo preocupante.

Su mujer, que se dedicaba en cuerpo y alma al niño, pronto dio la voz de alarma, pero Antonio pensó que "era una novata, y se asustaba del genio de un muchacho bien machote". La realidad fue que, cuando el niño tuvo cinco años, ya lo habían expulsado del primer colegio por la agresividad sin límites que había mostrado y por su retraso madurativo, que le impedía seguir una escolaridad normal.

Antonio, lejos de aceptar la situación, quería dedicar todos sus esfuerzos a denunciar al colegio ante la inspección. Por fortuna no dio ese paso, pero tampoco accedió a mandar al niño al colegio que le recomendábamos (no tuvo más remedio que hacerlo dos años más tarde, cuando comprendió que no "encajaba" en el centro escolar que él le había buscado). La madre se desesperaba en casa con el niño, pero éste se sentía muy "fuerte" porque siempre obtenía el respaldo de su padre. ¡No hubo forma de acordar un programa de modificación de conducta para el medio familiar; el padre siempre lo boicoteó, al pensar que queríamos imponerle a su hijo unas normas y pautas de conducta demasiado estrictas! Antonio siguió porfiando y luchando contra todos; la relación con su mujer se deterioraba día tras día, pero no admitía que su hijo tuviera dificultades serias, tanto a nivel de autocontrol —los niños lo rechazaban por su agresividad— como de desarrollo intelectual.

Al final, cuando tuvo que rendirse ante la evidencia, y trasladar al niño a un centro especializado, no aceptó la situación. Él no podía aceptar que su hijo no fuese brillante, que tuviera dificultades de relación, que hiciera gala de una agresividad sin límites, que, en definitiva, no fuera "un digno sucesor"; así que terminó separándose de su mujer y viendo al niño en contadas ocasiones.

Es un ejemplo muy gráfico de cómo una persona puede llegar a no aceptar lo inevitable. ¡No todo se puede comprar con dinero! A pesar de los esfuerzos de la pareja no consiguieron tener hijos propios, y el adoptado no dio el perfil que su padre había previsto para él. Al final, "huyó" y seguramente aún se queje de su "mala suerte". Sospechamos que Antonio aprendió muy poco de esa experiencia de su vida, pues recordemos que para aprender hay que tener una predisposición favorable. *No aprende quien cree que todo lo sabe.*

Por el contrario, conocemos personas que cuando aceptan "lo inevitable", lejos de sentirse derrotadas, encuentran la forma de reconducir sus energías y, sin duda, ahora son "más personas", incluso personas "con ciertos privilegios", pues han desarrollado más recursos y habilidades para superar las situaciones que la vida nos plantea día tras día. *Son personas que sonríen, y su sonrisa no es una mueca, es la expresión de su satisfacción interna.* Aprendieron a "no complicarse la vida inútilmente".

COMPLICARSE LA VIDA INÚTILMENTE

El "progreso" a veces trae consigo algunos "lastres" o hábitos poco recomendables. ¡Cuánto nos complicamos la vida!, especialmente en las llamadas sociedades avanzadas.

¡Con qué facilidad gastamos gran parte de nuestras energías e ilusiones persiguiendo objetivos absurdos, cuando no imposibles!

Nos pasamos la vida "trabajando" como bellacos para poder "comprar" cosas inútiles. "Gastamos" nuestro tiempo yendo de un sitio a otro para no encontrar finalmente el lugar que buscábamos. No paramos de correr y correr durante todo el día para que al llegar la noche comprobemos que al día siguiente tendremos que seguir corriendo.

Hacemos un problema de cualquier cosa, sentimos conflictos que sólo habitan en nuestra mente, sufrimos tragedias inexistentes, anhelamos metas absurdas y, al final, lo peor de todo es que nos sentimos mal.

¡Cuánto tiempo y cuánta energía malgastados! Sobre todo teniendo en cuenta que ambos son finitos, pero los derrochamos, los dilapidamos como si fueran dos bienes inagotables.

No queremos seguir aquí el "discurso" fácil de esas personas que nos dicen que volvamos a nuestros orígenes, que miremos cómo viven aún determinadas tribus, que encontremos la esencia de la vida en el seguidismo y la obediencia a la sabiduría de algún extraño líder. ¡Mucho cuidado con estos caminos alternativos, que pueden ser peligrosos! La realidad es mucho más sencilla, más visible. Se trata de que tomemos "el timón" de nuestras vidas. Sin darnos cuenta nos puede pasar como a Paquita, que no había día que no se complicase la vida de mil maneras diferentes.

El caso de Paquita

De pequeña se sentía incómoda en su colegio de monjas, donde pensaba que no tenía ninguna posibilidad de éxito. Se empeñó en que sus padres la cambiasen, pero no lo consiguió y no paró de sufrir los típicos castigos de los profesores, ante las provocaciones y las muestras de rebeldía que continuamente manifestaba. La realidad, además, es que si en algún momento la hubiesen cambiado habría sido una tragedia para ella, pues se llevaba maravillosamente bien con sus compañeras; de hecho, hoy piensa que ésos fueron los años más felices de su vida.

Posteriormente, Paquita se "enredó" en la búsqueda incesante de su auténtica profesión. Era una persona ágil intelectualmente, que aprobaba sin dificultad, pero una vez terminados los estudios no se sentía satisfecha con su profesión, por lo que simultáneamente trabajaba y estudiaba otras opciones, hasta tres más, que tampoco terminaban por convencerla, pero que hicieron que sus jornadas laborales —entre trabajar y estudiar— fueran agotadoras e influyeran negativamente en su carácter. Pasados los 30 años empezó a obsesionarse con la idea de casarse; como no estaba muy segura, y las circunstancias no eran del todo favorables, analizó y examinó a su novio durante siete años antes de dar el paso definitivo.

Como era de esperar, aunque Paco era cariñoso, tierno y sensible al máximo, enamorado de su mujer y padre realmente preocupado y ocupado en sus hijos, "tampoco daba con la talla". Paquita pensó que se había equivocado al tener el segundo hijo, pues veía a Paco "cansado" de tantas preocupaciones innecesarias.

Poco a poco las relaciones fueron empeorando, y aunque aún siguen juntos y son dos personas que se quieren, han pasado etapas en que se encontraban literalmente agotados, desinflados y resignados.

Como es lógico, aunque los hijos de Paquita son dos jóvenes magníficos, el mayor ya terminó su carrera y está ejerciéndola con mucho éxito, y su hermano está a punto de terminar los estudios de forma bastante brillante... su madre no está satisfecha, porque piensa que "están muy verdes", que aún cometen muchos errores, que deberían ser más maduros, más "listos", y que, además, se creen ya preparados y cada vez la escuchan menos.

¿Qué cambio tendría que haberse producido en la vida de Paquita para que aprendiera a disfrutar? Su marido, sus hijos, sus amigos, ¿qué deberían hacer para que ella se sienta satisfecha? En realidad, hagan lo que hagan de poco servirá, pues no es el mundo el que tiene que cambiar, sino Paquita quien tiene que empezar "a ver".

Afortunadamente, nuestra protagonista está empezando a dar muestras de "avance", y si sigue poniendo toda su energía en el camino correcto, no dudamos que terminará aprendiendo que una de las cosas más absurdas y que más insatisfacción produce es complicarse la vida inútilmente.

Paquita está empezando a disfrutar del "humor fino" de su hijo pequeño, de los despistes de su primogénito, del afecto y el desorden de su marido, de la entrega de sus amigos..., y no lo hace porque ellos hayan cambiado, que no es el caso; lo hace porque *ha empezado a descubrir que ahí está la felicidad*.

La vida puede ser tan fácil como nosotros queramos situarla en cada circunstancia, y tan difícil como la sintamos en cada momento. Los acontecimientos no dependen de nosotros, pero siempre será más fácil abordarlos si nuestra energía se encamina a superar las dificultades y no a agrandarlas; si nuestra sensibilidad busca continuamente el bienestar, la plenitud, lo positivo de cada situación, y no se concentra en atormentar nuestro ánimo castigándonos inútilmente.

No nos compliquemos la vida innecesariamente preocupándonos y sufriendo de forma inútil y estéril. Para conseguir este propósito hemos de aprender a no expresar "todo" lo que pensamos.

Expresar "todo" lo que pensamos

Seguramente éste es uno de los hábitos que más nos cuesta corregir cuando lo tenemos arraigado en nuestra forma de ser. De nuevo ese concepto erróneo, que confunde lo que la educación debe transmitir a los niños, unido a mucha falsa tradición, así como a conceptos religiosos mal entendidos, provoca uno de los errores más difíciles de subsanar.

Cuando asimilamos que decir todo lo que pensamos va unido a conceptos como sinceridad, nobleza, honestidad, transparencia, cuesta entender y asumir que esa premisa no responde a la realidad. Si hacemos un breve análisis de cómo está arraigada esta creencia en nuestra sociedad, observaremos cómo su incidencia es mayor o menor en función de muchos factores culturales, sociales, ambientales y hasta climáticos.

Por término general, ¿creemos que las personas nórdicas se comportan igual en este aspecto que las de climas tropicales? O, sin ir más lejos, y sin ningún ánimo de ofender o comparar, ¿el oriundo de Castilla y León se comporta igual al "expresar todo lo que piensa" que el que toda su vida ha vivido en Levante o Andalucía?

¡Cuidado! No estamos diciendo que ¡hay que ser hipócritas y falsos! No. Decimos que hay que actuar racionalmente y utilizar la inteligencia emocional, que a veces dejamos relegada.

¿Cuántas veces hemos visto cómo algunas personas sufrían una barbaridad ante los comentarios "sin barreras" de otros individuos? En muchas ocasiones esas expresiones, lejos de ser un ejemplo de sinceridad, simplemente son una demostración de insensibilidad y hasta de crueldad.

Hace poco presencié cómo una persona había "hundido literalmente a otra" con un comentario que, según la que lo había realizado, estaba lleno de sinceridad y buena intención. Esa "sinceridad y buena intención" podían haber provocado fácilmente que la aludida entrara en una crisis depresiva importante; la verdad es que estaba ya muy "justita" de fuerzas cuando escuchó y recibió esa "ráfaga mortal" de su interlocutora, quien se consideraba en posesión de la verdad, y que debe pensar que su obligación es "abrirles los ojos" a los idiotas, que no saben ver más allá de sus narices.

Pocas cosas despiertan en mí cierta carga de agresividad y, a decir verdad, en ningún momento me "ensañé" con la persona que tan insensiblemente había hecho ese comentario, pero tuve que esforzarme y controlarme para, con suavidad en la forma pero dureza en el contenido, mostrar, desde el punto de vista psicológico, lo erróneo y grave de su proceder.

"¡Yo no puedo dejar de decir lo que pienso!", fue la respuesta de la persona en cuestión. Mi disertación fue larga y no merece la pena exponerla, pero cualquiera que se encuentre en una situación parecida siempre puede responder algo así como: "Bien, pues no vendría mal que empezaras a entrenarte, porque los demás no tienen la culpa de ese hábito que tienes tan arraigado, y que a ti te hará sentirte muy bien, porque crees que eso es lo que debes hacer, y es comprensible porque nos lo han dicho desde pequeños, pero te aseguro que ese bienestar tuyo va en consonancia con el sufrimiento que provocas en el otro, y no parece justo machacar inútilmente a los que te rodean, especialmente cuando se supone que todos nos reconocemos la capacidad de pensar por nosotros mismos".

De cualquier manera, es verdad que resulta difícil abandonar este hábito, pero se puede conseguir. No obstante, cualquier técnica será estéril si previamente no estamos convencidos de que "decir siempre lo que pensamos es una barbaridad", que, en el mejor de los casos, hemos confundido con un deber.

¿Hay que mentir entonces?, ¿tenemos que ser cínicos e hipócritas? No. Hemos de ser sensibles y humanos, y se puede conseguir sin confundir, sin herir y sin expresar inútilmente todo lo que pensamos. ¿O creemos que la humanidad se paralizará y las personas se abotagarán si no escuchan nuestros sabios pensamientos? ¿Sólo nosotros estamos en "posesión de la verdad"?, y aunque así fuera, ¿en nombre de la verdad, de esa supuesta verdad que algunos sienten, se justifica el dolor innecesario, el sufrimiento inútil, la desestabilización de otra persona, la inseguridad y el resquebrajamiento de un ser humano?

Quizá podríamos empezar a cambiar ese concepto de "expresar todo lo que pensamos" por "¡hagamos todo lo que podamos!, para que nosotros y las personas que nos rodean nos encontremos en la mejor de las disposiciones y podamos salvar esos obstáculos que a veces se nos presentan en el camino de nuestras vidas". Una vez que aprendamos a no expresar torpemente todo lo que pensamos, intentaremos no cometer otro error muy típico y generalizado: creer que siempre estamos en posesión de la verdad.

CREER QUE SIEMPRE ESTAMOS EN POSESIÓN DE LA VERDAD

Tan "negativo" e irracional es pensar que siempre estamos en posesión de la verdad como, por el contrario, creer que nunca acertamos. En ambos casos el análisis es erróneo. El ser humano, por su propia esencia, es falible y por ello sería absurdo pensar que siempre acierta, o que siempre se equivoca.

Hay personas que parecen creerse fuera de la limitación humana; actúan como si fueran dioses, pero, eso sí, dioses estúpidos, presuntuosos y soberbios que no han aprendido las lecciones más elementales de la vida.

> El conocimiento técnico es algo tan limitado, y a veces incluso tan cambiante, ¡que hay que ser poco realista para pensar que esconde algún tipo de sabiduría!

Hace unas décadas se insistía en que los niños debían empezar a comer de todo muy pronto; hoy se sostiene lo contrario. Lo mismo ocurrió con la necesidad de extraer cuanto antes los vegetales, o con las ventajas y los inconvenientes del pescado blanco, azul o amarillo si existiera. Espero que no terminen diciéndonos que el mejor pescado es el que ha ingerido residuos tóxicos, pero tampoco lo podemos descartar.

He convivido con personas que han alcanzado los máximos

puestos y honores en su profesión, en el conocimiento específico de áreas muy concretas del ser humano, de la naturaleza, de las cosas y, curiosamente, no son quienes más han desarrollo la inteligencia emocional, esa inteligencia que de verdad te facilita el paso por la vida y hace que tu convivencia con los demás, y contigo mismo, sea más agradable.

Con todos mis respetos, las personas que por haber sacado adelante una carrera difícil, haber alcanzado el máximo conocimiento en un área concreta (un Nobel, por ejemplo), o por llevar gobernando veinte años un país, creen que están en posesión de la verdad, sólo nos muestran lo poco que han aprendido de su vida. En verdad estoy convencida de que la sabiduría, el auténtico conocimiento, no está en las cosas, está en las personas.

Si queremos "crecer" de verdad será mejor que dediquemos parte de nuestros esfuerzos a esa relación con los que nos rodean, con las personas en general; fomentemos el intercambio, la escucha activa, el razonamiento compartido, la búsqueda mutua, esos sí que son caminos que nos facilitarán el acceso al conocimiento.

> La persona que siempre cree estar en posesión de la verdad demuestra una ignorancia suprema, además de una arrogancia intolerable.

Por principio, todas las personas nos pueden enseñar algo, ¡todas!, pues a veces los mayores descubrimientos los hacemos con las personas más insospechadas.

> Entrenarnos para dialogar, escuchar, observar, eso sí nos facilitará el conocimiento, pero pensar que ya lo sabemos todo, que la única misión de los que nos rodean es escucharnos, denota una miopía que ni el láser sería capaz de corregir.

En ocasiones tendremos a nuestro alrededor a esas personas "iluminadas", que tanto tiempo nos hacen perder, y a veces tanto malestar nos suscitan. Resulta difícil ayudarlos a salir de su error, pero una táctica que suele dar buen resultado, porque los empuja a recapacitar, es "desconectarnos de la forma más visible posible"; es decir, ofrecerles "el espejo" de lo que ellos hacen: si normalmente no escuchan, ¿por qué vamos a escucharlos? Si nos miran por encima del hombro, ¿por qué vamos a mirarlos por debajo? Si se muestran lejanos y distantes, ¿por qué vamos a ser próximos y cercanos? En definitiva, ¡no hagamos lo que esperan de nosotros! y, quizá de esa manera, se sentirán obligados a replantearse su conducta.

Los sabios siempre escuchan. ¿Sabemos escuchar? A veces nos lo propondremos de forma consciente, pues no estamos acostumbrados, pero pronto concluiremos que ¡merece la pena! Como decíamos al principio, el polo opuesto también es un error: *no confiar en nosotros mismos, o pensar que la solución está en los demás.*

NO CONFIAR EN NOSOTROS MISMOS, O PENSAR QUE LA SOLUCIÓN ESTÁ EN LOS DEMÁS

Hay personas que sistemáticamente desconfían de sí mismas y otras que creen que la solución siempre vendrá "de los demás". *A priori,* resulta tan erróneo pensar que siempre tenemos razón como que no la tenemos nunca.

Nuestro porcentaje de éxitos aumentará en la misma medida que mejore nuestra capacidad para observar, pues la observación es un requisito previo para que se produzca este aprendizaje. Si hacemos un buen "registro", si aprendemos a observar con objetividad, poco a poco adquiriremos "recursos" que aumentarán la credibilidad y la confianza en nosotros mismos.

No podemos tener experiencia en todos los ámbitos de la vida, pero sí hay un principio universal que nos ayudará en cualquier situación: el sentido común.

¿Acaso creemos que ya es imposible?, ¿que las personas son seguras o inseguras, y que a los que hemos salido "mal parados" sólo nos queda pensar que la solución está siempre en los demás? Hay personas que parecen haber nacido con mucho sentido común y otras, con nada, pero afortunadamente el ser humano puede aprender a desarrollarlo.

El sentido común requiere, de nuevo, capacidad de observación. La sensibilidad nos ayudará en este objetivo, y también nos lo facilitará la buena disposición para aprender; por el contrario, la inseguridad y la desconfianza serán baluartes a superar si queremos llegar a confiar en nosotros mismos.

Pero ¿por qué nos empeñamos en este propósito? Porque la desconfianza en nosotros mismos nos crea frustración e insatisfacción permanentes, nos ofrece una visión tan sesgada como errónea, y nos impide alcanzar la seguridad y el equilibrio que son tan importantes para el ser humano.

Ni bien indaguemos un poco, seguro que descubrimos algún área donde nos sentimos más seguros, ya sea por nuestras aptitudes o por la experiencia que hemos desarrollado en ese campo. No obstante, podemos razonar que esto no sirve para mucho si creemos que la confianza no se generaliza fácilmente. La realidad nos demuestra lo contrario todos los días. Si pensamos que podemos conseguir algo razonable es más probable que lo alcancemos, que si pensamos que es imposible lograrlo. En un caso habremos puesto "nuestro cerebro a nuestro favor y en el otro en nuestra contra". Cuando decimos que un "equipo tiene la suerte de los campeones", en realidad, parte del éxito ¿no estará motivado por la predisposición favorable de los jugadores?

Tener más confianza es una cuestión de elección. Si nuestros pensamientos determinan en gran medida nuestras emociones, ¿por qué no tratamos de dirigirlos positivamente en lugar de hacer lo contrario? Si nos empeñamos en apartar de nuestra mente las situaciones y los pensamientos que nos crean inseguridad, y nos forzamos a traer a nuestra conciencia los momentos agradables y más exitosos de nuestra experiencia, será más fácil que, poco a poco, aumentemos nuestra seguridad en nosotros mismos.

Si somos de esos casos que piensan que no tienen remedio, ¡vayamos despacio, pero sin tregua! Lo eficaz será imponernos pequeños ejercicios, metas sencillas que, poco a poco, nos generen confianza en nosotros mismos; posteriormente, de forma gradual, iremos subiendo el nivel de dificultad hasta que nos sintamos cómodos en situaciones parecidas a las que vivimos todos los días. Porque ganar confianza en nosotros mismos es conseguir la felicidad.

Pensar que la solución está en manos de los demás es negar nuestra libertad, a la par que abdicamos del control de nuestra vida. Poco dominio tendremos sobre nosotros mismos si creemos que nuestra felicidad depende de lo que hagan los otros.

En definitiva, es posible desarrollar la confianza en nosotros mismos, y lo haremos de forma madura cuando, en lugar de "echarles la culpa de lo que nos pasa a los que nos rodean", concentremos nuestros esfuerzos en superar las dificultades.

ECHARLES LA CULPA DE LO QUE NOS PASA A LOS QUE NOS RODEAN

Hay personas que son auténticos especialistas en "echarles siempre la culpa a los demás". Aunque a veces esta actitud parezca un recurso acertado, a largo plazo se termina volviendo contra el que lo practica.

Si observamos a los niños pequeños, veremos con qué facilidad muchos de ellos han aprendido a "esquivar el bulto": ¡Yo no he sido! o ¡Ha sido él/ella!, son dos de las frases que más escuchamos en las aulas. Lo malo es que hay muchas personas que ya en su madurez siguen practicando la misma huida. Si creemos que la culpa de lo que nos pasa está siempre en quienes nos rodean, difícilmente adoptaremos una actitud realista y proactiva para superar los obstáculos. Como siempre, el análisis riguroso y objetivo nos permitirá encauzar nuestras energías y superar las dificultades.

Un consejo: *cuando todo lo veamos negro, ¡tengamos la seguridad de que no estamos siendo objetivos!* En esos momentos no hemos de empeñarnos en seguir dándole vueltas al tema, sólo conseguiremos confundirnos y desesperarnos; será más útil que centremos nuestra atención en otros hechos, de ser posible más positivos, de tal forma que podamos distanciarnos, dejemos de sufrir inútilmente y consigamos no enredarnos con argumentos emocionales.

El caso de Paula

Paula estaba acostumbrada a echarles la culpa de todo lo que le sucedía a su marido o a sus hijos. Nunca pensaba que ella podía hacer algo para cambiar los hechos. Canalizaba toda la energía en quejarse.

La verdad es que su marido era el típico directivo que llegaba a casa ya tarde y que incluso trabajaba algunos fines de semana, y trabajaba de verdad, no era una excusa para realizar otros menesteres, como en un principio había pensado Paula.

Tenían cuatro hijos y se sentía muy insatisfecha con los cuatro. Había dejado su trabajo al poco tiempo de casarse, y ahora que sus hijos eran mayores se aburría terriblemente y pretendía que su marido "la sacase" al cine, a cenar, y la acompañase en las veladas que organizaba con frecuencia.

La verdad es que su marido, antes de casarse, le explicó una y mil veces que para él el trabajo era muy importante, y que no creía que fuese un buen candidato al matrimonio, pero Paula pensó que "ya conseguiría cambiarlo" y, literalmente, lo arrastró al altar.

Recién cuando Paula aceptó que su vida y su felicidad le pertenecían, y dejó de culpar a su familia, empezó a actuar de forma positiva y realista.

Siempre, incluso cuando los demás tienen una actuación directa y hasta negativa sobre nuestras vidas, podemos conseguir el control de nuestros pensamientos, y con ello el control de nuestras emociones. A veces no nos daremos cuenta hasta que nos sorprendamos hundidos, tras el impacto sufrido, pero de nuevo podremos reconducir nuestro estado anímico.

En definitiva, "echarles la culpa a los que nos rodean" es un error que, además de hacernos sufrir inútilmente, nos lleva a depositar nuestro bienestar en manos ajenas, lo que constituye un ejercicio de insensatez, además de una abdicación de nuestras posibilidades y recursos para cambiar el rumbo de nuestros sentimientos.

"Cuando comprendí que mi felicidad no estaba en manos de mi marido, al principio me conmocioné, pero al cabo de unos días comprendí que era la mejor noticia de mi vida." Este comentario de Paula puede ayudarnos a comprender la profundidad y trascendencia de este error.

¡No malgastemos nuestras energías con creencias tan irracionales! ¡Pongamos todo nuestro empeño en recuperar el control de nuestras emociones!, y no caigamos en la siguiente equivocación:

QUERER ARREGLAR LAS COSAS EFECTUANDO CAMBIOS DRÁSTICOS EN NUESTRA VIDA

Cuando nos encontramos mal, ¡parece que nos pinchan! En esos momentos, ¡con qué facilidad adoptamos "soluciones" drásticas! En muchos casos, si lo analizamos con frialdad, esta reacción es una respuesta aprendida. Seguramente desde muy pequeños "aprendimos a escapar" de situaciones problemáticas y hoy, con todos nuestros años encima, seguimos repitiendo una "huida" parecida.

"Cortar por lo sano" está muy arraigado en nuestra cultura y, en principio, es un método que puede ser acertado, o no, según en qué situaciones y circunstancias se lo aplique. Lo que no es adecuado es dejarnos llevar por esta opción cuando nos encontramos "penando"; en esos instantes lo mejor es poner todas las energías al servicio de nuestra recuperación, no de nuestro hundimiento.

No obstante, aunque desde el punto de vista racional cualquier persona estaría de acuerdo con este argumento, lo cierto es que mucha gente sigue "dejándose llevar" y actúa de forma impulsiva y descontrolada ante acontecimientos que la desbordan. Después llegan los lamentos: "Lo siento, la verdad es que no pretendía hacer daño, pero no me puedo controlar en esos momentos", o "¡Cómo me voy a controlar ante algo así!, ¡es imposible!, cualquiera en mi lugar habría hecho lo mismo...".

¿Quién no ha oído algo parecido? Tanto en la consulta como en los cursos de formación, continuamente escuchamos razonamientos similares.

El caso de Daniel

A Daniel le costó mucho ir a un psicólogo y sólo lo hizo cuando se encontró inmerso en una crisis que amenazaba su estabilidad emocional y su relación con los que lo rodeaban. Una y otra vez, de forma insistente, repetía que "en esos momentos se sentía tan mal que sólo quería terminar rápidamente con todo, y la verdad es que creía que ésa sería la mejor solución; así dejaría de volver a sentir el mismo problema cada tanto".

Daniel tenía 45 años, estaba en el "cenit" de su carrera profesional, pero de vez en cuando "se asustaba". Curiosamente, esos sustos siempre aparecían cuando pensaba que sería incapaz de conseguir los objetivos que le habían marcado en su trabajo. A medida que fueron aumentando sus responsabilidades en la empresa, Daniel fue ganando poder y prestigio, pero también ansiedad e insatisfacción.

Cuando lo vimos, se encontraba en plena crisis de inseguridad: había decidido que dejaría su trabajo y, si su mujer se oponía, también se separaría de ella.

Al tratar de racionalizar sus pensamientos y de objetivar los hechos, la realidad es que Daniel no tenía en ese momento otro trabajo alternativo. Tampoco parecía que la situación actual fuese muy distinta de la que había vivido ya en otras ocasiones, y en relación con su matrimonio todo indicaba que había logrado una convivencia bastante aceptable con su mujer y sus hijos.

A pesar de todo, Daniel ¡estaba harto!, se sentía atado a un tipo de trabajo asfixiante, que le impedía tener "tiempo propio" y le provocaba "tensiones insoportables". Además, se estaba planteando dejar una ciudad como Madrid pues, según él, se había convertido "en un infierno".

Ante este panorama no podíamos dejar de formularle a Daniel las reflexiones más elementales, y ante su sorpresa le preguntamos: "¿Hay algo en tu vida que funcione bien? Si el camino acertado es cambiar todo, ¿no crees que aún podrías cambiar más cosas? ¿Por qué no agarras 'al toro por los cuernos' y pones todo 'patas arriba'? Total, sólo cambias tu vida, la de tu mujer, la de tus hijos... ¿Y qué es eso, si al final estás seguro de que encontrarás la solución a tu vida y a la de todos los que arrastras tras de ti? ¡Adelante, Daniel, si tienes la varita mágica ya no volverás a tener dudas nunca! Cámbialo todo, deja mañana mismo tu trabajo, quédate sin nada, vende la casa que ya no podrás mantener, explícales a tu mujer y a tus hijos ese proyecto apasionante de cambio radical en sus vidas y ¡no lo dudes, hazlo! Pero recuerda que ¡se terminaron las quejas para siempre! No podrás volver a echarle la culpa a nadie, ni a nada, de lo que te pase en el futuro. Tú eliges tu camino y aceptas todas las consecuencias de tu decisión".

Como habíamos previsto, Daniel no pareció entusiasmado con nuestra propuesta, miraba entre incrédulo e inquisitivo, escudriñaba cada movimiento, como buscando la clave que le diera justificación a un "discurso" tan inesperado. Casi sin darse cuenta, se sorprendió a sí mismo argumentando razonamientos para no tomar medidas tan drásticas, y de repente se calló cuando estaba diciendo algo así como: "Total, ya me he visto otras veces en situaciones parecidas, y la verdad es que siempre he salido adelante; supongo que podré encontrar otras opciones que no signifiquen destrozar la vida de los que me rodean". En un tono bastante crispado, terminó diciendo: "¡Para esta solución no hacía falta venir al psicólogo!".

El problema de Daniel no era tanto su trabajo, su mujer, sus hijos o vivir en Madrid; la raíz de su insatisfacción radicaba en la falta de ilusiones, la presión que él ejercía sobre sí mismo, la inseguridad que sentía ante determinadas actuaciones suyas, la sensación de estar en "peligro permanente" y de caer en cualquier momento.

Cuando Daniel aceptó "empezar de verdad" a analizar su situación, vio que sus pensamientos se repetían de forma incansable y demoledora. No paraba de decirse frases del tipo: "Así no puedo continuar, esto no es vida", "No aguanto más presión, estoy agotado, tengo que buscar otra salida y mandarlo todo a la mierda. Esta gente (sus compañeros) son lo peor que he conocido, se comportan como buitres, están deseando ver algún error para saltar sobre su presa", "Mi mujer no lo entiende, porque, en el fondo, es bastante simple, ella tiene la vida resuelta y sólo sabe exigir", "Los niños sólo piensan en ellos porque son bastante egoístas".

Después de numerosas "prácticas", Daniel aprendió a racionalizar sus pensamientos. Le costó mucho, pero esto nos permitió analizar de forma objetiva su realidad y empezar a elaborar decisiones realistas. Al cabo de tres meses se sentía una persona nueva, sin necesidad de tener que efectuar cambio "externo" alguno en su vida; había logrado que emergiera un Daniel desconocido para él. Su mujer lo resumía muy bien: "En lugar de agobiarse por cualquier cosa, ahora se entusiasma y ve la parte positiva, y cuando vienen mal dadas las cosas reacciona con ánimo y no se hunde".

Con el paso del tiempo Daniel tuvo que enfrentarse a situaciones difíciles, tanto a nivel personal como profesional: su empresa fue fraccionada y Daniel terminó por instalarse por su cuenta; con su mujer sufrieron una crisis importante a consecuencia de diversos problemas originados por sus respectivas familias, pero la superaron actuando con mucho realismo, y sus hijos atravesaron esas etapas tan duras, que terminan con la paciencia de cualquier padre, pero al final se impuso el sentido común y, aunque son diferentes de como sus padres habían previsto, mantienen una relación estrecha y sincera.

Desde hace tiempo sólo hablamos con Daniel una vez al año,

y siempre se ríe al recordar los "cambios" drásticos e irracionales con los que pretendía resolver sus problemas.

> Desde nuestra más tierna infancia hemos aprendido muchas conductas de huida y evitación, profundamente arraigadas en nosotros y, muchas veces, cuando nos sentimos mal, lo primero que se nos ocurre son soluciones irracionales, llenas de subjetividad y plagadas de errores.

Alcanzamos un buen nivel de equilibrio y madurez cuando somos capaces de racionalizar en circunstancias difíciles, e incluso en situaciones límite; cuando no nos dejamos arrastrar por respuestas impulsivas y emocionales; cuando se terminan imponiendo la calma, el sentido común y el buen ánimo, tan necesarios en momentos en que todo parece "venirse abajo".

En cualquier caso, aunque a veces nos cueste recuperar el equilibrio, al menos recordemos que, hasta que no hayamos superado esos momentos, no debemos tomar ninguna decisión drástica porque lo haríamos con nuestra parte irracional, teniendo todas las posibilidades de equivocarnos, además de actuar de forma injusta. Un buen indicador que nos muestra que ya somos capaces de "racionalizar" y, en consecuencia, que podemos pensar de verdad en soluciones, estrategias o alternativas, es cuando volvemos a sonreír. *La sonrisa nos ayuda a superar la irracionalidad.*

Daniel aprendió a no dejarse llevar por los momentos difíciles de la misma manera que aprendió a no "vivir las contrariedades como tragedias".

VIVIR LAS CONTRARIEDADES Y LOS IMPREVISTOS COMO TRAGEDIAS

El ritmo de vida actual parece llevarnos continuamente al límite; desde que nos levantamos a muy temprana hora hasta que finaliza nuestra jornada, siempre más tarde de lo deseable, ¡no hemos parado un momento! En esas circunstancias, cualquier imprevisto o contrariedad puede vivirse como una tragedia.

En la empresa esta situación parece afectar de forma especial a las mujeres, ya que tradicionalmente la mujer trabajadora sigue asumiendo la "carga" principal en las tareas domésticas y familiares. Igualmente, en los últimos tiempos muchos hombres sufren esas crisis, en las que se sienten desbordados, y no tanto por imprevistos "caseros" sino por contrariedades laborales. Seguro que si cerramos los ojos nos vienen a la memoria varios ejemplos cercanos en los que nosotros u otras personas nos sentimos al borde de la catástrofe.

La realidad es que, en general, nuestro sistema de vida es poco "humano"; hay que ser casi un atleta para ir saltando todos los obstáculos. Vivimos sin margen para integrar en nuestra vida acontecimientos tan normales como el que nosotros o alguien de nuestra familia se enferme, que enfrentemos una avería, que se "rompa" algo, que nos hagan una multa, que se corte la luz mientras trabajamos, o que se estropee el programa informático.

La tensión es tan fuerte que sin darnos cuenta sentimos agresividad hacia el supuesto causante del imprevisto, aunque sea el pobre hijo pequeño que se acaba de enfermar y que es la primera víctima de esa situación. Hace poco me sorprendía la reacción de una persona, muy equilibrada siempre, que, sin embargo, ese día se mostraba literalmente intratable. Su marido la miraba con cara de asombro, pues no entendía por qué estaba tan agresiva con él. La explicación era que nuestra amiga estaba físicamente agotada, al límite de sus fuerzas, y esa situación extrema provocaba reacciones poco acordes con su forma de ser y de actuar. Algo parecido nos ocurre cuando estamos débiles, con las defensas bajas, con sueño atrasado... En esos momentos nos mostramos especialmente vulnerables y cualquier contrariedad puede suponer la mayor tragedia del siglo.

Muchos piensan que el otoño y la primavera son dos estaciones especialmente depresivas en sí mismas, pues ven que muchas personas lo pasan mal y no encuentran otra explicación a esos hechos. La verdad es más sencilla: cuando llega el otoño nos sorprende con las defensas bajas, pues nuestro cuerpo se está preparando para el invierno pero aún no ha creado todos sus anticuerpos. Algo parecido ocurre en la primavera, hay un período en el que perdemos las defensas del invierno, pero aún no hemos preparado nuestro organismo para la siguiente estación; en esos casos mucha gente sufre constipados, gripes, catarros, y otras personas, vulnerables psíquicamente, experimentan un bajón a nivel emocional.

En estas situaciones, las personas estamos "al límite de nuestras fuerzas" y por ello somos más vulnerables. Este hecho hace que "saltemos" ante acontecimientos en los que normalmente nos mantenemos tranquilos, o que perdamos "los estribos" de forma brusca y sorprendente.

El cansancio, el agotamiento y las frases interiores son los responsables de nuestras reacciones. Cuando se dan los tres factores, la mezcla puede ser explosiva y nada ni nadie parece capaz de "hacernos entrar en razón". En tales circunstancias, no debemos empeñarnos en que la persona afectada razone, ¡le resulta casi imposible hacerlo! Lo mejor es armarnos de paciencia, dejar que se "desahogue", escuchar sin interrumpir, mostrarnos todo lo afectivos y cercanos que nos permita y, finalmente, con mucho tacto, tratar de llevar su mente a otro sitio.

Si intentamos que razonen, ¡estaremos equivocándonos! Seguramente lo que conseguiremos será que se encolericen más. Cuando alguien se siente mal, no es capaz de razonar; lo que quiere y necesita es quejarse, que lo escuchen, que se den cuenta de su estado de desesperación, de su mala suerte, de que ya no puede más, de que todo es injusto... En definitiva, de que ¡está podrido de esa situación! ¡Cuánta energía desperdiciada intentando que piensen y actúen con objetividad cuando está conectado su SNA! En esas circunstancias las personas afectadas no tienen el control sobre sí mismas. ¡Qué más quisieran que recuperarlo simplemente con dar la orden!

No es fácil conseguir que las personas que rodean a los "afectados" no terminen desesperadas ante tanta irracionalidad, pero se puede lograr, aunque haya que entrenarse para ello. Uno de los aspectos más gratificantes cuando entrenamos a alguien para que aborde con éxito esas situaciones son los relatos posteriores que nos ofrece. Entonces nos detalla cómo ha conseguido que cambien los hechos; lo que antes eran discusiones estériles se convierten en situaciones afectivamente entrañables, que ayudan y acercan finalmente a los protagonistas.

Si estamos solos, y ante una contrariedad nos sentimos al borde de la desesperación, lo mejor será distraer nuestra mente de los pensamientos que en ese momento la invaden. Como ya he comentado, en el capítulo 7 ofrecemos algunos ejercicios que nos ayudarán a conseguir este objetivo. Conseguido este "alejamiento", nos resultará más fácil abordar el problema y encontrar la mejor solución.

En cualquier situación, como protagonistas o acompañantes, una vez resuelto o encauzado el tema, convendría que nos premiásemos, que nos concedamos diez minutos; podemos escuchar nuestra canción favorita, preparar un plato que nos gusta, leer el libro o la revista que nos entretiene, hablar por teléfono con algún amigo que suele estar de buen humor... Estas "pequeñas cosas" nos ayudarán a recuperar las energías perdidas y a colocar "el cerebro a nuestro favor". Podemos crear nuestras propias "defensas mentales" y ellas serán nuestro principal aliado ante las contrariedades, los imprevistos o las dificultades con que a veces nos sorprende el día. Aunque en esos momentos nos resulte difícil creerlo, lo importante no es lo que nos acaba de suceder, sino lo que estemos pensando.

> Controlar nuestros pensamientos en esas circunstancias o acontecimientos, conseguir que el gesto hosco se transforme en una mueca de sonrisa y pensar que "lo nuestro" tiene solución, serán los mejores baluartes en esta dura pero asequible batalla.

PENSAR QUE "LO NUESTRO" NO TIENE SOLUCIÓN

Muchas veces, tanto en el marco de la consulta como en los cursos de formación que impartimos, algunas personas asisten con cierto entusiasmo, porque conocen a determinados amigos, familiares, conocidos, a quienes les resultó muy positiva la experiencia. No obstante, siempre hay otro grupo que *a priori* se muestra escéptico, porque "lo suyo" es diferente, y están convencidos de que en su caso no hay solución.

Cuánta impotencia sienten algunos padres, hijos, maridos, amigos, cuando tratan de explicar una posible alternativa a la persona afectada, y lo único que consiguen es un rechazo: ¡no te empeñes, lo mío es diferente y no tiene solución!

En realidad, lo que esa persona nos está diciendo, sin decirlo, es algo parecido a: "No me comprendes, no te das cuenta de que eso no va conmigo, si me escucharas, si fueses más sensible, más inteligente, te darías cuenta de que mi caso es distinto, que no es tan fácil como tú lo pintas, que tengo muchas razones para sentirme mal... y que lo mejor que puedes hacer es callarte, escuchar o decir a los demás que se callen, que me pidan disculpas, que dejen de decir tonterías y, sobre todo, que se den cuenta de que tengo razón".

¡Qué desesperanza siente la persona que de verdad cree que su caso es único y que ella o su situación no tienen solución!

De nuevo, nuestro principal aliado aquí será la paciencia, la escucha activa, la cercanía, la falta de prisas, la actitud comprensiva y generosa, que le haga sentir a la persona afectada que tiene todo nuestro tiempo para que nos cuente lo que ella necesite contar. Dar muestras de impaciencia, querer intervenir rápidamente, pretender que razone y vea de inmediato su equivocación son errores que sólo conseguirán que la persona se reafirme en sus creencias irracionales.

El caso de Rodrigo

Rodrigo acudió a la consulta porque un primo había "cambiado" mucho a raíz de un grave problema que había padecido. El primo en cuestión no paraba de decirle los beneficios que iba a conseguir, y los cambios que experimentaría, si nos escuchaba y era disciplinado con el "programa" que le propusiéramos.

Nada más ver a Rodrigo el primer día nos dimos cuenta de que iba a ser un caso "difícil", pues estaba muy convencido de que con él nada podríamos conseguir.

Nuestro joven tenía 31 años y mostraba una falta de habilidad y pericia notables para relacionarse con las mujeres. Se paralizaba ante el pensamiento de dirigir dos frases seguidas a la joven que en ese momento le atraía. Al final, siempre se producían los mismos hechos, se sentía incapaz de hablar adecuadamente y optaba por callar o decir sólo monosílabos. Estaba convencido de que si se "forzaba" terminaría balbuceando y hasta tartamudeando, así que ya no lo intentaba.

Por supuesto, Rodrigo no se sentía feliz con esa situación, pero en lugar de encauzar sus energías a solucionar el problema, las "malgastaba" quejándose sin parar y maldiciendo su mala suerte.

Al trabajar sobre sus pensamientos vimos que no paraba de decirse lo difícil que eran las mujeres, lo mal que le iba a salir el intento, lo imposible de su situación. Al cabo de un rato empezaba a pensar que la joven en cuestión estaba riéndose de él, que se había dado cuenta de su inseguridad, que se lo contaría a todas sus amigas, que se convertiría en el payaso de turno... Con este tipo de pensamientos, por mucha relajación que Rodrigo intentara hacer, era imposible alcanzar las condiciones mínimas que nos garantizasen un cierto éxito.

La verdad es que costó mucho racionalizar los pensamientos de Rodrigo, pero incluso una vez conseguido esto, aún no daba "el salto" definitivo.

> Creer que las personas pueden razonar y ser objetivas en cualquier momento y circunstancia demuestra un profundo desconocimiento de la realidad y de las limitaciones del ser humano.

Cuando somos nosotros los que pensamos que "lo nuestro" no tiene solución, de nuevo, lo mejor que podemos hacer es "alejar de nuestra mente esos pensamientos" y sustituirlos por otros más neutros. Si nos resulta difícil podemos ayudarnos centrándonos en una actividad distinta, haciendo un poco de ejercicio físico (caminar) o dándonos órdenes mentales continuas sobre lo que estamos haciendo, para que nuestra mente no se disperse y vuelva a centrarse en lo que nos preocupa. En el capítulo 7 ofrecemos algunos ejemplos útiles.

DEJARNOS CONTAGIAR POR EL PESIMISMO REINANTE

¿Son más persuasivas las personas pesimistas o las optimistas? Lo cierto es que cuando se juntan dos personas que lo "ven todo negro", pueden terminar "contagiando" al resto de sus amigos o compañeros, ¡con una facilidad digna de mejores fines!

Cuando acompañamos a algún amigo o familiar a la consulta de un médico, o lo vamos a ver al hospital porque acaban de operarlo, ¡muchas veces terminamos hablando *todos* de enfermedades!

Si el problema es laboral, ¡el contagio aún es más patente! Hace poco asistí a una conversación en la que una persona nos relataba sus "dramas profesionales"; esta situación, por otra parte, se repite con mucha frecuencia en estos momentos de cierta crisis económica. Nuestro protagonista, en poco menos de un año, había pasado de ser un profesional muy "buscado" por empresas de tecnología de punta, a ser un trabajador "disponible" al que se quería "vender" junto con el resto de compañeros que integraban esa área del negocio.

En veinte minutos, todos, salvo yo misma, que decidí observar la situación desde un punto de vista profesional, estaban lanzando proclamas sobre las injusticias que se dan continuamente en el mundo empresarial, en el marco de la economía global, en las multinacionales, en las grandes empresas, en las pymes, de tal modo que lo que había sido una comida agradable hasta ese momento se convirtió en un pesimismo contagioso, que hizo que un par de personas me llamaran más tarde para confesarme que se sentían igualmente preocupadas por su situación laboral. Ante mi pregunta sobre qué indicadores objetivos se daban en sus empresas que hicieran presagiar una posible crisis en su sector, que las afectara de forma directa, la respuesta, en ambos casos, fue que aparentemente ellos iban bien pero "¡ya has visto lo que le ha pasado a fulanito!".

En esas circunstancias, no debemos confundir lo que sería un saludable ejercicio de reflexión, que nos ayude a estar preparados y alertas ante posibles coyunturas o situaciones adversas, con un "estado de pesimismo inútil y estéril", que lo único que nos provoca es miedo e inseguridad. A veces las personas están muy condicionadas por las circunstancias que viven, y en esos momentos de dificultad no las ayudamos en nada, ni nos ayudamos a nosotros mismos, mostrándonos decaídos, abrumados, cuando no asustados e impotentes para buscar posibles salidas, que siempre las hay, a situaciones difíciles.

Es más fácil dejarse contagiar por el pesimismo reinante ¡que ir a contracorriente!, y esforzarse por encontrar caminos que ayuden a superar las crisis. Pero no dudemos de que lo mejor que podemos hacer con alguien que en ese momento "no ve ninguna salida" es, primero, lograr que se sienta escuchado; segundo, que se sienta comprendido y, tercero, que perciba que ¡hay alternativas que no había visto con anterioridad!

Para "salir" de las situaciones difíciles un requisito previo es que la persona crea que hay opciones, y eso lo logrará más fácilmente desde la ilusión que desde la desesperación.

Desde pequeños hemos elaborado conductas "de imitación" casi sin darnos cuenta. Si observamos a los niños de corta edad, vemos con qué facilidad se desencadena un llanto colectivo cuando un niño ha empezado a llorar, sin causa aparente que justifique su pesar; los otros, rápidamente lo miran, primero ponen cara de sorpresa, luego de pena y, finalmente, a veces terminan llorando "a lágrima viva", a la par que nos miran impotentes y/o señalan con el dedo al niño que empezó a llorar. Los niños se sienten abrumados y nos buscan para que los saquemos de ese estado; al principio, quieren nuestro consuelo y luego esperan que los sorprendamos con algo alegre para empezar a sonreír y superar la pequeña crisis. A medida que pasan los años y los bebés se convierten, primero en niños, luego en adolescentes, después en jóvenes y, finalmente, en adultos, en el fondo piden lo mismo, aunque de diferente forma. Según las edades, los llantos o muecas de tristeza pueden tornarse en gestos de impaciencia o en palabras bruscas y hasta agresivas, pero lo que de forma más suave o claramente errónea nos siguen pidiendo es que les dediquemos nuestra atención, nuestra comprensión y, sobre todo, nuestra calma y seguridad. Sin reconocerlo están buscando alguna excusa para reírse y dejar de llorar o lamentarse.

Esta especie de "epidemia" no respeta edades, y así como los niños pasan del llanto a la risa, los adultos deberíamos tener recursos para superar con la misma rapidez esas situaciones o estados que tanto nos minan y que sólo sirven para provocarnos inseguridad e impotencia.

> La tristeza, como la alegría, se contagia con facilidad. Pero, mientras que la alegría es "salud" para las personas, la tristeza, cuando se mantiene en el tiempo, es "un debilitador nato" que "mina" nuestras fuerzas y nos provoca vulnerabilidad e inseguridad. El paso que media entre esa tristeza prolongada y un pesimismo generalizado e irracional es muy corto.

Hay personas que son auténticos "secantes": absorben la energía que hay a su alrededor, siempre se están quejando y compadeciendo, de tal forma que agotan a las personas cercanas y terminan produciendo un rechazo generalizado.

Por el contrario, hay auténticos "cascabeles", que siempre parecen estar de buen humor, que desprenden energía positiva, que contagian su excelente ánimo y se convierten en paradigmas de la felicidad. En ambos casos, esas personas están "acostumbradas" a vivir con su forma de ser y se resignan o disfrutan de sí mismas. Lo difícil es cuando se produce una profunda transformación, que convierte a una persona alegre en el ser más triste y desesperado del mundo; ahí sí tenemos una auténtica tragedia, pues en el caso contrario la transformación no sería un problema sino una suerte inmensa.

El caso de Belén

Belén había sido una persona fundamentalmente alegre, vital, llena de ideas, de recursos, de afectividad, muy amiga de sus amigos y tremendamente humana con los que la rodeaban. Tenía un "imán" especial. En un momento determinado de su vida, pasados los 35 años, creyó descubrir al "hombre ideal". A partir de ese momento su vida experimentó un profundo cambio, incluso físico. Se fue a vivir a cincuenta kilómetros de la ciudad y se encerró en un mundo y con una persona que terminaron minando su alegría, su ánimo, su optimismo y felicidad.

Diez años después, Belén era el ejemplo opuesto: triste, amargada, irracional, al límite de sus fuerzas, que "estallaba" ante cualquier situación y se negaba a buscar otro horizonte que no fuese recuperar a la persona "que la había hecho tan insoportable, tan infeliz". Había agotado a sus amigos y seres más queridos; no apreciaba ninguna otra idea que no fuera cómo volver a estar con su "príncipe azul". Soportaba todo tipo de vejaciones y humillaciones de su parte, pero no soportaba ningún gesto o falla en el resto de la humanidad.

Belén, cuando la conocimos, era una persona difícilmente tratable. La vida, que había estado llena de luces para ella, se había convertido en brumas permanentes; había abandonado su trabajo, su hogar, sus amigos, y había llenado su vida de desesperación, de quejas continuas e impotencia permanente.

"No tengo amigos", me dijo secamente, el día que le sugerí que debía abrirse a otras personas, a otras experiencias. "No te creo", le contesté, "sí tienes amigos, lo que ocurre es que están cansados, y se sienten impotentes para ayudarte porque llevas años sin hacerles caso, los llamas para quejarte, pero no escuchas lo que te dicen, porque tienes una obsesión que te impide razonar y, lo que es peor, te impide ser tú misma; y se está muy mal con la piel de otro, especialmente si es la piel contraria a la que siempre hemos llevado". Belén quedó más impactada que enfadada ante mi comentario y, finalmente, terminó diciendo algo así como: "Quizá tengas razón, pero no puedo hacer otra cosa".

Cuando una persona está firmemente convencida de que "es incapaz de actuar de otro modo", ¡es difícil socorrerla! Pocas resistencias son tan fuertes como las de quien se siente impotente para hacer aquello que, en el fondo, sabe que es el único camino que le queda, pero se atenaza, se bloquea y se resigna porque cree que nunca lo conseguirá.

Al final, es más fácil que esa persona termine "contagiando" su pesimismo y su irracionalidad. A pesar de que desea no sentirse tan mal, se resiste enérgicamente a cualquier "llamada" del exterior que le indique la necesidad de efectuar un cambio profundo en su vida; y se resiste porque sus pensamientos irracionales están permanentemente activados, porque es incapaz de "parar y razonar", y porque, cuando alguna vez lo logra, sus pensamientos le indican de nuevo que no conseguirá "escapar", que su vida es un túnel oscuro sin salida. Es complicado salir de esa situación para quien la padece, pero no es menos complejo saber actuar para quien escucha.

Belén aún se resiste a volver a ser ella misma, y lo hace ¡porque le da miedo! "No eres lo que querías ser, pero ya no te ves como eras antes"; ésta es una tragedia que viven millones de personas. La salida realmente es complicada y cada caso deberá ser analizado minuciosamente, pues requerirá un tratamiento distinto. No obstante, hay una serie de medidas que haríamos bien en tomar:

1. Si padecemos en primera persona esta situación, y llevamos varios meses bloqueados, incapaces de encontrar la salida, ¡no nos empecinemos y empeoremos el pronóstico!, ¡pongámonos en manos de un especialista que nos ayude a superar la crisis que puede marcar nuestra vida!, y no agotemos innecesariamente a los que nos rodean y nos quieren.

2. Si por lo que fuera no acudimos a un especialista, al menos no cometamos los errores que más se pueden volver en nuestra contra:

- No dejemos de salir con las personas que eran nuestros amigos antes de producirse el acontecimiento que está atormentándonos.
- No nos cerremos a situaciones o actividades que antes nos procuraban bienestar: ir al cine, pasear, practicar un deporte, leer, viajar...
- No nos empeñemos en cambiar de trabajo en esas circunstancias.
- No abandonemos nuestra casa, que ha constituido nuestro refugio.
- No nos asociemos económicamente, y no nos vinculemos en negocios con "la persona" que ha convulsionado nuestra vida.
- No actuemos de forma impulsiva a la hora de tomar decisiones que antes no hubiéramos "hecho propias".

3. Si somos acompañantes, amigos o espectadores de estas situaciones, tampoco caigamos en los errores más frecuentes:

- Desconectarnos cuando estas personas nos hablan. Es lógico que tengamos esa tentación, pues resultan agotadoras, pero es preferible evitar el contacto que estar "de estatuas", dado que las personas que sufren siguen reafirmándose en sus conductas si por nuestra parte no adoptamos una actitud más activa.

- Darles la razón y dejarnos llevar por el pesimismo y la irracionalidad que sienten. De nuevo, así sólo conseguiremos reforzar sus pensamientos irracionales, a la par que nos sentiremos incapaces y hasta contagiados por ese sentimiento trágico de la vida.
- Acudir ante cualquier queja o alarma por parte de quien sufre. De esa manera fomentaremos su tiranía y llegará el momento en que nos sintiremos incapaces de hacerlo y los dejaremos "librados a su suerte" sin remisión.
- Apoyarlos cuando nos hablan mal de otros amigos o personas; por mucho que temamos su reacción, no ayudamos permitiéndoles que sigan en sus planteamientos erróneos e injustos para con los que los rodean.
- Ceder a sus chantajes. "Estás mal por lo que haces, no por lo que los demás hacen o dejan de hacer." Éste es un principio esencial que les cuesta mucho aceptar.
- Fomentar su creencia de que la solución está en lo que hagan los demás o en acontecimientos externos. La verdadera solución está en uno mismo, dentro de uno mismo, en esos pensamientos que continuamente nos decimos y que nos impiden ver con un mínimo de claridad.
- En general, todo aquello que fomente su situación actual, que les impida realizar el cambio que necesitan, aquello que los mantenga "ciegos y paralíticos".

Hay un principio que siempre debemos mantener en esos momentos de pesimismo contagioso: si nos esforzamos en pensar con objetividad y desconectamos el SNA, nuestra parte irracional, pronto volveremos a ser objetivos y realistas y, lo que es más importante, a disfrutar de nosotros mismos.

Esperemos que Belén, poco a poco, vaya consiguiendo salir de su actual estado de bloqueo; para ello tendrá que aprender también a no "agotarse física y mentalmente, pretendiendo llegar a todos los sitios".

Agotarse física y mentalmente. Pretender llegar a todos los sitios

No ser conscientes de nuestros límites

"¡No puedo más!", "¡He llegado al límite!", "¡Estoy agotado!". Estas frases las pronuncian muchas personas cuando vienen a vernos, y es "literalmente" cierto. A veces sus estados son realmente lamentables, están sin fuerzas y, en muchos casos, sin esperanzas.

En determinados momentos no parece tan clara la evolución del ser humano. Se supone que los niños no tienen "alarmas" que les indiquen que se están agotando, por eso "literalmente" se caen redondos cuando ya no pueden más. El adulto, por el contrario, parece estar dotado de unos "sensores" especiales que le avisan cuando está cansado y le señalan el momento de tomar "un respiro". El problema llega cuando algunos adultos se sienten tan abrumados o condicionados por su situación que no se permiten el mínimo descanso, creen que si ellos "paran" todo se "vendrá abajo" y, sin interrupción, empalman un esfuerzo con otro hasta que un día ¡ya no pueden más, de verdad, y estallan o se vienen abajo! Curiosamente, pero no por causalidad, esto suele ocurrirles cuando han afrontado una grave crisis y, sin ser conscientes de ello, su mente cree que puede "tomarse un descanso". Pensemos las veces que después de habernos agotado por algo, cuando ya lo peor ha pasado, nos sumergimos en un bajón y nos enfermamos.

¿Ha evolucionado el adulto en relación con el niño? En aquellos casos en los que el adulto no sabe medir sus fuerzas, ¡no ha evolucionado correctamente! Se ha agotado como un niño, pero sus circunstancias son más dramáticas, pues el niño está "dotado" para salir rápidamente de esas situaciones de agotamiento, pero el adulto necesita una recuperación más lenta y laboriosa.

¡Nos agotamos como niños y nos bloqueamos como adultos! ¡Qué negocio estamos haciendo!

Si miramos hacia atrás, ¿creemos que hace tres, cuatro o cinco décadas las cosas eran más sencillas? Seguramente no, pero quizá las personas sabían mejor cuáles eran sus límites. El sistema de vida era difícil, ¡quién lo duda! Pero ahora el "ritmo es infernal". Tenemos medios de locomoción más rápidos y cómodos, pero tardamos más en llegar a nuestros trabajos; nuestra formación académica es superior, pero no sucede así con la preparación para la vida. Hay más gente a nuestro alrededor, pero con frecuencia nos sentimos solos o aturdidos; los salarios son más altos, pero las "necesidades" parecen inalcanzables. Tenemos sillones, sillas, camas, sofás, más cómodos y funcionales, pero descansamos menos y peor; hay más bullicio, pero menos alegría; tenemos gimnasios, saunas, piscinas, pero ¡estamos agotados! ¡Qué paradojas!

En muchas ocasiones, cuando la gente no está alerta, cuando no son conscientes de que los están observando y muestran sus rostros al desnudo, de forma espontánea, sin forzar sonrisas de compromiso, ¡cuánto cansancio denotan! No importan las edades, hay niños con rostros cansados, jóvenes con ojeras, adultos con los músculos tensos o las facciones caídas, ¿qué les pasa? En muchas ocasiones, lo que les ocurre es que han llegado a su límite y ¡ya no pueden más! Ni siquiera tienen fuerzas para disimular.

Una "visión" que nunca me ha gustado es la cara de cansancio que tienen muchas personas a las ocho de la mañana, cuando toman el ascensor en el trabajo y se disponen a comenzar "la jornada laboral". ¡Cuántos rostros y cuerpos parecen ya agotados a esa hora de la mañana! ¡Cuántos ojos sin luz y miradas perdidas nos acompañan! ¡Cuántos niños y adultos necesitarían seguir durmiendo! ¿Qué está pasando cuando en lugar de frescos y lozanos aparecemos cansados y derrotados? ¿Falla algo en nuestro sistema de vida actual?

Si el ser humano camina en dirección contraria a su ritmo vital, si continuamente trasvasa el límite de su resistencia, tarde o temprano sufrirá las consecuencias. ¡La vida actual no es sencilla! Por mucho que queramos convencernos de lo contrario, nos deberían dar una medalla al final de la jornada. ¡Cuántas carreras hemos hecho! ¡Cuántas tareas hemos empezado y cuánto esfuerzo hemos derrochado! No es de extrañar que muchos busquen una solución alternativa y quieran ir "a vivir al campo", a la naturaleza, lejos de la contaminación, de los ruidos, del asfalto. Lo malo es cuando lo único que consiguen es vivir más lejos, levantarse más temprano, llegar más tarde, para terminar durmiendo menos tiempo y ¡vuelta a empezar!

Muchos lectores se preguntarán: ¿qué busco detallando estos hechos desgarradores?, ¿no hemos quedado en que no hay que sufrir inútilmente? Entonces, ¿por qué me detengo en algo que tiene tan poca solución? Seguramente estoy buscando que seamos conscientes de la realidad que tenemos, para que en lugar de soportarla con resignación intentemos cambiarla en la medida de lo posible, ¡que siempre es más de lo que creemos! Si estamos continuamente al límite de nuestras fuerzas, tarde o temprano terminaremos cayendo. Es lo que en el capítulo 7 llamamos ser proactivos en lugar de reactivos; es decir, mejor nos irá adelantándonos en determinados momentos, para solucionar y conseguir ciertos objetivos, que resignándonos, sufriendo o aguantando las consecuencias de situaciones límite que, tarde o temprano, estallan.

El caso de María

A María ¡le estalló todo de golpe y se vino abajo! Tenía una sólida formación y la máxima cualificación profesional; estaba casada, tenía dos hijos, un marido muy agradable, pero tradicional en cuanto al "reparto de tareas", y unos padres mayores, absorbentes y demasiado exigentes con su hija, pues, aunque tenían otro hijo, éste parecía no hacerles mucho caso y se habían "recostado" en María.

Su trabajo le gustaba mucho, pero llegaba tan cansada y tenía que solucionar tantos temas extra a lo largo de la jornada, muchos de ellos domésticos y familiares, que apenas podía trabajar en condiciones mínimas de tranquilidad y dedicación.

María llevaba varios años físicamente agotada, mentalmente extenuada, con la sensación de estar corriendo todo el día y llegar tarde a todos los sitios. No se concedía descanso ni tregua. Un día no pudo más: la experiencia la había agotado a tal extremo que se metió en la cama con la sensación de no poder levantarse en meses.

De repente, nada parecía funcionar: ya no se sentía satisfecha en el trabajo; su marido, para ella, había pasado de ser encantador a convertirse en una persona egoísta e insensible, que no la ayudaba en nada; sus padres, unos tiranos que creían que había nacido para servirlos y atenderlos, y sus hijos, unos absorbentes que querían que su madre estuviera todo el tiempo con ellos.

María tenía la sensación de haberse equivocado durante toda su vida.

Cuando funcionamos al límite, tarde o temprano lo traspasaremos, y entonces no tendremos capacidad de reacción, pues habremos agotado todas nuestras fuerzas. Por regla general, el organismo nos da algunas señales de aviso para que reaccionemos, pero en la mayoría de los casos no las identificamos y confundimos nuestro agotamiento con una etapa de mal humor, nuestra inseguridad con actuaciones deshonestas de los que están a nuestro alrededor, nuestra irascibilidad con torpezas de nuestros compañeros, amigos, familiares... Al final, "de tanto tirar de la cuerda, ésta se termina rompiendo", y entonces, todo parece ser dramático en nuestra vida.

A María le costó mucho recuperarse; tuvo que reelaborar una nueva relación con sus padres, de tal manera que no se sintiera asfixiada, pero lógicamente ellos reaccionaron al principio de forma incomprensiva, incluso agresiva. Tuvo que redefinir la distribución de tareas con su marido; repartir las "actividades" con los hijos; reencontrarse con su trabajo y, lo que más le costó, reconocer que llevaba años equivocándose, y que la principal causa de su equivocación estaba en las frases que continuamente se decía.

María había tenido una educación muy tradicional, llena de obligaciones y responsabilidades. Siempre había sido un modelo de niña, con buenas notas, excelente comportamiento, cuidadosa, muy responsable. De adulta, sin darse cuenta, aún se echó más carga sobre sus espaldas, y la chica 10 llegó un momento en que no pudo más.

A María le resultó difícil cambiar sus planteamientos y pensar que no tenía obligación de asumir todos los contratiempos o pretensiones de sus padres, que ella también se cansaba y necesitaba descansar; que los niños debían aprender a superar sus pequeñas frustraciones y dificultades, que eso no era ser mala madre sino educarlos con realismo y sin sobreprotección; que en el trabajo sus compañeros debían asumir sus tareas y no acudir siempre a ella ante cualquier contratiempo o dificultad; que su marido era una buena persona, y si antes no había ayudado más, entre otras cosas era porque ella misma no se lo había pedido y porque lo veía inútil para las tareas domésticas. En definitiva, María tenía que aprender a ser consciente de sus pensamientos para poderlos controlar y, de ese modo, controlar también su vida.

Aprendió finalmente que todos tenemos límites y que la vida no puede ni merece la pena ser vivida al límite de nuestras fuerzas físicas y mentales, pues tarde o temprano "nos pasa la factura". Curiosamente, cuando dejó de obsesionarse por llegar a todos los sitios y cubrir cualquier eventualidad que pudiera surgir, empezó a comprobar que la mayoría de las veces no era necesario intervenir, y que los demás también sabían "salir del paso" si los preparaba para ello, si les enseñaba en lugar de querer hacerlo ella misma, como hasta entonces había pretendido.

María, finalmente, empezó a disfrutar de la vida, de su familia, de su trabajo, y lo hizo cuando empezó a hacer suyas algunas "reglas de oro".

CAPÍTULO 6

Reglas de oro

Quizá pueda parecer pretencioso pensar que existen unas "reglas de oro" que nos pueden ayudar a no sufrir inútilmente. Si fuera tan sencillo, muchos lectores pensarían que esas reglas serían universalmente conocidas, pero si lo pensamos detenidamente, ¿acaso no hay hechos o principios que claramente favorecen o entorpecen el desarrollo del ser humano y, sin embargo, parecen no tener validez para muchas culturas o religiones que, lejos de potenciar la "racionalidad" de las personas, se empeñan en llevarlas a sus niveles más irracionales y, como tales, poco humanos?

Al igual que en otras áreas del conocimiento, sí hay "reglas de oro" que pueden ayudarnos en esa difícil pero apasionante tarea de vivir la vida.

Explicaremos de manera muy resumida estas reglas que nos ayudarán a no sufrir inútilmente y a no perdernos en disquisiciones o sentimientos impropios de la inteligencia humana; al menos de la inteligencia emocional, que es la que siempre tratamos de potenciar y desarrollar.

CREER EN NOSOTROS MISMOS

Este principio, que parece tan claro, seguramente es uno de los más difíciles de conseguir para la mayoría de las personas. Si analizamos nuestro desarrollo desde pequeños nos resultará más fácil identificar las claves de nuestra vida, y nuestro principal recurso será observar las conductas del ser humano.

Cuando actuamos como "observadores", vemos que existen claras diferencias entre las conductas que presenta un grupo de niños: unos son más decididos, otros menos; algunos parecen más alegres, más espontáneos, más desinhibidos, más seguros, mientras que otros, por el contrario, se muestran más inhibidos, menos expresivos, más inseguros..., pero todos, absolutamente todos, y cada uno "a su manera", están desarrollando un proceso de ensayo-error que les permita creer en sí mismos. No nacemos ya seguros de nosotros mismos, en absoluto. El bebé, el niño, el adolescente, el joven y el adulto, todos, de continuo están intentando avanzar en su propia seguridad y, desgraciadamente, muchas personas parecen no conseguirlo en el transcurso de su vida.

De pequeños intentamos que la seguridad provenga "de los mayores"; por eso, cuando el niño siente inseguro al adulto reacciona de forma intensa, y a veces agresiva, porque no encuentra aquello que le resulta vital para su estabilidad y crecimiento.

El adolescente es capaz de enfrentarse "a toda la humanidad" en su búsqueda de seguridad, de creer en sí mismo; por ello muchas veces se "une" a los "colegas" que viven su misma batalla, pues siente que están en la misma dinámica, en el mismo esfuerzo, y se aferra a ellos como si fueran su único baluarte. En esos momentos someten a los adultos a un "juicio severísimo", en un intento desgarrador por aferrarse a algo sólido, consistente, algo que no se les caiga inmediatamente y les pueda provocar un sufrimiento para el que no parecen estar preparados.

Los jóvenes, con algo más de control, siguen embarcados en esa búsqueda incesante que les proporcione la credibilidad en sí mismos. Pueden conseguir éxitos en los estudios, en la vida social y en los primeros trabajos, pero si no terminan por "creer en sí mismos" todo se derrumbará como un "castillo de naipes".

Los adultos nos pasamos la vida queriendo creer en nosotros mismos, a la par que nos desesperamos ante las vivencias de insatisfacción, inseguridad e impotencia que, de forma aparentemente inevitable, nos acompañan en nuestro ciclo vital. No es fácil creer en uno mismo. De hecho, es uno de los aspectos que más les cuesta conseguir a las personas que nos piden ayuda y que se presentan dispuestas a desarrollar recursos y habilidades que les faciliten la vida personal, el conocimiento de sí mismos y su desarrollo como seres humanos.

Pero, afortunadamente, hay "reglas" como las que pasamos a enumerar que pueden ayudarnos.

Hábitos o costumbres que debemos tratar de disminuir y eliminar

1. *Atormentarnos sin piedad después de un acontecimiento o hecho poco satisfactorio.* Siempre que nos encontremos insatisfechos con nuestra actuación, resulta absurdo y estéril que nos recriminemos continuamente por ello; nuestros esfuerzos se encaminarán a extraer las enseñanzas positivas, de tal modo que esa "experiencia será válida" en la medida que intentemos corregir nuestros pensamientos y/o actuaciones concretas, en situaciones similares que se den en el futuro.

2. *Recriminarnos y traer a la memoria hechos del pasado en los que actuamos de manera poco "hábil".* La vivencia de esas situaciones sólo nos traerá inseguridad e insatisfacción. Traer a la memoria de forma punitiva o recriminatoria esos sucesos favorece la repetición de los mismos errores en situaciones futuras. De nuevo, ese "recuerdo" sólo se justificará desde la perspectiva de extraer las "experiencias válidas", y para ello nuestras energías se encaminarán a "darnos ánimo" que aumenten nuestra confianza en actuaciones futuras.

3. *Dejar que los demás nos responsabilicen de sus desgracias o insatisfacciones.* Siempre seremos nosotros los que, en primer lugar, "evaluemos" cómo ha sido nuestra conducta. En el peor de los casos, si pensamos que hemos actuado con buenas intenciones, pero con una torpeza extrema, podremos tener claras oportunidades de mejorar nuestra conducta en el futuro, y si pensamos que debemos "reparar" algo que hemos provocado: ¡hagámoslo!, pero no nos dejemos llevar por ese lastre que muchas personas ponen rápidamente sobre las espaldas ajenas.

4. *Sufrir por aquello que ya no tiene solución.* De nuevo, nuestros esfuerzos se encaminarán a "salir y superar" esa situación; para ello, pondremos nuestros "pensamientos" a "favor" de la causa, no en "contra". Incluso, aunque haya sido algo que

"han provocado los demás", siempre nos quedará la posibilidad de realizar un enfoque realista que nos permita "paliar" los efectos y aglutinar nuestras energías para "salir" de esa situación, que sólo provoca sufrimientos inútiles.

Hábitos que conviene potenciar

1. *Asumir que nos podemos equivocar.* Una característica del ser humano es su falibilidad, la posibilidad de equivocarse; por lo tanto, no nos "atormentemos" por algo que inevitablemente va unido a nuestra condición humana.

Cuando nos equivoquemos, nos esforzaremos por extraer, como siempre, la experiencia válida y nos daremos ánimo a nosotros mismos para poder disfrutar de situaciones nuevas en las que nuestra actuación será más positiva.

2. *Asumir que hay cosas que no vamos a conocer o que no sabremos hacer.* Es absurdo pensar que tenemos que saber o conocer todo, pero a veces nos sorprendemos recriminándonos por este hecho.

Cuando constatemos que no tenemos "ni idea" de algo, sonreiremos y diremos: ¡perfecto, es lógico, no puedo saberlo todo! A partir de ahí, decidiremos si es necesario ampliar nuestro aprendizaje, o si dejamos que nuestra "mente" se llene de otros conocimientos.

3. *Darnos ánimo a nosotros mismos cuando parezca que "todo está en nuestra contra".* En esos momentos necesitamos más que nunca nuestra propia ayuda; si al final no conseguimos lo que pretendíamos, la realidad es que lo habremos intentado, y si lo hemos hecho con todos nuestros pensamientos dirigidos a la consecución del objetivo nos alegraremos por nuestro esfuerzo. Si es posible mejorar la práctica en un futuro, lo haremos; y si ya no existe esa posibilidad, nos sentiremos satisfechos de haberlo intentado.

4. *Pensar en positivo.* Si nuestra mente adopta como órdenes nuestros pensamientos, convendría ponerlos a nuestro favor. Siempre que pensemos en positivo estaremos potenciando nues-

tras posibilidades y situándonos en la mejor de las disposiciones para superar los obstáculos.

Pensar en positivo no significa no ser realista, al contrario, si la realidad depende en gran medida de nuestros pensamientos nos acercaremos cada vez más a ella, en la medida que hagamos coincidir nuestros pensamientos con nuestras actuaciones.

5. *Confiar en nuestras posibilidades*. Para ello desarrollaremos al máximo el razonamiento lógico, ese sentido común que nos hará evaluar las situaciones de forma objetiva, y nos ayudará a superar tanto los obstáculos que puedan presentarse como las situaciones en que haya resultado imposible conseguir nuestro propósito.

6. *Aceptar que, con frecuencia, las cosas llegan o se consiguen más tarde de lo que pensábamos*. Con frecuencia, el deseo no coincide en el tiempo con la realidad, pero eso no quiere decir que no pueda conseguirse, sino que, simplemente, tardaremos más. Éste es un hecho que debemos asumir con naturalidad y que, en modo alguno, resta valor a nuestro esfuerzo.

7. *Seguir confiando en nosotros después de un "aparente fracaso"*. A veces los fracasos son brutales e inamovibles, pero nunca absolutos. Si no existieran esos aparentes fracasos no tendríamos la posibilidad de "aprender" de ellos y mejorar nuestras habilidades o recursos. En otras ocasiones, los aparentes fracasos nos dan la oportunidad de lograr éxitos o encontrar nuevas oportunidades que, de otra manera, no se presentarían.

Confiar en nosotros después de un fracaso es uno de los medios que más favorecen la credibilidad en nosotros mismos, a la par que de forma más justa premia nuestro esfuerzo. Si fracasamos es porque hemos actuado y eso, en sí mismo, ya no debe considerarse fracaso.

8. *Visualizarnos en positivo*. De nuevo, se trata de poner la mente a nuestro favor si nuestro cerebro se cree lo que "visualizamos". Proyectemos imágenes donde siempre nos veamos superando las dificultades.

9. *Sonriamos al máximo*. Imaginémonos sonriendo ante situaciones futuras, ante resultados que están por llegar, ante dificultades que debemos afrontar... y también sonriamos en el pre-

sente, en cada momento que nos detengamos a pensar. Es una forma inequívoca de poner "nuestra mente a nuestro favor", y de crearnos defensas que nos ayuden tanto a superar situaciones difíciles como a disfrutar al máximo de cada situación.

Si aceptamos nuestras limitaciones con naturalidad, si nos permitimos fallar, si somos realistas asumiendo nuestra condición humana, si sonreímos no sólo en los éxitos sino también en los momentos difíciles, ¡creeremos en nosotros mismos!, y lo haremos porque sentiremos que nuestro valor no depende sólo de los resultados que logremos, pues éstos a veces son externos y están condicionados por factores que escapan a nuestro control. Nuestro valor depende de lo que somos, y somos seres "únicos" en el mundo, que estamos intentando "crecer" y "encontrar" las "llaves" que nos faciliten nuestro desarrollo como personas.

> El éxito no es sinónimo de valía, a veces es una casualidad y, en ocasiones, incluso una injusticia.

Creer en nosotros mismos va más allá de aspectos circunstanciales; significa aceptarnos, asumirnos tal como somos; confiar en que seguiremos mejorando en la medida que continuemos aprendiendo cada día, cada momento, cada segundo de nuestras vidas.

> Creer en nosotros mismos es darnos ánimo en los momentos difíciles, premiarnos en los aparentes fracasos, querernos cuando nos encontremos solos y sonreír siempre que nos sintamos tristes.

No es complicado creer en nosotros mismos si aprendemos a tolerar las limitaciones que tenemos como seres humanos. Otra regla para seguir creyendo así será *intentar "sentirnos bien" cada día.*

Intentar "sentirnos bien" cada día

Hay muchos libros de autoayuda que nos dicen aquello de "Viva este día como si fuese el último de su vida". Quizás el sentimiento trágico de la muerte, que culturalmente sentimos la mayoría de las personas que vivimos en "países occidentales", no sea la mejor ayuda para vivir felices. Nuestro propósito es sencillo, aunque paradójicamente más profundo: queremos "intentar sentirnos bien cada día".

Ya hemos hablado del síndrome del domingo por la tarde y del sentimiento que muchas personas experimentan al pensar que sus "días laborables están hipotecados". No podemos vivir de lunes a viernes pensando que todo lo que podemos esperar de esos días es que ¡pasen pronto! De ese modo, sólo estaremos "condenándolos previamente" y los asumiremos con un sentimiento fatalista, como días de esfuerzo y de trabajo que necesariamente constituyen un precio de obligado cumplimiento para que podamos disfrutar de los dos días del fin de semana.

Sencillamente, ese principio es una aberración que nos condena a "vivir sin vivir" la mayor proporción de nuestra vida. Es como si estuviéramos "penando" gran parte de nuestra existencia.

Cada día nos marcaremos pequeños o grandes objetivos, pero también dejaremos un "espacio para nosotros mismos". Concedernos 30, 40 o 50 minutos no parece una exageración; no obstante, ¿cuántas veces lo conseguimos? Somos muy mezquinos con nosotros mismos, asumimos con naturalidad que no podemos dejarnos tiempo, sin darnos cuenta de que nos estamos privando de instantes que ya nunca volverán, y los habremos perdido para siempre. Ése es un error que terminará pasando su factura de forma inexorable.

Reglas básicas para aplicar a diario

1. Dejarnos unos minutos "en silencio" para nosotros mismos.
2. Programar, dentro de las rutinas del día, alguna actividad que nos ayude a sentirnos bien.

3. Cerrar los ojos, respirar profundo y escucharnos por dentro, al menos durante las rutinas de la vida diaria: cuando nos duchamos, mientras nos vestimos, cuando vamos al trabajo, cuando volvemos, antes de dormirnos...

4. Sonreír, interna y externamente, durante la mayor parte del día; no como una "pose" sino como reflejo de nuestra satisfacción interior. Mirar con afecto a los que nos rodean, pues la mayoría se lo merece, y el resto ¡bastante tiene con aguantarse a sí mismo!

5. Pensar en las cosas agradables que hemos hecho, en las que nos quedan por hacer y en las que nos sorprenderán favorablemente.

6. Hacer un poco de ejercicio que nos ayude a sintonizar con nuestro ritmo biológico, con esa parte física que tanto nos repercute a nivel emocional.

7. Mirarnos al espejo con complacencia, identificándonos con la imagen que nos devuelve y sabiendo que somos capaces de mejorarla.

> Si cada día nos sorprendemos con algo agradable, conseguiremos "sentirnos bien" y haremos la vida bastante agradable a los que están a nuestro lado.

Los contratiempos, las dificultades, los imprevistos, los viviremos como un entrenamiento necesario que nos facilita la puesta en forma, y nos ayuda a disfrutar de esos momentos menos tensos, aunque no menos intensos.

Si empezamos el día sonriendo será más fácil que lo terminemos agradablemente, pero no olvidemos que en medio hay muchas cosas que podemos lograr para sentirnos bien. Sin duda, otra de las reglas que favorecerán este propósito será *ser conscientes de que la felicidad está en "nuestras manos"*.

SER CONSCIENTES DE QUE LA FELICIDAD ESTÁ EN "NUESTRAS MANOS"

Espero que ya tengamos claro el principio de que *la felicidad depende de nosotros*. Será más o menos fácil lograrlo, pero no olvidemos que está en nuestras manos.

¿La felicidad se compra? Si así fuera, los "ricos" no serían infelices y, la verdad, sólo hay que mirar alrededor nuestro para ver que la felicidad, como la juventud, los años, la inteligencia emocional, la alegría auténtica, la vida... no se compran.

La felicidad está a nuestro alcance, aunque a veces parezca que nos encontramos en una larga fase de entrenamiento y superación de dificultades, pero siempre, si persistimos y confiamos, podremos sentirla. Porque está claro que no hay dos felicidades iguales, al igual que no hay dos personas idénticas.

Estos hechos explican claramente cómo encontramos personas felices, inmensamente plenas, a pesar de que vivan en circunstancias adversas o atraviesen momentos complicados.

> La felicidad está dentro de nosotros mismos, y uno de los mejores objetivos de nuestra vida será aprender a alcanzarla para poder disfrutar de ella.

Otro principio básico es que la felicidad está en "nuestras manos". No podría ser de otra manera; de lo contrario, el principio de la vida sería una injusticia atroz y la vida en sí misma perdería valor. Si ser felices o no serlo fuese una cuestión de "suerte", o estuviese condicionado por el lugar de nacimiento, la cultura que nos rodea, la familia en la que crecemos..., la verdad es que entonces sería ¡como para borrarse! de esta "farsa", en la que seríamos simples muñecos en lugar de personas dueñas de nuestras vidas y de nuestra felicidad. Si nuestros sentimientos están condicionados por nuestros pensamientos, dirigiremos nuestros esfuerzos y energías a ser dueños de nuestros pensamientos. De esta manera, lograremos "vivir" la felicidad.

Cuando nos sintamos felices... ¡perfecto!, pero cuando nos sintamos tristes, desolados, vacíos o desesperanzados, recordemos que nuestros pensamientos nos están traicionando y nos sumergen en un sufrimiento inútil y prolongado. Es el momento de intervenir y de "cortar" para poder construir después las bases de ese bienestar que nos está reservado por el hecho de ser personas; personas que intentamos crecer cada día un poco más en nuestro camino de racionalidad, autenticidad y coherencia.

La felicidad es el destino lógico de una vida correctamente entendida. Si aún nos cuesta vivir esa felicidad, deberemos plantearnos qué nos aleja de ella y, sin derrochar energías en lamentos o sufrimientos inútiles, nos ¡pondremos en camino! (En el capítulo 7 damos algunas claves que nos ayudarán a encontrar esos caminos.)

Cuando nos sintamos muy enojados, molestos o desengañados con algo o con alguien de nuestro entorno, no pensemos que son los responsables de nuestro malestar. Es difícil no caer en la tentación de echarle la culpa de lo que nos pasa al resto de la humanidad. Pero es un error hacerlo, y además estaríamos abdicando de uno de los principales valores del ser humano: ¡ser dueño de su propia felicidad! ¡Cuántos disgustos innecesarios nos evitaríamos si asumiéramos este hecho!

Seguramente, saber que la felicidad está en nuestras manos —en concreto, en nuestros pensamientos— nos ayudará a comprender la auténtica dimensión de la "libertad" del ser humano. En cualquier circunstancia, siempre conservaremos la libertad de pensar lo que queramos, pero, para ello, a veces será necesario que nos entrenemos en el control de nuestros pensamientos, pues hay muchos agentes externos interesados en controlarlos; especialmente en esta sociedad "consumista y programada".

No es fácil asumir nuestra propia libertad, no es sencillo alcanzar la felicidad, pero es un reto que ningún ser humano puede perderse.

Otra de las reglas que nos ayudarán en este propósito será *seguir confiando en nosotros en los momentos difíciles y convertir las crisis en nuevas oportunidades.*

SEGUIR CONFIANDO EN NOSOTROS EN LOS MOMENTOS DIFÍCILES Y CONVERTIR LAS CRISIS EN NUEVAS OPORTUNIDADES

¡Qué fácil se ve este principio a primera vista, pero qué difícil es sentirlo en plena crisis! Sin embargo, ¡cuánta verdad encierra!

Una de las veces que más me han "taladrado" con la mirada fue en el transcurso de una consulta psicológica. En aquella ocasión acababa de escuchar un relato muy catastrofista; mi confidente me había contado con pormenores "todas las desgracias" que, según él, le habían pasado en las últimas semanas. A continuación, se acomodó sobre su asiento, esperando escuchar frases de consuelo, pero se sorprendió oyéndome aquello de "¡Qué suerte tenemos!, ¡qué oportunidades nuevas van a surgir de esta situación! De haber sucedido las cosas de otra forma, hoy no nos estaríamos planteando estas posibilidades, ¡enhorabuena! Menos mal que por fin los acontecimientos han sido tan claros que nos muestran perfectamente los cambios que hay que acometer. ¡Ánimo, que tenemos que trabajar mucho y poner en ello todas nuestras energías!". No había terminado aún mi "discursito" cuando mi interlocutor parecía que iba a lanzarse sobre mí, con la intención de ¡hacerme reaccionar para devolverme a la "realidad"! Con una amplia sonrisa, que de verdad sentía, le dije: "¡Perfecto!, ¿verdad que estás auténticamente enojado conmigo? Te parece increíble mi falta de sensibilidad y me miras como si quisieras matarme, ¡eso es lo que quería que comprobases! ¡Ves cómo aún tienes capacidad para reaccionar! Bien, pues en lugar de matarme a mí, vamos a emplear esa energía en encontrar la mejor salida a esta situación que vives".

La realidad es que aún tardamos unos días en ponernos de acuerdo sobre el análisis y las consecuencias de lo que le estaba ocurriendo, pero a partir de ahí todo fue más rápido.

Nuestro protagonista comprendió por fin lo que le queríamos

decir y asumió como propio que esos momentos difíciles siempre encierran nuevas oportunidades, pero para poder verlas es necesario estar dispuestos a mirar, a ver, a oír, a escuchar, así como a intercambiar opiniones y dialogar.

Si queremos ayudarnos a salir de las "crisis" no dudemos en seguir algunas "reglas" básicas:

1. Esforzarnos en controlar nuestros pensamientos catastrofistas en los momentos de crisis; si nos resulta muy difícil, siempre podremos intentar "distraernos" con otros pensamientos más positivos, o podremos traer a nuestra mente situaciones pasadas o futuras que nos hagan sentirnos bien.

2. "Cortar" los pensamientos que nos indiquen "que no hay salidas" y forzarnos a "tomar distancia" de la situación. De nuevo aquí, si tenemos dificultades para lograrlo, podemos darnos autoinstrucciones continuas y precisas. (En el capítulo 7 ofreceremos algunos ejemplos prácticos que nos ayudarán en estos procesos.)

3. Emplear la "observación" como método que nos permita tomar la suficiente distancia, recuperar la objetividad y analizar nuestras auténticas opciones. Aquí, intentaremos situarnos más como observadores que como actores que viven en su propia carne esos momentos. En lugar de centrarnos en lo que estamos sintiendo, encaminaremos nuestros esfuerzos a describir cómo están actuando "los otros", qué indicadores nos ofrecen, cómo se muestran, cómo parecen reaccionar, cómo esperan que reaccionemos nosotros, cómo se extrañan de nuestro aparente control... Sin duda, este cambio de "rol" nos ayudará enormemente en el análisis y en hallar la respuesta adecuada a la situación.

4. Reforzarnos en esos momentos de crisis. Es decir, en lugar de centrarnos en las dificultades y hundirnos por la situación, darnos ánimo constantemente, decirnos a nosotros mismos que seremos capaces de salir de la crisis, mostrarnos seguros de nuestras posibilidades, creer en nuestro potencial y saber que, si miramos bien, esos momentos difíciles esconden nuevas oportunidades; oportunidades que están esperándonos y que simplemente tenemos que saber encontrar "debajo" de la superficie.

5. Mostrarnos "seguros" ante los demás. Verbalizar nuestra confianza en nosotros mismos, ordenar a nuestro cerebro que "nos siga" y que no se entretenga con pensamientos catastrofistas, que sólo lo conducen a sufrimientos inútiles. Para ello, aunque nos cueste, nos forzaremos a decir incluso lo que aún no sentimos, por ejemplo: "Seguro que voy a salir de esta crisis, puedo lograrlo, me sentiré muy satisfecho/a por mi actuación, sabré encontrar las consecuencias positivas, voy a sorprenderme a mí mismo...". Parece una tontería, pero estas y otras frases parecidas —además de un conjunto de acciones que veremos a través de los registros (págs. 203-205)— nos ayudarán a salir de ese aparente callejón sin salida.

6. En lugar de "compadecernos" a nosotros mismos, nos animaremos por las nuevas opciones que se nos han presentado.

7. Recordar que otros "momentos difíciles" vinieron acompañados de enseñanzas útiles y siempre, siempre, tener presente lo que sigue:

8. Premiarnos en esas circunstancias concediéndonos algún capricho; darnos un poco de tiempo para nosotros mismos, para hacer aquello que nos gusta; para hablar con las personas positivas de nuestra vida; para tomar aire, pasear, bailar; para recuperarnos del esfuerzo realizado y situarnos con la mejor disposición para seguir superando "lo que aún quede por venir".

Es normal que en esos momentos de crisis nos sintamos sin fuerzas, incluso que nos desagrade lo que habitualmente nos causa bienestar; aquí nos encontraremos con una de las decisiones clave que deberemos tomar: aunque nos dé pereza hacer las cosas que normalmente nos gustan, ¡tenemos que obligarnos a hacerlas! Al final, nuestra mente nos lo agradecerá y empezará a actuar a nuestro favor. Una vez dado este paso, nos resultará más sencillo ver las posibles oportunidades y salidas.

Otra de las reglas que nos ayudará será "tomar distancia" para ser objetivos y aprender a observar y actuar de forma racional.

"TOMAR DISTANCIA" PARA SER OBJETIVOS Y APRENDER A OBSERVAR Y A ACTUAR DE FORMA RACIONAL

Seguramente éste es uno de los aprendizajes más fructíferos que puede hacer el ser humano y, sin embargo, ¡qué poco nos han entrenado para ello!

Es lógico que los niños y los adolescentes tengan grandes dificultades para "tomar distancia" y ser objetivos; su inmadurez física y neurológica, la falta de experiencia y la "revolución hormonal" lo hacen muy difícil, pero es inadmisible que los adultos nos mostremos tan limitados y poco racionales. En este proceso intervienen muchos factores: la edad, la cultura, la religión, el medio que nos rodea, incluso hasta las condiciones climáticas, pero esta falta de racionalidad, en mayor o menor medida, la observamos en todos los medios sociales, económicos e incluso hasta políticos.

A falta de control, de ese aprendizaje que no se ha fomentado, con demasiada frecuencia las personas pierden la objetividad y actúan a un nivel puramente emocional. En esos momentos los intentos por racionalizar los hechos son bastante estériles; nuestra capacidad para razonar es inversamente proporcional a los impulsos descontrolados que demostramos.

En los cursos que impartimos, las personas se quedan sorprendidas ante esta realidad. Es como si descubrieran algo increíble, y por otra parte, fácil de ver, algo que les permite tener una visión más realista de los hechos y más enriquecedora de las personas que las rodean.

> "Tomar distancia y aprender a observar", además de facilitar nuestro autocontrol, fomenta la riqueza y el aprendizaje de las experiencias, la racionalidad y el crecimiento del ser humano, su autoestima, la capacidad de autoafirmación, de seguridad personal, de comunicarse con otras personas, de relacionarse socialmente, de pasar de la reactividad a la proactividad...

¿Por qué entonces es algo que no se fomenta? ¿A quién o a quiénes favorece que las personas no sepan tomar distancia, no aprendan a observar y a actuar de modo más racional? ¿Quiénes se benefician de esas situaciones?

Me centraré en facilitar los medios que posibiliten esos aprendizajes, pero, sin duda, la mayoría de las personas, una vez que haya conseguido mejorar su capacidad de observación, de autocontrol y racionalidad, encontrará sus propias respuestas a estas preguntas.

¿Por dónde empezar? Sin duda, por la observación. Para ello propongo un método sencillo que nos puede facilitar esta labor. Empezaremos por "registrar", por escribir tanto los hechos que suceden en esos momentos como los pensamientos que ocupan nuestra mente.

HOJA DE REGISTRO

Día y hora	Situación (Dónde estamos, quiénes y qué estamos haciendo)	Respuestas fisiológicas (Qué sentimos a nivel físico)	Respuestas cognitivas (Qué estamos pensando)

Cada vez que queramos ser objetivos aprenderemos a observar, y las observaciones nos permitirán actuar de manera más racional. La Hoja de Registro nos ayudará enormemente en nuestra labor. Cuando sintamos la necesidad de observar, o estemos viviendo una situación o un estado emocional difícil, anotaremos nuestros registros de la siguiente manera:

1.   En la primera casilla escribiremos el día y la hora en que ocurre. Ejemplo: *18.30 del 22-IV-03.*

2.   En la segunda casilla apuntaremos dónde estamos, quiénes y qué hacemos. Ejemplo: *Estamos Pepe, Enrique, Ana y yo en el salón, viendo la tele y hablando sobre las dificultades que Enrique tiene en su trabajo.*

3.   En la tercera casilla escribiremos cómo nos sentimos a nivel fisiológico. Ejemplo: *Siento palpitaciones, me sudan las manos, tengo una enorme presión en el pecho y la mandíbula me duele, como si la tuviera desencajada.*

4.   En la cuarta casilla anotamos, literalmente, lo que estamos pensando en esos momentos. Ejemplo: *Creo que Enrique exagera mucho en sus planteamientos para causarnos pena; pienso que la vida es una injusticia, siempre sufren los que menos culpa tienen; al final, a todos nos pasará algo parecido y nos quedaremos sin trabajo...*

Estos registros nos ayudarán muchísimo a conseguir el distanciamiento y la objetivación necesarios. Obligarnos a escribir, casi sin darnos cuenta, nos permitirá ser conscientes de cosas que antes no advertíamos y que, sin embargo, tienen gran repercusión en nuestras emociones. De repente, descubrimos cómo nos sentimos bien o mal, no ante situaciones concretas sino como respuesta a los pensamientos que en esos momentos estamos teniendo; pensamientos que, de otra manera, en gran medida pasarían inadvertidos. Por ejemplo, si pensamos que a nosotros nos ocurrirá algo parecido a lo que está viviendo Enrique, y que al final nos quedaremos sin trabajo, no sólo nos estamos implicando en la situación hasta el extremo de perder toda la objetividad, sino que además nuestros pensamientos estarán condicionando enormemente nuestras emociones, y casi sin darnos cuenta estaremos concluyendo que ¡nada tiene solución!, que "¡todos acabaremos igual!", que tenemos que prepararnos ¡para lo que se nos viene encima!, que hay que empezar a ser austeros, o que no hay más remedio que aguantar lo que sea en el trabajo, porque si no lo perderemos...

Los registros nos ayudan a ser conscientes de los principales factores que explican tanto los acontecimientos como nuestras propias emociones y, lo que es más importante, nos ayudarán a ver la posible salida o la vía de actuación ante hechos concretos que nos arrancan respuestas irracionales.

De igual forma, los registros nos ayudarán a comprender las diferentes reacciones de las personas ante los mismos hechos. Concluiremos que lo importante, lo que determina nuestras conductas, no son los acontecimientos sino los pensamientos que cada uno tiene; esos pensamientos son los que están condicionando nuestras respuestas.

Como regla general, recordemos que cuando nos sintamos emocionalmente implicados en una situación o acontecimiento, tomaremos "distancia" con algo tan sencillo, pero poco habitual en nuestra conducta, como obligarnos a hacer registros de esa situación, y a través de ellos veremos, de manera objetiva, las posibles vías de solución.

Entre esas soluciones o medidas a tomar, recordemos que hay una muy clara: cuando nos sintamos emocionalmente implicados en algo, ¡enfriemos la situación y no tomemos grandes decisiones en esas circunstancias!, pues correríamos el riesgo de equivocarnos, al ser nuestra parte menos racional la que impulsa nuestras respuestas.

Por el contrario, cuando nos hayamos acostumbrado a registrar esos detalles, ya no necesitaremos hacerlo con papel y lápiz: nuestra mente lo convertirá en un hábito y lo hará de forma simultánea a nuestra actuación. No obstante, en casos de duda, bastará con que nos preguntemos: ¿qué estamos pensando?, para tomar de nuevo distancia y actuar de manera objetiva.

Si observamos que a pesar de ser conscientes de lo que estamos pensando nos cuesta controlar nuestras emociones, ¡no actuemos!, dirijamos nuestros esfuerzos a "cortar" nuestro SNA, obliguémonos a pensar en otras cosas, o a hacer otras actividades, hasta que de nuevo sintamos que hemos recuperado el control.

Si aprendemos a "ser objetivos", sin duda alcanzaremos otra de las principales reglas: convertir cada día en un nuevo aprendizaje.

Convertir cada día en un nuevo aprendizaje

Este principio tan "lógico" constituye de nuevo toda una excepción. Con frecuencia sustituimos el principio de aprender y disfrutar de cada día por el de hacer las "tareas" y/u obligaciones inherentes a cada día. Es como si, a la posibilidad de obtener satisfacción, antepusiéramos la de sufrir y sufrir; sería un sufrimiento inútil, pero estaría provocado por un hábito, por una conducta mecánica, que convertiría lo inhabitual en frecuente.

¿La vida tiene sentido si no es una "vida vivida"? No vivir la vida sería no aprender, no ser capaces de extraer las enseñanzas que encierra cualquier situación, acontecimiento, sentimiento o pensamiento que pueble nuestra mente. Me temo que en esas circunstancias descenderíamos a un nivel muy bajo, pues la mayoría de los animales sí son capaces de "aprender" de las experiencias.

Quizás exista un rechazo al término *aprendizaje*, toda vez que para muchas culturas aprender es sinónimo de esfuerzo y sacrificio, cuando no de sufrimiento. Muchos adultos tienen este principio muy "grabado"; de tal forma que, incluso los cursos de perfeccionamiento o capacitación que se siguen en muchas empresas, suscitan al principio cierta incertidumbre y no poca "pereza". Sólo la habilidad y la profesionalidad del ponente y de la organización que lo imparte consiguen superar esa apatía. Pero la verdad es que muchas consultoras o centros de formación han terminado confundiéndose, y han convertido lo que deben ser aprendizajes importantes en una disculpa, en un conjunto de "juegos" o situaciones simpáticas para que un grupo de adultos lo pase bien, olvidando el fin principal para el que fueron concebidos, que no es otro que facilitar aprendizajes. No queremos decir con ello que la formación deba ser algo serio y tedioso. Todo lo contrario, pero cualquier aprendizaje debe encerrar un contenido y métodos que nos faciliten su asimilación; cuando se hace bien, aprender, disfrutar y asimilar pueden y deben ir de la mano.

En la actualidad, muchos niños empiezan "disfrutando" en su primera etapa de aprendizaje, en lo que llamamos educación infantil. Sin embargo, con demasiada frecuencia, cuando comienzan las dificultades, o ante determinadas exigencias, el disfrutar puede dar paso a empezar a pasarlo mal: los exámenes, controles y evaluaciones se convierten en estímulos generadores de ansiedad; en carreras de competición; en obstáculos difíciles de superar. Los sentimientos de fracaso, impotencia e inseguridad se generalizan hasta tal punto que a muchos niños, adolescentes y jóvenes, es como si los hubiéramos privado de una parte importante de sus vidas, una parte que nunca volverá. Los observamos en sus centros de formación, o en las consultas de psicología, llenos de insatisfacción, cuando no de desesperación. Las caras demacradas, ojerosos, los ojos sin brillo y los comentarios desesperanzados denotan el "sufrimiento inútil" que muchos están padeciendo.

El aprendizaje bien entendido, y bien facilitado, debería ser sinónimo de "vida vivida"; de existencia auténtica, de alegría compartida y de crecimiento constante.

Convertir las vivencias de cada día en experiencias de aprendizaje es todo un arte, al que no podemos renunciar, pues de lo contrario se convierte en vida sin vida, en acontecimientos inútiles, en vivencias estériles, en sentimientos plagados de tristeza, cuando no de angustia.

Tenemos la oportunidad de aprender cada día, y no es tan difícil cuando acometemos ese aprendizaje desde la serenidad, desde la tranquilidad, desde el equilibrio y la fuerza que nos da el saber que somos "personas"; personas con capacidad para aprender y con derecho a disfrutar.

> Todos los profesionales de la enseñanza deberían asumir este principio: aprendizaje debe ir unido a estímulo, a satisfacción, a plenitud, a disfrute... De esta forma, los aprendizajes perdurarían y facilitarían la adquisición de nuevos conocimientos. No es verdad que la "letra con sangre entra"; lo que entra es el dolor, la insatisfacción, la impotencia, el sentimiento de inutilidad o falta de valía..., la tristeza y la desesperación.

Los docentes que presumen de aprobar a un porcentaje mínimo de sus alumnos deberían plantearse cómo mejorar sus habilidades, o cómo dedicarse a otras tareas más acordes con su potencial.

Los educadores que provocan ansiedad, cuando no angustia y sufrimiento, deben saber que están haciendo lo contrario de lo que se espera de ellos como profesionales de la educación. Pero no nos confundamos, en ningún momento estoy diciendo que todo deba ser anarquía o ausencia de normas. Mi experiencia me demuestra que, como ya he comentado en otro libro mío*, el establecimiento de pautas, normas, hábitos... constituye una necesidad imperiosa, pero nunca debemos confundir "facilitadores" de equilibrio, seguridad y aprendizajes, con situaciones absurdamente estresantes, que generan ansiedad, angustia, inseguridad, y que sólo contribuyen a la infelicidad, cuando no al bloqueo y al hundimiento de la persona. Para aprender hay que situarse en el lugar que nos corresponde: el de alumnos; alumnos que, a pesar de la edad, o gracias a ella, tratan de extraer parte de lo que la vida les enseña.

Pero ¿cómo situarnos? Siguiendo un principio que siempre da un resultado excelente: siendo "autodisciplinados". Al menos hasta que hayamos conseguido crear un nuevo hábito: el de estar "abiertos" y receptivos hacia todo lo que signifique posibilidad de aprendizaje. A modo práctico, empezaremos por preguntarnos, cada dos o tres horas, si hemos extraído alguna enseñanza de todo lo que hemos vivido en ese período de tiempo; si la respuesta es afirmativa, intentaremos grabarla y reforzarla en nuestra mente, a la par que nos situaremos en disposición de aplicarla en la primera situación que pueda presentarse. Si la respuesta es negativa, nos esforzaremos por encontrar algún aprendizaje entre las experiencias o vivencias que hayamos tenido, y no pararemos hasta que reconozcamos algún principio válido, alguna enseñanza que podamos interiorizar y tratar de añadir a nuestras futuras pautas de conducta.

---

* Véase *El No también ayuda a crecer*, La Esfera de los Libros, Madrid, 2002.

¿Por qué nos empeñamos en hacer este análisis tan frecuentemente, y no realizarlo, por ejemplo, al final del día? Porque si queremos introducir un nuevo hábito en nuestra vida, al principio no tendremos más opción que hacerlo consciente en breves lapsos de tiempo; de lo contrario, no se grabaría el hábito, ni extraeríamos aprendizajes, ni lograríamos enriquecer nuestras experiencias.

De todas maneras: ¡tranquilidad! No es tan difícil ni laborioso como puede parecer, aunque cueste interiorizarlo al principio, hasta que se constituye en hábito y se hace de forma mecánica. Si durante una semana nos preguntamos cada dos o tres horas qué hemos aprendido, nos sorprenderemos de los avances realizados y estaremos en disposición de convertir nuestra vida en una experiencia útil, en un aprendizaje que nos facilitará enormemente nuestra estabilidad, y nos proporcionará la autoestima y la seguridad que tanto necesitamos.

De esa forma, cada vivencia tiene un sentido y una finalidad. Nada es inútil si aprendemos de ello. Por ejemplo, si acabamos de pasarlo mal ante un hecho concreto, pero a través de nuestro análisis conseguimos no sufrir inútilmente en la siguiente ocasión, o aprendemos a mostrar una conducta más eficaz, la experiencia habrá sido positiva; nos habrá aportado nuevos recursos o habilidades que nos serán de gran utilidad ante situaciones futuras.

Una situación típica, que se da con mucha frecuencia en el marco laboral, es la de algún compañero con tendencia a mostrarse desagradable con la gente en general. Este prototipo de personas, contrariamente a lo que podría pensarse, abunda en casi todas las organizaciones; independientemente del cargo que ostenten, actúan como si estuvieran por encima de los demás, como "si nos perdonasen la vida"; miran por sobre el hombro, provocan discusiones, se quejan por cualquier cosa y siempre culpan a los demás. ¿Qué podemos hacer ante estos hechos? ¿Resignarnos, pasarlo mal, enfurecernos pero callarnos, entablar una discusión violenta? Desde luego, podríamos adoptar cualquiera de estas conductas, pero entonces estaríamos perdiendo una ocasión fantástica para "aprender".

En estos casos, hay "estrategias más eficaces" que nos permitirán "extinguir" esas conductas tan desagradables. Por ejemplo, "alejándonos de la situación", como si no fuera con nosotros, poniendo cara de extrañeza y siguiendo con la tarea que estábamos haciendo; comenzando una conversación con otro compañero, como si el "agresivo" no existiera, o mirando al supuesto protagonista con cara de extrañeza y hartazgo, como queriéndole decir que no tiene sentido ponerse así, que resulta pesado, cansador, tedioso y aburrido escucharlo, y que no nos interesa hacerlo (para demostrárselo de un modo más expresivo, y que no deje lugar a duda, de inmediato nos pondremos a hacer otra cosa, "sin dirigirle la palabra")... El registro que comentábamos en el apartado anterior nos mostrará la conducta más apropiada, pero, sin duda, ese día habremos tenido la oportunidad de aprender algo muy importante: cómo conseguir que no nos molesten los compañeros desagradables.

En definitiva, si la situación que hemos vivido ha sido especialmente negativa, una vez extraído el aprendizaje sólo nos quedaría "cortar" nuestro malestar, pues a partir de ese momento el sufrimiento no tendría ningún sentido.

Por el contrario, si la experiencia ha sido positiva, podemos centrarnos todo lo que necesitemos en ella, pues mientras su evocación nos genere alegría y seguridad las consecuencias seguirán siendo positivas.

Podríamos concluir con el siguiente axioma que encierra mucha verdad: "Los días que no hayamos aprendido nada, serán días vacíos; días que 'nada' aportarán a nuestra vida". El ser humano seguirá "creciendo" mientras siga aprendiendo. Facilitemos los aprendizajes y hagamos de ello un estilo de vida. En el siguiente apartado aprenderemos a hacer prevalecer el autocontrol en los momentos de irritación.

ANTE LA IRRITACIÓN, AUTOCONTROL

Muchas personas nos confiesan que se sienten incapaces de autocontrolarse en los momentos de irritación; otras, por el contrario, manifiestan que tienen un control permanente sobre sí mismas... La realidad es que hay personas que "ya" nacen con mayor o menor control que la media; pero lo importante es que, sea cual fuere el nivel de autocontrol del que partan, el *autocontrol puede aprenderse*.

Nos autocontrolamos cuando hacemos prevalecer nuestro SNC sobre nuestro SNA; es decir, nuestra parte racional sobre la irracional. En el control, como en el descontrol, hay fases y estadios en los que es más fácil o difícil que se desarrollen ambos mecanismos.

Una persona que esté profundamente irritada tendrá más dificultad para autocontrolarse que otra persona que esté más tranquila. Una vez que hemos "estallado", nos resulta difícil recuperar la serenidad y, por el contrario, si aún no hemos llegado a esa fase de máximo enfado e irritación, nos resultará más sencillo controlarnos. Este preámbulo nos indica claramente cómo debemos actuar. Nuestros esfuerzos se dirigirán fundamentalmente a la prevención; no tendría sentido que nos "desangrásemos diariamente" en una lucha titánica para recuperar nuestro control después de haberlo perdido de forma lamentable. En consecuencia, enfocaremos nuestra estrategia a controlar nuestra irritabilidad en las primeras fases; de esta manera ganaremos eficacia y ahorraremos energía.

Trasladado al lenguaje cotidiano y al día a día: conseguiremos que nuestro autocontrol se fortalezca en la medida que seamos capaces de reducir nuestras reacciones irracionales en las primeras fases. Para ello ubicaremos algunos "alertas", que nos ayudarán a reaccionar antes de que la situación o los pensamientos nos envuelvan y nos resulte más difícil recuperar el control.

Un principio fundamental que nos ayudará en este objetivo será el de que *cuando nos encontremos "bien" ¡perfecto!, no tenemos que activar alarmas especiales, pero en cuanto empecemos a sentir que ese sentimiento cambia y vislumbramos los primeros atisbos de contrariedad, tristeza, enfado..., de inmediato actuaremos y "cortaremos de raíz" esa situación, antes de que degenere en emociones más fuertes, intensas y menos controlables.*

Nos resultará más fácil racionalizar nuestros pensamientos o cambiar nuestra atención en las primeras manifestaciones que desviarlos o cortarlos cuando están inmersos en una auténtica borrasca emocional. No obstante, en esos casos también podremos conseguirlo, y lo haremos llevando nuestra mente a otras situaciones, e intentando concentrarnos en cosas agradables o rutinarias que requieran nuestra atención y nos ayuden a "cortar" ese círculo vicioso que se establece: pensamientos negativos y catastrofistas-emociones negativas y límite.

Asimismo, en el capítulo 7 veremos ejemplos y recursos que nos facilitarán estos objetivos; pero recordemos un principio básico: *cuanto más rápidamente nos esforcemos por racionalizar nuestros pensamientos, o los cortemos cuando se den situaciones extremas, más fácilmente lograremos el autocontrol de nuestras emociones, sean cuales fueren las causas o las situaciones que las provocaron.*

> Las irritaciones sólo nos producen desgaste, subjetividad, dificultades de comunicación y de resolución de problemas. Cortemos nuestros pensamientos en las primeras fases, y la irritación será un espejismo que no llegará a producirse.

Como siempre, en este ejercicio también nos ayudará la observancia de otra regla básica: no insistir en los mismos errores.

NO INSISTIR EN LOS MISMOS ERRORES

¿Cómo es posible que nos pasemos la vida cometiendo los mismos errores? Porque nuestra mente tiende a repetir de forma mecánica las secuencias que tiene grabadas de otras situaciones parecidas. Es decir, cuando ante una situación concreta hemos cometido un error, en el futuro existen más posibilidades de que, en situaciones similares, lo volvamos a cometer.

Por habernos dado cuenta de nuestro error no podemos creer que ya estamos "inmunizados", y que lo hemos aprendido para la próxima vez. ¡Sería una ingenuidad! Nuestro cerebro tiene mecanismos de funcionamiento, pero su lógica está muy lejos de lo que sería razonable para nosotros.

De nuevo, como nos ocurría en los apartados anteriores, no tenemos más remedio que "estar alerta" si queremos seguir esta regla de oro. Un buen sistema consiste en marcarnos una estrategia. Por ejemplo, podemos traer a nuestra mente situaciones en las que cometíamos determinados errores y, llegados a un punto que hemos de fijar previamente, nos forzaremos a controlar los pensamientos que las originaban; de esta manera provocaremos resultados muy diferentes. Esos resultados nos ayudarán a "grabar" en nuestra mente las actuaciones correctas para que, poco a poco, éstas puedan repetirse más fácilmente en el futuro.

En una fase posterior nos marcaremos una conducta determinada, ante las típicas situaciones en las que caíamos en los "errores de siempre". En estos casos, estableceremos unos sistemas de "alarma" para que, ante sensaciones o pensamientos que normalmente nos inducían a cometer esos "errores", tengamos "grabada y automatizada" una respuesta que cambie y "salve" la situación. Por ejemplo, si ante las peticiones e insistencias continuas por parte de los niños siempre terminábamos cansándonos y dándoles lo que nos pedían, ahora nos programaremos y grabaremos internamente otra respuesta; de tal forma que, en cuanto empiecen las insistencias, automáticamente nos desconectaremos y concluiremos la situación. Podremos mandarlos a su cuarto, cambiar nosotros de actividad, mirarlos fríamente y, a nivel gestual, alejarnos de ellos... Podemos tener un sistema de respuestas según los casos, pero siempre diferentes de las que manteníamos y nos hacían cometer los mismos errores una y otra vez.

El caso de Juan

Juan estaba desesperado consigo mismo. En cuanto le agradaba una mujer, perdía el control. Se ponía pesado, quería deslumbrarla con comentarios exagerados sobre su familia, su formación, su trabajo, su salario... No paraba de llamarla por teléfono ¡a cualquier hora! y siempre, tarde o temprano, terminaba consiguiendo que las muchachas realmente valiosas se hartaran y lo dejaran.

Fueron necesarias tres semanas de registros para que Juan se diera cuenta de sus errores. El origen estaba en su propia inseguridad; no paraba de repetirse que esa joven no se le tenía que escapar y empezaba una carrera "cuesta abajo", basada en lo que él consideraba una exposición detallada de sus "méritos", y una persecución sin tregua de "la candidata". Una vez que fue consciente de los pensamientos que provocaban sus errores, establecimos una señal, a modo de alerta, de tal forma que, en cuanto se producía, automáticamente él se obligaba a callar y a escuchar, y como mucho le podía preguntar a la muchacha algo sobre sus actividades o aficiones. Por otra parte, lo entrenamos en autocontrol para que no llamara por teléfono, salvo que la joven se lo hubiera pedido expresamente... A Juan le costó un poco, pero cuando automatizó sus nuevas respuestas, dejó de cometer los errores de siempre. Él nos repetía sin cesar: "¡Me ha costado mucho, pero valió la pena!".

Insistir en los errores de siempre es negar nuestra capacidad para aprender y rectificar. Para corregir esta situación nos vendrá muy bien el siguiente apartado.

APRENDER A SER REALISTAS. CONOCER NUESTRAS POSIBILIDADES Y NUESTRAS DEBILIDADES

Entre lo que nos gustaría hacer y lo que realmente podemos "hacer bien" a veces existe un auténtico abismo. Con frecuencia nos consultan adolescentes y jóvenes sobre lo que les gustaría "ser" en un futuro. La verdad es que, lejos de lo que algunos podrían pensar, reaccionan bastante bien cuando intentamos hacer un análisis objetivo de su auténtico potencial: puntos fuertes y débiles, habilidades, competencias, carencias... Con ese "dramatismo" que les da su edad, y que hace que vivan las cosas con la intensidad que los caracteriza, son capaces de "desnudarse" por completo en ese intento permanente por conocerse en profundidad. A lo largo de nuestro estudio, *siempre les digo que todas las personas sirven para algo, pero no existe una que pueda servir para todo*.

Es normal que nos gusten muchas cosas y que nos atraigan trabajos o profesiones muy diferentes, pero eso no quiere decir que seamos capaces de hacer cualquier tarea con el mismo nivel de excelencia. Lo importante será tratar de encajar nuestras preferencias con nuestras auténticas posibilidades; es decir, nuestra elección deberá basarse en nuestro potencial y no sólo en nuestro deseo. En ciertas oportunidades algunas personas me dicen que tienen mucha voluntad, y que su voluntad será capaz de vencer cualquier resistencia o limitación. Aquí hay un principio fundamental, en el que insisto hasta la saciedad: "la voluntad, por sí misma, no es sinónimo de triunfo; la voluntad, para ser valiosa, deberá estar subordinada a la inteligencia". Poner toda nuestra voluntad en estudiar algo que escapa a nuestro potencial sólo nos llevará a sentirnos fracasados, impotentes, insatischos e infelices. Lo mismo podemos decir del mundo laboral. Empeñarnos en trabajar como comerciantes cuando somos personas poco expresivas, sin habilidades sociales, con una comunicación deficiente y poca convicción en lo que decimos, es como querer cortar leña sin hacha, ni sierra... ni madera.

Al final, cuando argumentas y haces que los demás reflexionen sobre su propia realidad, en términos generales los estudiantes aceptan bien sus habilidades y limitaciones, y no resulta muy complicado ponernos de acuerdo en la elección de la profesión o profesiones que más se adaptan a su potencial. Con esto, la verdad es que evitamos sufrimientos inútiles y desvalorizaciones absurdas. Siempre es mejor sufrir un pequeño desengaño antes de iniciar una carrera o profesión equivocada, que pasar años enfrentando una realidad que nos sobrepasa, o nos conduce a situaciones límite que, tarde o temprano, ¡se terminan pagando!

Podríamos pensar que si los adolescentes o jóvenes son capaces de asumir "razonablemente" sus limitaciones, para los adultos debería ser aún más fácil, pues, en teoría, y aunque sólo fuera por la edad y la experiencia, tendríamos que ser más objetivos y realistas. Sin embargo, la realidad es muy diferente.

Muchas veces nos enfrentamos a situaciones en las que los jóvenes, con mayor o menor esfuerzo, terminan respondiendo muy bien al análisis que hacemos sobre su potencial, pero, por el contrario, sus padres no aceptan esas "limitaciones" y se empeñan en que estudien arquitectura o ingeniería, aunque posean una organización espacial deficiente y un razonamiento abstracto nulo. De la misma manera, ¡cuántos adultos están trabajando en áreas contrarias, incluso opuestas, al potencial que realmente tienen! Se pasan la vida quejándose de su mala suerte, de que en el trabajo actual son injustos, de que en el anterior no supieron apreciar su esfuerzo, de que sus compañeros les hacen zancadillas, de que los directores son unos incompetentes, de que la empresa es un desastre... Al final, se la pasan cambiando cada dos por tres de trabajo y quejándose continuamente de su mala suerte, pero en ningún momento se cuestionan su propia idoneidad o capacitación.

El caso de Mercedes

Mercedes vino a vernos porque se sentía "hundida". Desde que había terminado la carrera no había conseguido que le prorrogasen los pocos contratos que había logrado en su "especialidad". En ese momento tenía 33 años, llevaba siete con largos períodos desempleada y con trabajos dispersos y discontinuos; su currículum era un ejemplo de lo que no debe ser una buena progresión profesional. A pesar de las "bofetadas" que había recibido a nivel profesional, en ningún momento Mercedes se había planteado que podía estar confundida y que sería más positivo que estudiase otras posibilidades dentro del mundo laboral. Su argumento principal era: "¡Con lo que me costó terminar la carrera —ocho años en lugar de los cinco habituales— no voy a renunciar a trabajar en lo que me gusta!". Una primera evaluación nos mostró que teníamos ante nosotros a una persona profundamente insegura, tímida, poco hábil socialmente, lenta en sus reflejos, con poco o nulo razonamiento lógico, muy dependiente afectivamente, "débil" de carácter, fácilmente influenciable y sin capacidad de reacción; es decir, una *persona triste, apática, llena de dudas e inseguridades,* ¡que quería abrirse camino en una profesión donde primaba la asertividad, la autoafirmación, la rapidez mental, la facilidad de comunicación, la proactividad...! En definitiva, todo lo contrario de lo que ella tenía.

Hasta pasados los primeros tres meses, Mercedes no lograba aceptar la realidad. Poco a poco se fue dando cuenta de que iba a contracorriente, que ella podía hacer otras cosas, y las podía hacer bastante bien, pero tenía que cambiar por completo su orientación profesional. En realidad, asumir sus competencias y su auténtico potencial fue la última área que trabajamos; previamente nos centramos en el conocimiento de sí misma, en cómo mejorar su "comunicación" con el exterior, sus habilidades sociales, su nivel de autocontrol. En definitiva, su capacidad para afrontar y superar las situaciones de la vida cotidiana. Cuando Mercedes se sintió bien con ella misma, cuando se dio cuenta de que podía ser una persona agradable, de que era capaz de realizar bien determinados trabajos, consiguió por fin aceptar sus limitaciones y descubrió sus fortalezas y capacidades.

¿Por qué nos resulta tan difícil ser realistas? Porque nos vemos desde la subjetividad de nuestro SNA, desde la parte menos racional y más emocional; porque no nos han enseñado a evaluarnos de otra forma. Seguro que muchas veces hemos contemplado con estupor cómo una persona brillante y de reconocido prestigio era capaz de emitir un juicio absolutamente erróneo en relación con una supuesta cualidad o capacidad suya, de su pareja, de sus hijos... De nuevo, es su parte irracional la que está realizando la valoración.

Alguien de gran éxito profesional vino a verme hace unos años porque se encontraba aturdido con el comentario que le acababa de hacer su mejor amigo. Éste le había dicho que sentía auténtica pena al ver cómo estaba destrozando su carrera y la fama de excelente profesional que se había forjado a lo largo de los años. La situación, en resumidas cuentas, era que nuestro protagonista tenía un hijo de 28 años ¡que era un auténtico desastre!, un desastre para todo el mundo, menos para su padre que, amparándose en su puesto de privilegio, había forzado determinados resortes para que su hijo trabajase en una empresa del "grupo". Los problemas que el "primogénito" ocasionaba se sucedían sin interrupción; todo el mundo lo miraba a él esperando su reacción, pero nuestro personaje parecía no enterarse de nada, y todo su discurso era que a su hijo le hacían las cosas muy difíciles, y lo miraban con lupa precisamente por ser quien era. ¿Cómo era posible que un hombre que había conseguido los mayores éxitos en su carrera profesional, que había mostrado una capacidad de análisis envidiable en momentos importantes de crisis, no viera lo más elemental, ¡lo que estaba al alcance de cualquier persona!? La respuesta es lógica. Su análisis era emocional, no racional; no sabía tomar la distancia precisa para ser objetivo y analizar de forma realista las posibilidades y debilidades de su hijo.

Es muy difícil aceptar una situación tan dolorosa; nuestro protagonista reaccionó de forma agresiva cuando le dijimos que su hijo necesitaba ayuda para poder convertirse en una persona mínimamente equilibrada, que no fuera por ahí provocando desastres y situaciones límite, que lo acompañaban desde pequeño. Es muy duro asumir que tu hijo es una persona conflictiva, y que tú, en lugar de ayudarlo, has empeorado su pronóstico al sobreprotegerlo y disculparle cualquier conducta. Tú, que siempre has sido admirado por tu ponderación y buen criterio, ahora te conviertes en una persona parcial, incapaz de ver y aceptar lo evidente. En este caso, nuestro protagonista se tomó "tres meses" antes de volver y decirnos que teníamos razón, que se había dado cuenta de su error y que quería ver cómo podíamos actuar para "reencauzar" la situación.

Nuestras debilidades, bien entendidas, nos engrandecen como personas, y nos permiten aprender de ellas para conocer y desarrollar nuestras auténticas posibilidades. Las debilidades pueden mejorarse, ¡por supuesto! Lo que no debemos hacer es obviarlas ni obsesionarnos con ellas. Nuestra misión será conocerlas primero para tratar de superarlas después; nuestro potencial lo pondremos al servicio de este objetivo.

Cuando nos parezca que la humanidad está en nuestra contra, tomemos un poco de distancia y tratemos de analizar la situación como espectadores; de este modo profundizaremos en el desarrollo de nuestra inteligencia.

> La inteligencia es la capacidad de dirigir el comportamiento.

PREMIARNOS DE VEZ EN CUANDO Y SIEMPRE QUE NOS ENCONTREMOS DESGANADOS

Éste es un principio que algunas personas siguen muy bien, pero un porcentaje, cada vez más importante, encuentra dificultades para hacerlo "en su justo término" y, por ejemplo, se convierten sin quererlo en compradores compulsivos. Existe otro tramo importante de la población que no practica esta regla casi nunca.

Premiarnos de vez en cuando, y especialmente cuando nos encontremos desganados, es casi una necesidad del ser humano. Comentábamos en otros capítulos que el niño necesita del afecto y de la aprobación de su entorno para "sobrevivir"; el adulto tiene otras defensas, pero también necesita sentirse reforzado de vez en cuando y, fundamentalmente, cuando está "decaído".

Premiarnos no significa "regalarnos algo material", aunque para mucha gente ésta parece ser la única acepción del término. Es darnos cariño, apoyo, fuerza, ánimo, confianza...; aunque no es incompatible con "regalarnos" satisfacciones de otro tipo: ir al cine, ver un espectáculo, pasear, "premiarnos" con nuestra comida favorita, leer tranquilamente, escuchar música, charlar con amigos... y, a veces, comprarnos alguna cosa, siempre y cuando no desequilibre el presupuesto doméstico; de lo contrario no sería un premio, sino una fuente importante de problemas.

¡No necesitamos dinero! Sólo la voluntad y el convencimiento de que queremos reconfortarnos. Personalmente, prefiero como premio algo que no se puede comprar: tiempo para mí.

Sin embargo, ¡hay que tener cuidado cuando estamos decaídos!, en esas situaciones lo mejor es que nos forcemos a hacer actividades que habitualmente nos gustan para que nos faciliten algo tan sano como es "desconectarnos" de las preocupaciones.

Los problemas no se solucionan únicamente pensando en ellos y dándoles vueltas y vueltas; se solucionan tomando distancia, analizándolos con objetividad (y nada favorece tanto la objetividad como el encontrarnos bien, física y anímicamente) y, además, enfocándolos con cierto humor y una actitud positiva, que no tiene por qué estar reñida con una actitud realista.

Al igual que conviene dividir los grandes problemas en otros más pequeños y accesibles, también es aconsejable que nosotros nos premiemos cada tanto, no cada año. Lo importante no es darnos ánimo cuando ya hemos conseguido algo: será más fácil que alcancemos el objetivo si lo hacemos con regularidad, cuando aún estamos en camino, y mucho más cuando nos sintamos débiles, flojos, decaídos y tristes; cuando todo parezca volverse en nuestra contra y no encontremos ninguna señal positiva que nos ayude a sonreír y a salir de una crisis. Ése será el mejor momento para reforzarnos, para mimarnos y decirnos todo lo que nos queremos.

No es un objetivo fácil. Sin darnos cuenta, estamos condicionados justo para hacer lo contrario; desde pequeños, cuando algo iba mal nos regañaban y, difícilmente nos alentaban. De adultos, sin quererlo, repetimos el mismo patrón y reaccionamos como lo hacíamos de niños: o bien nos reprochamos a nosotros mismos porque creemos que somos responsables de que algo vaya mal, o "tiramos la pelota afuera" y echamos la culpa de lo que sucede a los que nos rodean.

De nuevo, tenemos que trabajar para implantar un hábito sano, y ya hemos comentado que cuesta mucho introducir hábitos nuevos. Cuesta pero no es imposible, cuando antes pongamos "manos a la obra", antes lo lograremos. Otra regla que nos ayudará en este propósito será "aceptar que no somos dioses (no podemos arreglarlo todo)".

ACEPTAR QUE NO SOMOS "DIOSES"
(NO PODEMOS ARREGLARLO O CONTROLARLO TODO)

Cualquiera que lea este enunciado puede pensar que sobra esta regla, que no hace falta que recordemos que "no somos dioses", pues... ¡es una realidad evidente! No obstante, ¿cuántas veces actuamos olvidando este principio tan elemental?

El caso de Fernando

Fernando tenía 48 años cuando sufrió una crisis muy profunda al sentir ¡que todo lo desbordaba! y que, de repente, "todo" había saltado por los aires y se escapaba de su control.

Nuestro protagonista estaba acostumbrado a trabajar sin descanso, a tener "todo" bajo control; no le importaba quedarse en la oficina hasta las diez, las once o las doce de la noche; él lo justificaba debido a su necesidad de supervisar personalmente lo que se hacía en su dirección; no había aprendido a delegar y no sentía la mínima necesidad de hacerlo. Fernando necesitaba enterarse de todo, la delegación era un peligro potencial para su persona. Su familia, y por supuesto él mismo, aunque no era consciente de ello, sufría las consecuencias de esa creencia tan irracional, y ¡todo se le vino abajo! cuando hubo un cambio en la cúpula de la empresa y ampliaron sus cometidos. Lo que podía considerarse un ascenso ¡se había convertido en su tumba!

Cuando Fernando vino a vernos pensaba que ya nada podía hacerse para salvar su situación. En realidad, había sido su mujer quien lo había empujado "literalmente" a llamarnos, y sólo lo concretó cuando sintió que la amenaza de separación iba en serio.

Las nuevas circunstancias determinaron que a Fernando, aunque se quedara las veinticuatro horas en la empresa, le resultaba imposible supervisar todo lo que se hacía en su dirección.

En cuanto "vivió" esta situación, empezó a manifestar todos los signos de ansiedad y angustia típicos; después de varias visitas a su médico personal, y de un chequeo riguroso y pormenorizado, no tuvo más remedio que asumir que "somatizaba" fuertemente sus preocupaciones, de tal manera que cada día le era más difícil lograr un mínimo autocontrol. Fernando no era precisamente un alumno fácil, se resistía con todas sus fuerzas a admitir su equivocación; pretendía crear las condiciones para volver a supervisarlo todo personalmente (hecho absolutamente imposible) y, ante su impotencia, estaba pensando seriamente en dimitir y pedir un puesto de menor responsabilidad.

Como le costaba mucho reaccionar, tuvimos que intensificar el trabajo para que empezara a ser consciente de la cantidad de pensamientos irracionales que tenía a lo largo de un día. En un momento determinado, cuando me estaba contando lo preocupado que estaba por la enfermedad de un allegado, y cómo él empezaba a sentir los mismos signos que el afectado, le dije: "¡Bueno, eso no es problema para ti!, supongo que a esta altura de la vida ya has aprendido a controlar las enfermedades, las tuyas y las ajenas, ¿o es que acaso tú, Fernando Pérez Fernández, no eres capaz de algo tan sencillo?". Cuando aún no había asimilado el golpe, agregué: "Vamos a ver, ¿tú crees que deberías controlar todo lo que hacen las 87 personas que tienes en tu dirección y, sin embargo, no crees que deberías controlar lo que pasa dentro de tu propio cuerpo?". Al cabo de unos días Fernando me dijo: "Tenías razón, me estaba exigiendo como si yo fuese Dios, ¡no sabes el peso que me has quitado de encima!".

Por mucho poder que creamos tener, por mucha responsabilidad que nos echemos sobre los hombros, por mucho potencial que poseamos, por favor, ¡no olvidemos que somos personas!, y como tales, limitados. Seres humanos que muchas veces nos sentiremos incapaces de solucionar hechos apremiantes o circunstancias dolorosas, pero que siempre podremos poner nuestros pensamientos a nuestro favor y dejar de sufrir inútilmente.

Cuando aceptemos que es injusto exigirnos más allá de lo que podemos dar, nos pasará como a Fernando, ¡sentiremos un gran alivio! Sin duda, otra regla que nos ayudará a conseguir este objetivo será "utilizar el sentido común".

UTILIZAR EL SENTIDO COMÚN

Ya hemos escrito en este libro que, desgraciadamente, el sentido común parece el menos común de todos los sentidos. Embarcarnos en su redescubrimiento, desarrollo y potenciación será otra meta importante para el logro de ese fin que ya compartimos: "¡Dejar de sufrir inútilmente!". Para utilizar el "sentido común", de nuevo, nos entrenaremos en controlar el SNA, nuestra parte más irracional. Si bien en el capítulo 7 mostraremos algunas técnicas que nos ayudarán a conseguirlo, no nos vendría mal recordar algunos principios básicos:

1. Nuestra parte "racional" se identifica con conductas de equilibrio, de calma, de autocontrol, de tranquilidad; cuando manifestamos esas conductas, casi con certeza estaremos utilizando el sentido común.
2. Emociones internas de paz, serenidad, plenitud, relajación, de nuevo nos indican que estamos en el camino acertado.
3. Cuando somos capaces de pensar sin experimentar ansiedad es que estamos utilizando el sentido común y prevalece el SNC sobre el SNA.
4. Cuando "escuchamos" sin dificultad y no sentimos la necesidad de contestar bruscamente y de forma agresiva, es que predomina el sentido común.
5. Cuando la actitud del otro no nos parece amenazante, por mucho que estemos en desacuerdo con sus criterios, estaremos conservando el sentido común.
6. Cuando seamos capaces de razonar las ideas que nos exponen y podamos argumentar tranquilamente las nuestras, prevalecerá en nosotros el sentido común.

7. Cuando ante la aparente gravedad de ciertos hechos tomamos distancia y sentimos que buscamos respuestas racionales, que no están condicionadas por nuestros sèntimientos, estaremos utilizando el sentido común.

8. Cuando difícilmente nos sintamos agredidos, aunque verbal o físicamente nos agredan; cuando no sintamos miedo; cuando nuestro corazón no se desboque, cuando nuestros músculos no se tensen, ni sudemos de forma exagerada, estaremos bajo el control de nuestro SNC, gran aliado y facilitador del sentido común.

9. Cuando ante una aparente situación difícil, incluso nueva y sorpresiva, no experimentemos emociones extremas: ira, depresión, angustia, terror, estaremos utilizando el sentido común.

Podríamos seguir enumerando principios básicos que nos ayudarían a identificar la presencia o ausencia de nuestro sentido común, pero creemos que con los ya descritos podemos hacernos una idea bastante clara de cuándo actuamos racional o irracionalmente.

El sentido común nos ayudará a "enfriar" emociones extremas; por eso, cuando nos sintamos al límite de algo, cuando no podamos más, o lo veamos todo negro: ¡cuidado!, porque en esos momentos nuestro sentido común "brilla por su ausencia", y fácilmente podemos tomar decisiones erróneas, o provocarnos sufrimientos tan inútiles como estériles.

En esos instantes de gran perturbación nos será de gran ayuda nuestra siguiente regla de oro: fomentar el sentido del humor.

FOMENTAR EL SENTIDO DEL HUMOR

Afortunadamente, pertenecemos a una cultura que valora el sentido del humor, aunque no se cuida de potenciarlo como sería debido.

Nuestra historia, nuestro clima, nuestras costumbres, nuestro concepto de la vida, de lo que significa disfrutar, pasarlo bien, divertirse, favorece, en mayor o menor medida, ese humor tan característico de los "pueblos del sur de Europa".

En la mayoría de los cursos, conferencias, charlas, coloquios, o en el seno de la consulta, ante mi reivindicación del uso y fomento del sentido del humor, me han preguntado en numerosas ocasiones si "¿el humor cura?". Ante esta pregunta, yo suelo responder: "El humor siempre ayuda".

El humor seguramente es el antídoto por excelencia contra la enfermedad; potencia nuestras defensas físicas y psíquicas; desarrolla nuestro equilibrio y seguridad; agudiza nuestro ingenio; nos defiende de los pesimistas, de los agresivos o imperativos, de los "tristes por solemnidad". En definitiva, "el humor es uno de los principales aliados de nuestra vida".

¿Nos han enseñado a desarrollar nuestro sentido del humor? Sin querer evadir la respuesta, la verdad es que "a veces sí y a veces no". Depende de las personas que hayan estado a nuestro lado, del carácter que tuviesen, de cómo encararan la vida; aunque también depende del temperamento con el que hayamos nacido, de nuestra agilidad mental, de nuestra rapidez. En definitiva, me temo que su potenciación o su extinción en muchos casos no es sino una cuestión de suerte. Sin embargo, no parece razonable dejar "a la suerte" un tema tan vital en la vida, algo que puede marcar nuestra existencia.

> Favorecer el sentido del humor nos ayudará a racionalizar y a tomar distancia en las situaciones delicadas; nos aproximará al punto de equilibrio; potenciará nuestra creatividad, incluso en la resolución de problemas; encauzará nuestras energías y nos aproximará a ese estado de felicidad y bienestar al que toda mente sana aspira.

Cuando veo a una persona sumida en una crisis importante, una de las primeras cosas que trato de evaluar es el estado actual de su sentido del humor; de tal forma que, muchas veces, el pronóstico se complica o facilita en función del desarrollo previo que esa persona haya alcanzado en esta área tan crucial.

No obstante, el sentido del humor estará incompleto si no es acompañado de una sensibilidad equilibrada; es decir, de una sensibilidad que lejos de potenciar la vulnerabilidad favorezca la elaboración de defensas acordes con las agresiones de que pueda ser objeto.

El caso de Clara

Clara era una persona encantadora, con un humor envidiable, pero con una sensibilidad tan agudizada que a veces le provocaba sufrimientos inútiles y ofrecía una imagen muy vulnerable ante los "ataques" del entorno.

Se trata de una profesional brillante, con una capacidad de empatía y comunicación extraordinaria, pero que llevaba varios años "consumiéndose" y sin saber defenderse ante los "sucios" ataques de que era objeto por parte de algunos compañeros que la veían como un estorbo en sus carreras llenas de ambición y mezquindad.

Clara se encontraba tan abrumada que la única salida que veía era "tirar la toalla" y dejar el trabajo para el que se había preparado durante toda la vida, pues se sentía "sin fuerzas" para seguir salvando los obstáculos y las trampas con las que la obsequiaban algunos "compañeros". A veces parece increíble que estas situaciones puedan darse de forma tan impune, pero la verdad es que el régimen obsoleto que aún impera en el área administrativa de muchas empresas públicas y privadas, favorece el despotismo de algunos jefes y la impunidad de no pocos compañeros de trabajo.

Nuestro análisis evidenció que Clara estaba "en el límite", sin fuerzas ni esperanzas de poder recuperar a esa persona tan dinámica y alegre que siempre había sido. No obstante, teníamos un aliado magnífico: su sentido del humor, que ahora apenas se vislumbraba, pero que sin duda existía en el fondo de sí misma.

Clara a veces se sorprendía ante mi actitud. Como era una persona tremendamente respetuosa no "saltaba", pero su mirada denotaba una expresión de incredulidad ante mi "aparente" falta de atención respecto de algunos de sus "relatos". De vez en cuando, lejos de preguntarle por detalles pormenorizados sobre los "ataques" de que era objeto, yo me empeñaba en despertar ese sentido del humor que ella encerraba para, poco a poco, ir venciendo sus propias resistencias. Con mucho esfuerzo, Clara dejó aflorar esos destellos llenos de "chispa" y alegría que la habían caracterizado en el pasado. Por supuesto que eso no fue suficiente para vencer la tremenda crisis en que se encontraba sumida, pero constituyó una ayuda inestimable. Cada vez que Clara se reía, y podía reírse muchísimo, "se alejaba de la situación problemática", lo que nos permitía analizar con mayor objetividad los hechos y, sobre todo, las vías de actuación.

Los compañeros de Clara podían ser, y de hecho eran, personas realmente mezquinas: el jefe tenía el típico perfil de alguien débil e inestable, que se plegaba ante los agresivos y molestaba a los equilibrados, justamente porque éstos no lo asustaban con sus conductas, ya que no empleaban descalificativos o trampas inesperadas. Pero ninguno de la "pandilla de los impresentables" poseía algo vital, una elemento que los desarmaba: el sentido del humor de Clara. Nuestra protagonista empezó a recuperar y a usar cada vez más ese humor tan extraordinario, que hasta entonces parecía haberse "tragado la tierra", de tal forma que se hizo menos vulnerable a los ataques de los "buitres" de su departamento, hasta tal punto que, a medida que aumentaba el desconcierto de sus "enemigos", disminuía su vulnerabilidad.

Poco a poco Clara fue "ganando terreno" y, en la medida que sorprendía y dejaba sin respuesta a sus detractores, aumentaba su seguridad. Por el contrario, quienes buscaban molestarla empezaron a sentirse "perdidos" y, como por arte de magia, sus ataques disminuyeron en número e intensidad.

Aún Clara lo pasa mal alguna que otra vez, pero se termina recuperando y recomponiendo en cuanto vuelve a dejar aflorar su gran aliado: el humor que sólo ella tiene y que es capaz de cambiar su vida.

Fomentar el sentido del humor debería ser uno de los ejes de la enseñanza de todos los niños, adolescentes, jóvenes y adultos de cualquier país. Es una pena que estas experiencias aún no se hayan generalizado. Desde luego, en nuestros cursos de "Desarrollo de la inteligencia emocional" o de "Estrategias para aprender a vivir", dirigidos a adolescentes, universitarios o adultos en general, el desarrollo del sentido del humor alcanza la importancia y la relevancia que posee.

Ya hemos comentado en este libro que la angustia o el miedo no favorecen los aprendizajes; en este punto podemos añadir que el humor, por el contrario, siempre los facilita y los potencia.

¡No seamos tacaños a la hora de desarrollar nuestro sentido del humor! Nuestra salud y alegría, nuestros amigos, las personas que nos quieren y las que tienen la suerte de encontrarse con nosotros nos los agradecerán.

Sin humor no hay alegría, así como sin esperanza no hay vida.

No nos olvidemos de llevar siempre con nosotros algo que nada nos cuesta, ni nos condiciona, ni nos quita un átomo de libertad: algo tan gratuito, maravilloso y genuino, que siempre nos favorece y nos ayuda a superar cualquier situación, en cualquier momento y con cualquier persona; algo tan crucial, personal e irrepetible como *nuestro sentido del humor*.

El humor nos ayudará a desarrollar otra regla de oro: asumir que estamos aquí para ser felices, no para sufrir.

ASUMIR QUE ESTAMOS AQUÍ PARA APRENDER A SER FELICES, NO PARA SUFRIR

De nuevo, éste parece un principio incuestionable, pero si lo pensamos un poco nos daremos cuenta de que mucha gente, muchas religiones y muchos grupos parecen empeñados en lo contrario.

La psicología al menos puede ayudarnos a conseguir este objetivo. El análisis del comportamiento humano no ofrece dudas: si no hemos sido condicionados previamente, respondemos de forma positiva ante lo que nos produce felicidad, y tratamos de evitar las situaciones dolorosas.

Siempre sostengo que, si sabemos "mirarlos", los niños son

los mejores maestros de los adultos. La observación de la conducta infantil nos permite ver estas premisas. El niño trata de huir del dolor y de las situaciones poco placenteras o aversivas. Por el contrario, desde muy pequeñito, siendo un bebé ya busca la satisfacción, el afecto, el cuidado, la sonrisa, los mimos del adulto y los estímulos del entorno.

Desde el principio desea el calor y el afecto. Aún no ha cumplido los tres meses cuando ya reacciona ante nuestra sonrisa, trata de imitar nuestros sonidos, de seguir nuestros movimientos. Constantemente nos busca y nos "provoca" para que interactuemos con él, para que lo alcemos, le abracemos, le hablemos, le sonriamos, lo toquemos...

A medida que va creciendo nos observa con más atención y busca nuestra respuesta; constantemente intenta relacionarse con nosotros, nos mira para ver si aprobamos su conducta, si nos alegramos ante sus pequeños logros. Todo en él es una exploración constante hacia la felicidad.

El bebé no es masoquista, y cuando se hace daño trata de evitar la situación; lo que ocurre es que aún no controla bien sus movimientos corporales ni es consciente de muchos peligros y dificultades.

El niño pequeño desarrolla una sensibilidad especial en busca de la felicidad; rechaza las malas caras, los indicios de tristeza o desesperación del adulto; tiene una "sensibilidad muy especial", una especie de "radar" que le avisa sobre nuestros estados emocionales. A veces nos esforzamos por disimular nuestro cansancio o nuestro malestar y lo conseguimos con los adultos, ¡pero no con los niños! Ellos rápidamente lo perciben y tratan de consolarnos (nos tiran de la pierna para que los alcemos, nos miran con cara expectante y nos extienden sus brazos), o se sienten impotentes y lloran desesperados, porque les produce mucha ansiedad comprobar que su/s principal/es adulto/s de referencia no está/n bien.

Si el niño tiende hacia la felicidad y quiere disfrutar de la vida, ¿cómo es posible que tantos adultos se hayan equivocado de camino y parezcan buscar o esperar sólo el sufrimiento? Sin duda, porque han tenido aprendizajes o modelos erróneos, que los privaron de esa "visión tan clara" que tiene el niño, y les "vendaron" los ojos para impedirles ver.

No nos empeñemos en ser "adultos ciegos". No vayamos contra la esencia del ser humano: nuestro camino es buscar la felicidad, ensayar una y otra vez cómo alcanzarla, cómo aprender a tenerla y a disfrutarla.

Estamos hechos para responder positivamente a aquello que nos hará sentir bien y ser felices, de la misma forma que estamos hechos para salvar las dificultades y desarrollar una inteligencia que nos permita seguir disfrutando de cada experiencia, de cada momento, de nosotros mismos.

No nos engañemos, el ser humano no está en el mundo para sufrir y sufrir. Si así fuera, respondería desde el principio de forma positiva ante el sufrimiento, pero nada más ver cómo huye un niño ante el sufrimiento, suyo o ajeno, para darnos cuenta de la verdad.

> La felicidad no está en el dolor, sino en la superación del dolor, de las dificultades y de los obstáculos que nos impiden disfrutar de la auténtica esencia y del ser humano.

La felicidad está en la risa vivida, en la alegría propia y compartida; la felicidad está en la interiorización e integración de esos aprendizajes que nos llevan al descubrimiento de nuestra propia esencia.

Si al cabo de los años sabemos menos que los niños recién nacidos, ¡algo está fallando! Pero si abrimos los ojos y observamos, ¡pronto volveremos a ver con claridad! Descubriremos que estamos aquí para aprender a ser felices, no para sufrir.

En definitiva, ¡juntemos las energías para recuperar la felicidad, no para acostumbrarnos a su ausencia!

CAPÍTULO 7

Estrategias para dejar de sufrir y prepararnos para la vida

Resulta muy limitado el lenguaje escrito cuando tratas de trasladar las experiencias enriquecedoras que la práctica diaria te ofrece, tanto en el marco de la consulta como en los cursos de formación que impartimos.

Continuamente hacemos que las personas que nos acompañan ensayen una y otra vez las distintas técnicas, para que poco a poco las vayan automatizando y las puedan trasladar a la vida cotidiana. Por lo tanto, la lectura de estos principios no puede sustituir la práctica y el entrenamiento real sobre ellos. No obstante, trataremos de ofrecer de la manera más clara y didáctica posible algunos recursos que pueden ayudarnos a dejar de sufrir y prepararnos para la vida. Como no podía ser de otro modo, empezaremos por el autocontrol de los comportamientos.

ALGUNAS NOCIONES BÁSICAS SOBRE EL FUNCIONAMIENTO DEL SISTEMA NERVIOSO AUTÓNOMO

A lo largo de los distintos capítulos hemos aludido en numerosas ocasiones al SNA. Dada la importancia que el SNA tiene en nuestras vidas, vamos a tratar de exponer, de forma muy esquemática, algunas nociones que nos permitan entender cómo funciona. Así comprenderemos mejor cómo podemos actuar sobre él.

Nuestro primitivo cerebro animal, que nos ha sido legado por nuestros ancestros prehomínidos, se conoce como cerebro emocional. Este cerebro controla automáticamente no sólo nuestras emociones negativas, sino también las funciones corporales y las reacciones involuntarias que nos mantienen vivos: nivel de temperatura, digestión, funciones glandulares y contracciones musculares, flujo sanguíneo y circulación, ritmo cardíaco durante el ejercicio o el descanso, sueño y vigilia. Sobre esta estructura de nuestro cerebro primitivo animal está nuestro cerebro humano, la corteza cerebral, la parte de nuestro cerebro a la que atribuimos todos los logros de la humanidad. El problema radica en que, a pesar de que la corteza constituye el asiento de nuestras acciones voluntarias, no puede controlar directamente las operaciones básicas de nuestro cerebro emocional, aun a pesar de todas nuestras órdenes.

Las tres emociones negativas básicas, miedo-ansiedad, ira y depresión, son innatas e involuntarias, y están genéticamente determinadas para asegurar la supervivencia de la especie. Sin embargo, no podemos liberarnos voluntariamente del miedo o de la ansiedad, un hecho que comprobamos todo el tiempo.

El SNA tiene dos partes diferentes que se encargan de funciones diversas en nuestro cuerpo. Una mitad, cuando está activa, nos hace sentirnos bien. La otra mitad, cuando está activa, nos hace sentirnos incómodos. Según la jerga del laboratorio, la parte activa, cuando nos sentimos incómodos, es el sistema "de miedo" o de "escape-lucha". Técnicamente, reciben el nombre de *sistema parasimpático* y *simpático,* respectivamente.

La mitad "escape-lucha" prepara nuestro cuerpo para correr o pelear cuando está activada con intensidad. Cuando está activada levemente sólo nos sentimos nerviosos o incómodos. Aún desconocemos mucho sobre la otra mitad del SNA, la de la diversión. Controla la digestión y partes de nuestra respuesta sexual, como el juego preliminar y el coito, pero no el orgasmo. Está activada cuando nos sentimos bien, pero no cuando estamos aburridos.

Ambas mitades, diversión y miedo, están en mutua competencia: si la mitad de ansiedad se activa, la de diversión se inhibe, y viceversa. Cuando ambas están activas, la que posea mayor actividad dominará y gobernará a la otra. En consecuencia, uno de nuestros principales propósitos será aprender a activar con intensidad la mitad que propicia la diversión para vencer los estados de ira, depresión, culpabilidad, ansiedad extrema...

Los especialistas suponemos que un estado de ansiedad es algo aprendido, y que lo que se ha aprendido una vez, también se puede "desaprender".

Gran parte del éxito en la eliminación de la ansiedad lo lograremos mediante el aprendizaje de un método que le permita a la persona hacer algo "activo" de cara a sus ansiedades, en lugar de aceptarlas pasivamente.

Muchos lectores se preguntarán si realmente podemos controlar nuestras sensaciones involuntarias de incomodidad y miedo. La respuesta es afirmativa, pero sólo lo lograremos con métodos indirectos.

¿Por dónde empezar? Sin duda, un primer paso será descubrir cuándo no actuamos correctamente; a partir de ahí utilizaremos una serie de técnicas y recursos que, solos o combinados, nos permitirán conseguir nuestro objeto final, que no es otro que ¡sentirnos lo mejor posible en cada circunstancia!

¿CUÁNDO ACTUAMOS INCORRECTAMENTE? SITUACIONES DE ANSIEDAD Y ESTRÉS

Imaginemos que estamos paseando por la calle tranquilamente, decidimos cruzar y cuando estamos en medio de la carretera vemos que se acerca un auto "a toda velocidad" hacia nosotros. ¿Qué sentimos en ese momento? Seguramente notaremos, entre otras cosas, que el corazón no nos cabe en el pecho, late de forma desbocada (aumento de la frecuencia cardíaca); además respiramos más rápido que lo normal (hiperventilación) y todos nuestros músculos están en tensión. En definitiva, acabamos de conectar nuestro SNA para prepararnos para la huida (de hecho, damos un gran salto para que no nos atropelle el vehículo). Cuando nos iba a alcanzar el auto, el SNA se activó para prepararnos para la huida.

¿Qué pasa cuando, ante una entrevista de selección de personal, empezamos a transpirar, sentimos un nudo en el estómago, el cuerpo está rígido y creemos que necesitamos ir al baño cada dos minutos? Hemos conectado el SNA.

Nuestro cuerpo está reaccionando ante la entrevista igual que cuando reaccionamos para que no nos atropelle un auto, porque en ambas ocasiones el SNA nos está preparando para la supervivencia; la diferencia es que en el primer caso la conducta era acertada: nuestros músculos tenían que estar tensos, el pulso más elevado y necesitábamos más oxígeno para poder correr o saltar y evitar la embestida del auto. Pero ¿necesitamos este arsenal cuando vamos a realizar una entrevista? Evidentemente, no. Es más, lo único que podemos conseguir actuando de ese modo es bloquearnos y que nos salga todo mal. En ese caso estaremos desarrollando una *conducta de ansiedad*, dado que nuestro comportamiento es inadecuado para la situación.

Como ya indicaremos, la ansiedad no tiene por qué ser siempre negativa. Hay gente que piensa que la ansiedad es buena porque le permite hacer más cosas. En realidad, puede ser adecuado tener un cierto nivel de activación, dependiendo de lo que vayamos a hacer. Para algunas personas es un estimulante que las ayuda a realizar algunas tareas, pero si nos encontramos en un estado continuo y elevado de ansiedad (lo que en el mundo laboral se llama estar "estresado"), podemos llegar a bloquearnos. De ahí la importancia de aprender a controlar nuestro nivel de ansiedad; si no lo hacemos, viviremos situaciones de bloqueo.

Los servicios de urgencias de los hospitales son un fiel testimonio de esta situación. Cada día acuden miles de personas que piensan que se están muriendo, que creen padecer un ataque al corazón... La verdad es que lo están pasando muy mal, pero en realidad tienen una crisis de ansiedad, que en muchas ocasiones ha desembocado en un ataque de pánico.

No es fácil controlar la ansiedad cuando el organismo ha aprendido a "tener miedo" ante determinadas situaciones, la activación del SNA es automática, y, como acabamos de exponer, nuestra parte más racional, el SNC, queda por "debajo" del autónomo; es decir, por mucho que queremos controlarnos racionalmente, y nos digamos que no pasa nada, la verdad es que poco control conseguimos. Estamos bajo el "yugo" de nuestra parte irracional.

En esos momentos nuestra mente "no filtra" y se cree "literalmente" todos los pensamientos que estamos teniendo, por muy irracionales y automáticos que sean. Es como si nuestro cerebro sólo diera paso a las "emergencias" que en ese instante está sintiendo; nuestra parte racional pasa a un segundo plano y somos presa de nuestras "emociones".

Cuando el cerebro cree que hay una emergencia actúa de forma mecánica y conecta el SNA. En cuanto siente peligro, nos prepara para la huida y ¡nos pone a mil por hora!

Vamos a tratar de expresarlo de una forma más gráfica. Pensemos en una persona que está esperando en la antesala del despacho de su jefe. Ayer le avisaron que el director quería hablar con él y, desde ese momento, ¡no consigue ni respirar! Continuamente se pregunta qué querrá el "Sr. Ramírez": "¿Será que hice algo mal y quiere llamarme la atención?", "A lo mejor van a vender la empresa y quiere comunicármelo...", "¿Me dirá que van a suprimir mi puesto?", "¿Y si la única alternativa de conservar el trabajo es marcharme de Madrid, qué hago con mi familia?"... Estos y otros pensamientos parecidos consiguen activar el SNA de nuestro atribulado protagonista y a partir de ese momento el desgaste ¡es terrible! Para que lo entendamos, pensemos que cuando se activa el SNA, interiormente lo hicimos como si estuviéramos corriendo sin parar. Como es evidente, cuando corremos nuestro corazón se acelera y se produce la hiperventilación, los músculos se tensan y ¡al cabo de una hora de "correr internamente" estamos agotados! Por eso, cuando estamos preocupados por algo, aunque pasemos toda la tarde sentados en un sillón, la realidad es que ¡no podemos con nuestro cuerpo!

¿Qué hacer? ¿Cómo desconectar ese sistema nervioso que sólo debería ponerse en marcha ante situaciones de emergencia? ¿Cómo recuperar nuestro propio control? En esos casos siempre me acuerdo de nuestra formación deficiente, porque ¿alguna vez algún profesor en alguna materia nos enseñó a controlar ese sistema nervioso? La verdad es que en este aspecto estamos bastante "huérfanos"; de ahí el éxito que tienen los cursos de Autocontrol.

¿Qué hacer entonces? Primero, y fundamental, ¡comprender a las personas que se encuentran en esas situaciones! Es normal que, cuando alguien nos cuenta que ¡está terriblemente mal!, porque vive preocupado por algo, y nosotros pensamos que no tiene ningún fundamento para preocuparse de esa manera, le digamos que se tranquilice y se deje de bobadas, ¡pero esto no funciona! A nuestro amigo se le activó su SNA y ya ¡no es capaz de razonar con objetividad! Así que no nos impacientemos y tratemos de ayudar de una forma más eficaz.

Cuando las personas están en plena fase depresiva, o padecen una fuerte crisis de ansiedad, lo primero que sienten es que están ¡muy solas!, porque difícilmente desde el exterior la gente que las rodea entiende qué les pasa y no saben cómo ayudar. La realidad es que esas personas ¡están agotadas!, sin fuerzas, sin ánimo y, lo que es peor, sin esperanzas.

No es fácil que el SNC funcione en esos instantes clave. Muchas veces, cuando trato de explicar cómo funciona el SNA, les pido a mis interlocutores que piensen de forma "gráfica" en un ejemplo concreto. ¿Qué pasa cuando una persona está perdidamente enamorada de otra? La respuesta más común suele ser: "¡No ve ni razona nada!". En efecto, cuando emocionalmente una persona está muy activada pierde objetividad. Si tenemos ante nosotros a una joven de 25 años que se ha enamorado de un adicto a la heroína, que además es alcohólico y, si queremos, para ponerlo más trágico, también padece de sida, nos dirá que ¡no importa!, que ella está segura de que lo que le pasa es que se encuentra muy solo pero que ahora será capaz de desengancharse de la heroína, de dejar el alcohol y que el sida mucha gente lo tiene y que su novio es "simplemente" seropositivo y aún no ha desarrollado la enfermedad. ¿Realmente creemos que será sencillo que esta joven enamorada razone con objetividad, y se dé cuenta de que tiene un futuro negro por delante? Bien, pues algo semejante ocurre cuando se activa el SNA, *la persona padece pero no razona.*

¿Qué podemos hacer en esas circunstancias? Sin duda, ¡aprender a controlar ese sistema nervioso y, con ello, controlar nuestra vida! Previamente, nos será muy útil saber las consecuencias de esa falta de control. Es importante que aprendamos a identificar las señales de ansiedad y estrés.

EN QUÉ CONSISTEN LA ANSIEDAD Y EL ESTRÉS

En los cursos que impartimos, empezamos por definir lo que se entiende por ansiedad.

Cuando el ser humano se encuentra ante una situación *percibida* como "problemática", o como "prueba a superar", se produce en él una serie de reacciones fisiológicas (aumento de la frecuencia cardíaca, incremento de la tensión muscular, aumento de la ventilación pulmonar, sensación de ahogo o dificultad para respirar, dolor de cabeza, molestias en el abdomen, sensación de mareo, sudoración) que tratan de potenciar nuestro estado de activación corporal para que podamos enfrentarnos al evento "potencialmente amenazante" con las máximas garantías de éxito.

Lo paradójico es que nuestro cerebro "no distingue", y reacciona con la misma intensidad ante situaciones reales de peligro y ante lo que simple y llanamente son pensamientos internos irracionales, que en nada se corresponden con la realidad. Como ya hemos señalado, ese estado de activación se produce normalmente de forma automática. A dicho *estado de activación* se lo conoce con el nombre de *ansiedad*.

Esa ansiedad que "nos provocamos" ante situaciones percibidas como problemáticas se expande como un continuo. En los extremos tendríamos, por un lado, el nivel de máxima ansiedad (representado por la pérdida de control que tiene lugar durante un *ataque de pánico)*, y por otro, el estado de profunda relajación (un ejemplo sería el momento que pasamos justo antes de dormirnos).

Lógicamente, en función de la actividad que nos dispongamos a desarrollar será más o menos efectivo y, por lo tanto, más o menos aconsejable, uno u otro nivel de ansiedad/activación. De esta forma, podemos hablar de *ansiedad positiva* o facilitadora del rendimiento, y de *ansiedad negativa* o inhibidora y perturbadora de dicho rendimiento.

Si pretendemos, por ejemplo, ejecutar una actividad manual de motricidad fina, como puede ser recomponer las piezas minúsculas de un reloj, obviamente no nos ayudará nada un nivel de tensión muscular alto que haga temblar nuestros dedos. Por el contrario, si queremos correr y "ganar" una prueba de atletismo de cien metros llanos, la activación muscular será de gran ayuda, siempre que no sobrepase un límite que acabe agarrotándonos los músculos.

Cuando de un modo natural somos capaces de controlar nuestro grado o nivel de activación, de manera que éste se ajuste a los requerimientos de la práctica o la actividad concreta que deseemos llevar a cabo en un momento dado, todo irá "viento en popa". Pero ¿qué sucede cuando tal circunstancia no se produce y, por el contrario, nos ponemos muy *nerviosos,* es decir, ansiosos ante determinados acontecimientos, lugares, personas, animales o cosas, sin que tal grado de ansiedad nos agrade ni nos ayude a enfrentarnos mejor a esa situación específica? En ese preciso momento podemos llegar a pensar que la situación concreta nos está superando y que comienza a convertirse en un problema, para el que quizá no tengamos una respuesta efectiva.

De hecho, esas situaciones se producen con mucha frecuencia y afectan en alguna medida a casi todas las personas. Es suficiente tener un problema que consideremos importante, real o imaginario; si para ese problema no vislumbramos una solución más o menos clara o inmediata, rápidamente desencadenaremos un proceso de ansiedad.

El ritmo de vida moderno, y a menudo a contrarreloj, particularmente en las grandes ciudades, así como los estilos de comportamiento cada vez más competitivos, hacen que muchas personas se encuentren en *actitud de alerta permanente* ante la expectativa de encontrar un problema a la vuelta de cada esquina. A esta situación de ansiedad constante, particularmente cuando afecta en contextos laborales, es lo que se ha denominado *estrés.*

Recientemente escribí un artículo sobre las dificultades de conciliar la vida familiar y personal porque, según fuentes de la Comisión Europea*, "El estrés laboral cuesta a los Quince 20.000 millones de euros al año":

---

* Europa Press, Bruselas, 15 de agosto de 2002.

"Para que nos hagamos una idea de las dimensiones que alcanza, *'este problema afecta a más de 40 millones de empleados de toda la Unión Europea —un 28% del total—. Es más frecuente en mujeres que en hombres, causa el 50% del ausentismo laboral y es la segunda dolencia más frecuente, sólo por detrás de los dolores de espalda'*.

"En nuestra doble faceta, como expertos en RRHH —con dilatada experiencia en el mundo de la empresa—, y como profesionales de la Salud, hemos observado y constatado, de forma inequívoca, cómo en los últimos años la insatisfacción profesional, el aumento de la presión en el medio laboral, la impotencia para conciliar las 'obligaciones de la vida diaria', para 'llegar a todos los sitios', para apagar todos los fuegos, para atender el trabajo, la pareja, los hijos, los padres..., terminaba por minar la salud y el equilibrio emocional de muchas personas.

"Las consultas médicas y psicológicas están abarrotadas de personas insatisfechas, cansadas, tristes, desmotivadas, ansiosas, deprimidas..., de personas infelices que, cada vez con más frecuencia, sienten que 'no pueden más' y 'tiran la toalla'.

"Si analizamos hoy las condiciones de vida en el mercado laboral, tenemos que concluir que, en conjunto, son peores que hace unas décadas.

"No nos engañemos, la riqueza material, el acceso a nuevos bienes, el aumento de la renta per cápita... no deben inducirnos al error: día tras día, más y más personas se sienten inseguras, incapaces, impotentes, infelices..., y ello a pesar de dejarse 'la piel hecha jirones'.

"Pero ¿podemos hacer algo, en medio de un contexto cada vez más globalizado, que parece reducir a las personas a meros números? Afortunadamente SÍ, y lo podemos hacer tanto a nivel personal, como institucional."

Muchas empresas han tomado conciencia de las consecuencias negativas que el estrés tiene en relación con la productividad, la calidad y la seguridad. Este hecho ha originado que un número importante de compañías, de diferentes tamaños y sectores, comenzara a dotar a sus empleados de habilidades y estrategias de superación que les permitan abordar las situaciones de ansiedad/estrés que son propias de los trabajos y funciones que desempeñan.

Igualmente, los múltiples problemas a los que nos vemos enfrentados en la vida cotidiana, tanto en el ámbito profesional como en el área personal, se traducen en muchas ocasiones en licencias laborales por enfermedades psicosomáticas. No es de extrañar que muchas empresas hayan sentido la necesidad de intervenir. Si somos bien intencionados pensaremos que lo han hecho por el "bienestar" de sus empleados, aunque, lógicamente, los costos derivados de las ausencias laborales habrán sido otro elemento importante a la hora de tomar la determinación. Después de esta larga pero necesaria introducción, vamos a tratar de mostrar, de forma parecida a como lo haríamos en un curso de formación, los fundamentos teóricos del autocontrol.

De la misma manera, intentaremos exponer algunas estrategias de enfrentamiento que puedan ayudarnos a controlar las situaciones potencialmente estresantes de la vida cotidiana.

Básicamente, nos adentraremos en las técnicas de autocontrol emocional fisiológicas y cognitivas (relajación, respiración diafragmática, parada de pensamiento y autoinstrucciones).

CÓMO MEJORAR NUESTRO AUTOCONTROL. CÓMO "RACIONALIZAR" NUESTROS PENSAMIENTOS

¿Cómo definiríamos el *autocontrol*? Podríamos contestar que *es la capacidad que podemos adquirir y desarrollar las personas para mantener bajo control nuestras emociones y comportamientos.*

Para ejercer ese autocontrol, previamente debemos tomar conciencia de nuestros estados emocionales (positivos y negativos). Una vez que somos conscientes de nuestras emociones, determinaremos qué comportamientos deseamos controlar.

Ya hemos señalado que las situaciones, los hechos que nos suceden, no provocan nuestras emociones. Las emociones responden a los pensamientos que en ese momento tenemos.

De forma esquemática, podríamos representarlo así:

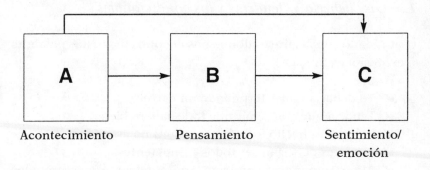

| Acontecimiento | Pensamiento | Sentimiento/ emoción |

Imaginemos una mañana de lluvia intensa. Mucha gente, ante un día lluvioso, se siente decaída, algo triste o apática; pero por ello no tenemos que concluir que un día de lluvia forzosamente significa melancolía. Pensemos en el caso concreto de un estudiante que se está preparando para las evaluaciones: puede ocurrir que al ver el día lluvioso se sienta contento; la razón hay que buscarla en B, los pensamientos; él puede pensar: "¡Qué bien!, con todo lo que tengo que estudiar me viene de maravilla, así no tendré tentación de salir". Por el contrario, si otra persona estaba esperando que amaneciera para ir de excursión al campo y ve que llueve intensamente, seguramente no se sentirá muy bien, porque pensará: "¡Qué fastidio, con las ganas que tenía de pasar un día en el campo disfrutando del sol!".

En definitiva, cuando nos sintamos mal, intentaremos analizar "qué estamos pensando en ese momento", y si vemos que al confrontar nuestros pensamientos con la realidad éstos están contagiados de ideas poco racionales, intentaremos cambiarlos. Estaremos muy atentos para "ver" las ideas irracionales que más se repiten, y una vez que las hayamos "descubierto" procederemos a su confrontación.

Creencias irracionales más comunes.
Sus tipos

1. Los "debería", "tendría" y los condicionales

Cuidado con las frases donde nos encontremos estas palabras o expresiones típicas:

✔ Yo debería haber terminado mi carrera...
✔ Tendría que conseguir que todo saliera bien...
✔ Si hubiera hecho lo correcto, ahora no estaría así...
✔ Los jefes deberían ser todos competentes...
✔ Mis compañeros tendrían que mostrarse más amables conmigo...
✔ La sociedad debería o tendría que...
✔ Los demás deberían o tendrían que...

Este tipo de afirmaciones continuamente nos generan ansiedad.

2. Pensamientos "acientíficos"

Cuando utilizamos términos como:

✔ Siempre
✔ Nunca
✔ Todos
✔ Nadie
✔ Nada
✔ Necesito
✔ No puedo (soportar)

Estos pensamientos tienden a la sobregeneralización. Sustituiremos estas expresiones "acientíficas" por otras más adecuadas: "a veces", "ocasionalmente", "de vez en cuando"...

3. Pensamientos "catastrofistas"

✔ Horrible, terrible
✔ Espantoso, horroroso
✔ Catastrófico, fatal

Todo lo vemos como irremediable, insuperable, espantoso... Reemplazaremos estos términos por otros más racionales: "no es fácil, pero tampoco imposible", "no es terrible, sino doloroso"...

Debemos considerar que los pensamientos irracionales, además de estar contaminados por estos pensamientos, son muy "idiosincrásicos"; es decir, en un momento determinado una persona "aprendió" a tener miedo ante una situación concreta; por ejemplo, al subir a un avión, ir de compras a una gran superficie, entrar en espacios cerrados, conversar con determinadas personas o en contextos específicos. A partir de ese momento, en cuanto se presentan situaciones similares, automáticamente se les dispara su SNA y difícilmente pueden controlarse o pensar de forma racional.

¿Cómo actuar? Evidentemente, tomando distancia y siendo conscientes de esos pensamientos que disparan o activan nuestra parte más irracional. Intentaremos escribirlos, y, para ello, como ya hemos señalado en otro capítulo, un instrumento muy valioso serán los registros. Nos obligaremos a registrar literalmente qué ocurre cuando nos sentimos mal: dónde estamos, qué hacemos, con qué personas, qué sentimos a nivel fisiológico y, lo más importante, qué estamos pensando en esos momentos.

En consecuencia, iniciaremos la primera fase: durante una semana escribiremos todo lo que nos ocurre y lo que pasa por nuestra mente cuando nos encontramos mal. Para ello nos serviremos de nuestro registro.

HOJA DE REGISTRO

Día y hora	Situación (Dónde estamos, quiénes y qué estamos haciendo)	Respuestas fisiológicas (Qué sentimos a nivel físico)	Respuestas cognitivas (Qué estamos pensando en ese momento)
2 de febrero 18.30	Estoy en una cafetería con mi novia tomando una coca; estamos discutiendo porque no la veo cariñosa conmigo.	Me sudan las manos, siento presión en el pecho y tengo ganas de llorar.	¡No puedo más! ¡Nunca me ha querido! ¡Es imposible vivir así!

Lo completaríamos y transcurrida una semana intentaríamos analizarlo. Es el momento de hacer la confrontación y ver qué ideas tenemos, contrastarlas con la realidad y, si observamos que no son adecuadas, cambiarlas.

En definitiva, intentaremos validar o desechar los pensamientos irracionales. De esta forma, generaremos emociones y comportamientos más adecuados. Para enfrentarnos a nuestras autoverbalizaciones negativas utilizaremos fundamentalmente la "pregunta". Existen tres tipos de preguntas:

1. *Las que intentan evaluar la evidencia, la consistencia lógica y la claridad semántica:*

—¿Dónde está la evidencia de que esto es como yo me lo digo?
—¿Puedo probar esto que me estoy diciendo?
—¿Puedo demostrarlo?
—¿Por qué es eso verdad?
—¿Es eso una buena prueba?
—¿Dónde está escrito que eso es así?

2. *Las que intentan analizar el tipo de consecuencias y la trascendencia de lo que pienso:*

—¿Qué ocurriría si las cosas son como pienso?
—¿Por qué sería tan terrible?
—¿Qué consecuencias tendría?
—¿Puedo encontrarme bien aun cuando esto sea así?
—¿Puedo estar contento incluso si no tengo lo que quiero?

3. *Preguntas que intentan analizar a qué conduce pensar de esa manera:*

—¿Me resulta beneficioso pensar como pienso?
—¿Merece la pena arriesgarme?
—¿Qué consecuencias tiene para mí pensar de esta manera?
—Si pienso así, ¿soluciono mis problemas?

Una vez que hemos "confrontado" nuestros registros, normalmente empezamos a ser conscientes de algunas de nuestras ideas irracionales, pero la verdad es que al principio nos cuesta mucho "cazarlas", y sentimos una "resistencia natural" a aceptar que nos estamos equivocando.

No obstante, aunque es menos usual, también hay personas que rápidamente ven sus ideas irracionales, pero se sienten incapaces de conservar un buen nivel de control; saben lo que les pasa, pero ¡no pueden evitar sentirse mal!

Por regla general, después de la primera semana, una vez explicados y analizados los registros de forma conjunta, si vemos que la persona ya es capaz de ver bastante bien sus ideas irracionales pasamos a un segundo registro para que pueda establecer la correspondencia entre el pensamiento y la emoción que siente. Este registro nos permitirá asimismo medir la intensidad de nuestras emociones y, con ello, veremos cómo "nos disparamos" cuando nos vienen a la mente determinados pensamientos y, por el contrario, cómo transcurridas unas horas esa misma emoción que parecía insufrible desciende de forma significativa.

SEGUNDA HOJA DE REGISTRO

Día y hora	Situación (Dónde estamos, quiénes y qué estamos haciendo)	Emoción (Qué emoción sentimos)	Pensamientos (Qué pensamos en esos momentos)	0 a 100 (Qué intensidad alcanza la emoción)	0 a 100 (Intensidad al acostarnos, pasadas unas horas)
12-03 07.30	Preparándonos para salir de casa. Los niños no terminan de vestirse y se retrasan con el desayuno, quieren jugar y ver la tele.	Desesperación.	¡Todos los días igual! ¡No puedo más! Voy a llegar tarde. Esto es imposible. No sé qué hacer con ellos, no me hacen caso...	100	30
14-03 21.00	Los niños cenan. Es hora de ir a la cama, pero inventan mil disculpas.	Impotencia.	¡Son la piel de Judas! Nunca tienen suficiente, ¿cuándo serán niños normales?...	90	40
16-04 18.30	Acompaño a mis padres al médico.	Rabia.	Nunca están satisfechos, no se dan cuenta del esfuerzo que hago, son unos egoístas, sólo piensan en ellos...	95	45

Una vez realizado este segundo registro podremos comprobar cómo respondemos. ¿Nos alteramos mucho y luego nos "desinflamos" como un globo? ¿O seguimos desesperados todo el día? En cualquier caso, este registro siempre resultará de gran ayuda; las personas empiezan a ser conscientes de cómo sus pensamientos se repiten, pero, a pesar de ello, cada día los vuelven a vivir como si fueran "nuevos" y se angustian como si ese momento fuera a ser eterno.

Un hecho crucial en estos registros es el período que va desde que nos empezamos a sentir mal hasta que nos damos cuenta y somos conscientes de ello; es decir, cuando nos ponemos a pensar qué está pasando por nuestra mente. ¿Ha transcurrido mucho tiempo desde que nos sentimos mal o, por el contrario, casi es instantáneo? Lógicamente, cuanto menor sea el tiempo que transcurre desde que nos encontramos mal hasta que somos conscientes de ello, más rápido avanzaremos en nuestro proceso.

Si tenemos facilidad para darnos cuenta rápidamente de lo que nos pasa; si además sabemos confrontar ya muy bien nuestros pensamientos y vemos los primeros resultados; si sentimos que vamos controlando nuestras emociones, ¡perfecto! Continuaremos escribiendo y racionalizando nuestros pensamientos. Pero si vemos que es imposible, que por mucho que nos esforzamos no avanzamos, ¡deberemos emplear otras técnicas!

Dependiendo del nivel de respuesta de cada persona necesitaremos hacer siempre "un traje a medida"; es decir, algunas personas reaccionarán muy bien relajándose o practicando respiración diafragmática; otras funcionarán mejor *racionalizando sus pensamientos* y dándose *autoinstrucciones*. Por el contrario, muchas otras necesitarán algo "más fuerte" y tendrán que practicar la *parada de pensamiento*.

Ya hemos comentado al comienzo de este capítulo que el medio escrito no puede sustituir la eficacia que se obtiene con las prácticas *in situ*. Por otra parte, no existen reglas universales; cada persona es única y necesita un "tratamiento específico". No obstante, vamos a tratar de exponer, de forma resumida pero clara, algunas técnicas y procedimientos que pueden ayudarnos a conseguir este objetivo.

¿QUÉ HACER CUANDO ESTAMOS BLOQUEADOS?

Según sea el tipo de bloqueo que experimentemos, podremos controlarlo con relajación, respiración diafragmática, terapia racional emotiva, parada de pensamiento...

Como siempre, utilicemos un ejemplo. Estamos en un examen y empezamos a ponernos nerviosos: sentimos un nudo en el estómago, transpiramos sin parar, y no podemos dejar de pensar: "Lo voy a reprobar", "Estoy nervioso", "Si repruebo me muero"...

¿Qué nos está pasando? Pues que se nos ha activado el SNA y nos está provocando esa conducta de ansiedad.

Lo que necesitamos en ese momento no es ponernos a hacer relajación, porque no arreglaríamos nada. Tenemos que desactivar el SNA de forma física, y para eso vamos a tener que utilizar un procedimiento específico: la *parada de pensamiento*.

Parada de pensamiento

Ya hemos comentado que el SNA es el encargado de nuestra supervivencia, y se tiene que activar ante situaciones de peligro. Lo que ocurre es que al pensar lo horrible que va a ser el examen ha recibido orden de actuar pues, como ya hemos repetido numerosas veces, él no distingue los mensajes verdaderos de las simples exageraciones y, por desgracia para nosotros, con mucha frecuencia nuestros pensamientos internos son poco racionales.

En consecuencia, podemos ser conscientes de que se está produciendo esta situación:

1. A través de la detección del pensamiento problema.
2. Mediante la constatación de una alteración fisiológica.

¿Qué podemos hacer para desactivarlo? Podemos darnos una orden y decir ¡BASTA!, pero a veces no es suficiente. En esos casos, podemos provocarnos una pequeña emergencia para que el SNA tenga que acudir (supuestamente a solucionarla) y, de paso, se desconecte y nos permita volver a tener el control. Por ejemplo, podemos producir una activación fisiológica alternativa si apretamos fuertemente las manos y entrelazamos los dedos. ¿Qué conseguimos con esto? Provocar una situación de alarma, pues impedimos la circulación normal de la sangre. Esto hace que el SNA tenga que desconectarse de lo que estaba haciendo (en nuestro caso, bloquearnos ante el examen), para tratar de solucionar el pequeño problema circulatorio que hemos creado.

Con este procedimiento, en apariencia rudimentario pero muy eficaz, conseguiremos desenganchar nuestro SNA. A partir de ese momento tenemos que hacer algo para evitar que los pensamientos que nos estaban provocando la ansiedad ("Lo voy a reprobar", "Estoy nervioso", "Si repruebo me muero"...) vuelvan a actuar.

¿Qué podemos hacer? En el ejemplo que nos ocupa podríamos darnos instrucciones del estilo de: "¡Toma el bolígrafo, respira profundamente, estira los músculos, cierra y abre los ojos varias veces, lee de nuevo la pregunta, escribe cuatro palabras clave sobre ella que te sirvan de esquema y resalten los aspectos más importantes, y ¡ponte a contestarla pensando sólo en lo que vas a decir!". En los casos en los que la actividad que estábamos haciendo no sea tan urgente, podremos tratar de centrar nuestra mente en otras actividades que impidan que de nuevo el SNA se concentre en los pensamientos que tanto nos perturbaron. Para ello nos valdremos de aquellas actividades que más útiles nos resulten. Las podemos realizar desde el plano físico (salir a la calle, pasear, llamar a alguien por teléfono...), o mental (restar de siete en siete, a partir del 200; decir listas de países...). Hay personas que, en momentos así, se ponen a ver la tele, o miran una revista, o se enganchan con la lectura de un libro apasionante; en cualquier caso, se trata de realizar una actividad mental distractora.

A continuación pondremos algunos ejemplos, pero antes es preciso hacer una puntualización: una de las dificultades del lenguaje escrito es que las cosas se tomen "al pie de la letra". No se trata de que sigamos literalmente los ejercicios propuestos, debemos tomarlos simplemente como ejemplos que pueden ayudarnos a encontrar aquellas actividades que, en función de nuestro carácter, circunstancias y características personales, nos resulten más útiles. Hacer lo contrario sería trivializar una técnica que, por otra parte, en la práctica siempre nos ha resultado muy útil.

Realizar una actividad mental distractora	
Actividad	Ejemplos
Crucigramas	Buscar las palabras que necesitamos para completarlo
Palabras encadenadas	Mesa, sapo, pololo, lote, televisión, onda, dama, marco, comedor, doraditos, tostadora, ratón...
Pensar cuántas películas ha protagonizado un actor/actriz	Julia Roberts ha protagonizado: *Mujer bonita, La boda de mi mejor amigo, ¡Quédate a mi lado!, El informe Pelícano...*
Cálculos mentales, órdenes verbales, ver la televisión, mirar una revista, salir a dar un paseo, ponerme a bailar...	38 más 50, menos 12, más 17... Voy a cocinar la cena, miro la película que tanto me gusta, leo los chismes, me voy a dar una vuelta...

¿Y después? Una vez conseguido el control de nuestra ansiedad y de que sintamos que nuestro pulso es normal, respiramos tranquilamente, no tenemos presión en el pecho..., continuaremos con lo que estábamos haciendo pero, recordemos, para centrar nuestra atención deberemos darnos órdenes muy precisas y concretas.

A veces la parada de pensamiento resulta muy eficaz y las personas se sienten liberadas de la tensión rápidamente; no obstante, cuando nuestra mente está presa de pensamientos muy repetitivos, las paradas de pensamiento deberán realizarse con mayor frecuencia para conseguir desconectar el SNA. Lógicamente, podemos mostrar cierto cansancio si tenemos que repetir la técnica cada 40 minutos, dado el umbral de ansiedad que permanentemente parecemos tener. Por fortuna, la realidad nos demuestra que esos ensayos, al repetirse tanto, se graban rápidamente y pronto, en el transcurso de pocas semanas, la gente experimenta avances significativos.

En otras ocasiones podemos encontrarnos con un peligro importante cuando se ha producido una mejoría muy rápida. La razón es obvia: no le ha dado tiempo a sus procesos mentales a interiorizar, grabar y mecanizar la parada de pensamiento; por lo que, tarde o temprano, en cuanto se da una serie de circunstancias negativas, se vuelve a experimentar un claro retroceso que lo hará dudar de la eficacia del trabajo que estaba realizando. En este punto será importantísimo que no decaiga, ¡que no se venga abajo!, porque seguro que lo puede conseguir. Pero no pretendamos que en dos días nuestra mente funcione como si nos la hubieran trasplantado. Tendremos que repetir muchas "paradas de pensamiento" antes de conseguir cambiar determinados hábitos, pero al final ¡habrá valido la pena!

Como regla, podríamos decir que cuando sintamos que estamos en las primeras fases de la ansiedad normalmente nos dará buen resultado aplicar la "confrontación" de los pensamientos irracionales; pero si vemos que cuando somos conscientes de la situación la ansiedad ya se ha disparado, en esos casos practicaremos la parada de pensamiento. Igualmente, en muchas ocasiones convendrá que completemos esta técnica con otra de las principales ayudas que tenemos a nuestro alcance: la relajación.

Ya hemos comentado que la relajación puede ser contraproducente cuando estamos en situaciones de máxima ansiedad; a veces puede contribuir a disparar aún más esa ansiedad, pero, sin duda, nos será muy útil en otros momentos, cuando aún conservamos cierto control, o cuando estamos al comienzo de un estado ansiógeno.

La relajación no tiene nada de misterioso pero, de nuevo, no forma parte del repertorio de cosas que nos enseñan de "pequeños", por lo que muchas personas no han tenido ocasión de practicarla. Existen numerosas técnicas de relajación; vamos a tratar de exponer una de las más sencillas.

¿CÓMO APRENDER A RELAJARNOS?

Vamos a desarrollar una de las técnicas de relajación que más utilizamos.

Técnica de relajación muscular progresiva

El lugar

Procuraremos estar en una habitación tranquila, con luz tenue y carente de ruidos y distracciones. La práctica puede realizarse en una silla o un sillón que permita apoyar la espalda, con espacio suficiente para extender las piernas en línea recta. La temperatura de la habitación debe ser confortable y conviene que nos desprendamos de la ropa incómoda o que nos apriete demasiado.

El procedimiento

El primer paso consiste en leer todo el ejercicio y familiarizarse con el método y con los grupos de músculos que vamos a relajar. Al principio esto puede parecer un poco complicado, pero al final de la primera sesión conoceremos todo el procedimiento y lo podremos realizar con bastante facilidad. Para ayudarnos, hemos dividido los grupos en seis zonas principales del cuerpo, que son:

Grupo M: manos y brazos
Grupo N: nuca, hombros y cuello
Grupo O: ojos, cejas y frente
Grupo C: cuello, lengua, labios, maxilares y boca
Grupo T: tronco (pecho y abdomen)
Grupo P: piernas, pies y glúteos

Podemos recordarlo memorizando la siguiente frase nemotécnica:

Mamá No Oye Cómo Toca Papá

Como podemos apreciar, la primera letra de cada una de las palabras de la frase se corresponde con una de las seis partes del cuerpo. Este ejercicio nemotécnico y una cuidadosa lectura del texto nos permitirán completar la primera sesión práctica sin demasiadas dificultades.

El procedimiento es muy simple. Consiste en ir concentrándonos en cada uno de los grandes grupos de músculos de las seis partes del cuerpo, tensándolos y relajándolos alternativamente. No tardaremos en aprender la diferencia que existe entre tensión y relajación. Pero debemos concentrarnos en el acto de desplegar los músculos. Aun cuando pensemos que ya están relajados, lo haremos de nuevo e intentaremos relajarlos todavía un poco más. Sintamos cómo los músculos se nos hacen cada vez más y más pesados. Debemos concentrarnos en cada uno de los grupos durante un período aproximado de medio minuto.

Durante ese tiempo quizá los músculos comiencen con un hormigueo y los sintamos ligeramente fríos. No debemos preocuparnos, es una parte normal del proceso de relajación. Cuando realicemos los ejercicios de respiración para tensar y relajar los músculos del pecho comprobaremos que la inspiración produce tensión y la espiración, relajación. Cuando relajemos estos grupos de músculos estaremos respirando de forma sencilla y ligera, pero en cada ocasión que exhalemos intentaremos relajarnos un poco más profundamente que la vez anterior. Aprenderemos a asociar la exhalación con la relajación.

Una vez relajados todos los grupos de músculos, permaneceremos serenos y quietos, y trataremos de formarnos una imagen mental de alguna escena tranquila y suave. Puede ser un río rodeado de exuberante vegetación, o una playa cálida y desierta, o la imagen de las olas rolando lentamente en una bahía tropical. O puede tratarse simplemente de un conjunto de colores suaves. Al principio, es posible que nos resulte difícil mantener esta escena mental durante algunos segundos, pero con la práctica cada vez será más fácil la utilización de estas imágenes, que nos sirven para aumentar nuestra sensación de bienestar y relajación.

Los ejercicios

Cada persona deberá leer el desarrollo de todos estos ejercicios y mantendrá en su memoria la frase nemotécnica para ayudarse a recordar los grupos de músculos implicados.

Mamá No Oye Cómo Toca Papá

En nuestro caso, y dado que estamos en un soporte escrito, sería aconsejable que grabásemos en una cinta todo el proceso de relajación. Aunque lo hemos transcrito en tercera persona, conviene que lo hagamos refiriéndonos a nosotros. Ejemplo: "Dobla los brazos por los codos para tensar los músculos de la parte anterior de los brazos".

RELAJACIÓN

Grupo M (manos y brazos)

Puños: Cierre los puños todo lo fuerte que pueda durante cinco segundos y sienta la tensión que esto produce. Después, relájelos por completo y note la diferencia entre la tensión y la relajación. Concéntrese en desplegar los músculos durante aproximadamente un minuto.

Parte anterior de los brazos: Ahora doble los brazos por los codos para tensar los músculos de la parte anterior de los brazos. Mantenga esta posición durante cinco segundos y después relájese y deje colgar los brazos a lo largo del cuerpo. Continúe desplegando los músculos y concéntrese en la sensación de dejarse ir durante medio minuto, más o menos.

Parte posterior de los brazos: En esta ocasión debe extender los brazos todo lo rígidamente que pueda. Sienta la tensión en la parte posterior de los brazos durante cinco segundos y después relájese. Extienda los brazos a lo largo del cuerpo y siga dejando que los músculos se desplieguen durante aproximadamente medio minuto.

Grupo N (nuca, hombros y cuello)

Hombros: Encoja los hombros, elevándolos hacia la nuca todo lo que pueda y sintiendo la tensión en ellos. Mantenga esa posición durante cinco segundos y después relájese. Deje que sus hombros caigan y se desplieguen. Mantenga esa sensación de dejarse llevar durante medio minuto.

Nuca: Puede tensar estos músculos apretando la parte posterior de la cabeza contra el respaldo de un sillón o simplemente echando la cabeza hacia atrás, todo lo fuerte que pueda, durante cinco segundos. Sienta la tensión y después vuelva la cabeza a la posición inicial, relajando la nuca y sintiendo cómo la cabeza descansa suavemente. Concéntrese en la sensación de dejarse llevar durante el siguiente medio minuto.

Cuello: Gire la cabeza hacia la derecha y ponga en tensión los músculos del cuello durante cinco segundos. A continuación, vuelva la cabeza a la posición de partida y concéntrese en los músculos del cuello durante medio minuto. Realice el mismo ejercicio ahora girando la cabeza a la izquierda y poniendo los músculos del cuello en tensión durante cinco segundos, para después volver la cabeza a la posición inicial y relajar de nuevo los músculos durante medio minuto, concentrándose en ellos.

Grupo O (ojos, cejas y frente)

Frente y cuero cabelludo: Ponga en tensión estos músculos elevando las cejas como en un signo marcado de interrogación. Trate de elevar las cejas todo lo que pueda y mantenga esa misma posición durante unos cinco segundos. Sienta la tensión y después relájese durante medio minuto. Note la diferencia entre la tensión y la relajación y concéntrese en la sensación de dejarse llevar. Mantenga los ojos cerrados o quietos, mirando directamente hacia adelante.

Ojos y cejas: Ponga en tensión las cejas frunciéndolas todo lo intensamente que pueda, al mismo tiempo que cierra con fuerza los ojos. Mantenga esa posición de tensión durante cinco segundos y después relájese. Sienta el alivio de dejarse llevar y siga suavizando la caída de las cejas. Durante el medio minuto siguiente, concéntrese únicamente en estos músculos.

Grupo C (cuello, lengua, labios, maxilares y boca)

Boca y labios: Los músculos de los labios y del rostro pueden ser tensados presionando fuertemente los labios entre sí. Mantenga esta posición durante cinco segundos y después relájese. Deje que sus labios descansen juntos y siga notando la sensación de dejarse llevar durante aproximadamente medio minuto.

Maxilares: Pueden ser tensados apretando los dientes (como si estuviera mordiendo algo entre las muelas) durante cinco segundos. Sienta la tensión en la mandíbula y después relaje los músculos. Finalmente, separe ligeramente los dientes, de modo que no se produzca ninguna tensión en la mandíbula y sienta el alivio de dejarse llevar durante el siguiente medio minuto.

Cuello y lengua: Estos músculos pueden tensarse colocando la punta de la lengua sobre el paladar y presionando hacia arriba todo lo fuerte que pueda durante cinco segundos. Sienta la sensación de dejarse llevar y deje que la lengua se hunda en el fondo de la boca. Mantenga la sensación de relajación durante aproximadamente medio minuto.

Grupo T (tronco: pecho y abdomen)

Pecho: Respire profundamente. Haga una inspiración profunda y contenga la respiración durante cinco segundos. Sienta la tensión en el pecho y después exhale el aire, concentrándose en la sensación de dejarse llevar. A continuación, vuelva a respirar profundamente. Sienta la tensión. Contenga la respiración durante cinco segundos, exhale y relájese. Mantenga la respiración superficial y relájese como antes. Cada vez que exhale concéntrese en la sensación de alivio de dejarse llevar. Continúe practicando este ejercicio durante el minuto siguiente.

Estómago y abdomen: Encoja los músculos situados alrededor de la zona del estómago como si se estuviera preparando para recibir un golpe. Sienta la tensión mientras los músculos están encogidos y rígidos. Mantenga esta posición durante cinco segundos. Después, relájese y deje que los músculos del tronco se distiendan durante medio minuto.

Grupo P (piernas, pies y glúteos)

Glúteos: Presione uno contra el otro durante cinco segundos, y a continuación relájelos durante medio minuto.

Piernas y pies: Ténselos extendiendo las piernas hacia adelante y dirigiendo los dedos de los pies hacia abajo. Mantenga esa posición durante cinco segundos. Sienta la tensión en las piernas y en los pies y después relájese por completo. Sienta cómo la tensión va desapareciendo de las piernas y cadera, y siga dejándose llevar, desplegando los músculos durante el siguiente medio minuto. A continuación repita el ejercicio pero tirando de las puntas de los pies hacia arriba, y después relájelos de nuevo.

Repaso mental de todo el cuerpo: Durante los dos o tres minutos siguientes haga un repaso mental de todos y cada uno de los grupos musculares que ha ido tensando y relajando, de modo que pueda relajarlos aún un poco más. Basta para ello con que se concentre alternativamente en los músculos, en el orden en que lo hizo la primera vez (manos, brazos, hombros..., hasta terminar por las piernas y los pies).

A continuación veremos, muy resumidamente, otra de las técnicas de relajación más utilizadas: la respiración diafragmática.

Respiración diafragmática o abdominal

Nadie puede negar que nos pasamos la vida respirando, pero ¿hemos dedicado algún tiempo de esa vida a aprender a respirar de forma correcta?

La respiración más completa es la diafragmática. Sin embargo, normalmente realizamos una respiración pulmonar, torácica y superficial. Este hecho provoca que la respiración sea deficitaria.

Por el contrario, un control adecuado de nuestra respiración constituye una de las estrategias más sencillas para hacer frente a las situaciones de estrés, y manejar su incremento en la activación fisiológica.

Podemos acercarnos a la respiración diafragmática a través de tres fases:

1.   Localización del diafragma. Para ello nos ayudaremos colocando nuestras manos en el abdomen.

2.   Respiración diafragmática con presión de las manos sobre el abdomen.

3.   Respiración diafragmática libre. Una vez que ya hemos conseguido realizar la respiración diafragmática con la ayuda de las manos, procederemos a retirarlas gradualmente para conseguir la respiración automática.

Ejercicios de respiración diafragmática o abdominal

1.   Inspire dirigiendo el aire a la zona del abdomen.

2.   Para ello, coloque las dos manos sobre el abdomen, justo

donde terminan las costillas. Si realiza el ejercicio correctamente percibirá un claro movimiento sobre las manos, pero no en el pecho ni en los hombros. (Presione las manos sobre el abdomen en el momento de espirar, como si contrajera el vientre; a continuación dirija el aire que aspira a esa zona del vientre, donde usted siente la mano, hágalo como si quisiera empujar la mano hacia afuera. Recuerde que al respirar deberá sentir cómo se mueve el abdomen, pero no el pecho.)

3. Continúe respirando de esta forma, lenta y pausadamente.

4. A continuación, retire las manos del abdomen y siga respirando del mismo modo.

5. Imagine que los dos tiempos de su respiración (inspiración y espiración) son los suaves movimientos de una ola que llega a la playa y a continuación se retira:

— Inspiración: llegada de la ola.
— Espiración: retirada de la ola.

Practicaremos la respiración diafragmática tanto como nos sea posible. Es normal que al principio nos resulte un poco molesta (porque exageramos demasiado los movimientos), pero pronto aprenderemos a ejecutarla de forma correcta y sentiremos los beneficios de su uso. Podemos potenciar los efectos positivos de la respiración diafragmática cuando además sumamos la visualización (como en el caso de las olas). Cada uno intentará visualizar lo que más lo relaje o le produzca gran satisfacción; se concentrará en esa imagen y disfrutará de la sensación general de relajación. Mantendrá esa sensación en la mente todo el tiempo que pueda, sintiendo cómo se va relajando más y más. Durante ese período, mantenga los ojos cerrados y trate de ver en su mente la imagen agradable. Al cabo de unos minutos abra los ojos y vuelva a mover el cuerpo lentamente. A continuación, levántese y reanude las tareas.

La respiración diafragmática se ha mostrado especialmente útil en la reducción de los efectos causados por la hiperventilación: mareos, vértigo, taquicardia, sensaciones de ahogo, palpitaciones, tensión muscular...

Lógicamente, cuando practiquemos la relajación, intentaremos que en todo momento nuestra respiración sea diafragmática; aunque tampoco nos obsesionaremos por este hecho, porque entonces podríamos dificultar la propia relajación.

Otra de las técnicas que más podemos utilizar son las autoinstrucciones.

Autoinstrucciones

Las autoinstrucciones son simplemente órdenes que damos a nuestro cerebro con el fin de "ponerlo a nuestro favor". Ya hemos visto cómo podía hacerse en el caso del bloqueo ante un examen; en ese supuesto aplicábamos primero la parada de pensamiento y luego nos dábamos autoinstrucciones para conseguir centrar nuestra mente en una actividad que no podíamos abandonar, y para la que queríamos alcanzar un buen rendimiento intelectual. Recordemos que nuestra mente no distingue entre la realidad y lo que pensamos, de tal forma que "se cree todo" y trata de obedecernos "a su manera".

Imaginemos que Juan está realizando una tarea rutinaria y mientras, sin ser consciente de ello, piensa: "¡Qué mala persona es Bautista! Seguro que aprovecha la mínima oportunidad para ponerme en apuros", "Ayer estuvo hablando con el jefe, ¡vaya a saber lo que le diría!", "La envidia no lo deja vivir; además, es un inepto, pero como es un 'chupamedias' del jefe, encima está bien considerado", "Ahora seguro que está detrás de mi puesto", "¡Vaya suerte la mía! Tengo que verlo a él y al jefe dentro de media hora, ¡la que me pueden haber armado!"... ¿Qué creemos que puede sentir Juan, en medio de estos pensamientos? Lo más seguro es que su SNA se haya conectado y sienta su corazón acelerado, la respiración alterada, cierta presión en el pecho... Cuando Juan vaya a ver a su jefe y a Bautista, ¿creemos que lo hará relajado y de buen ánimo, o entrará buscando desde el principio cualquier indicio que le confirme sus temores?

¿Cuántas veces nos ha ocurrido que nos habíamos imaginado

algo y, aunque finalmente no hubiera pasado, durante un tiempo sentimos una persistente ansiedad dentro de nosotros?

Pensemos en un ejemplo que me contaba una persona en la consulta. Había registrado todos los momentos de ansiedad en las dos últimas semanas; la verdad es que estaba practicando muy bien la "parada de pensamiento" y la "confrontación", pero una de las veces en que se dispararon todos sus mecanismos de ansiedad, le resultó muy difícil conseguir el control que deseaba. La situación había sido la siguiente:

> *Era una de esas noches oscuras y frías de invierno, alrededor de la 0.30; ella y su marido acababan de terminar de cenar en casa de unos familiares, y se marcharon a recoger su auto, que estaba estacionado en un descampado, situado a cierta distancia y donde no parecía haber nadie. Al llegar se encontraron con el vehículo bloqueado por otro automóvil, y con un grupo de jóvenes, de mal aspecto, dentro del auto que estaba situado justo detrás del suyo. Ni bien entraron ellos en su auto, uno de los jóvenes se bajó del de atrás y fue hacia ellos... En ese momento a nuestra protagonista comenzó a faltarle el aire, su corazón se desbocó... y ya se veía asaltada por los cuatro jóvenes "de mala traza". La realidad es que el joven en cuestión pasó al lado de ellos y se subió en el auto de adelante, el que les estaba bloqueando la salida, lo movió y ellos ¡pudieron marcharse!*

Al cabo de quince minutos nuestra protagonista aún no había conseguido respirar con normalidad: ¡su mente le había jugado una mala pasada! Lógicamente, al creer que iban a sufrir una agresión, se le había disparado su SNA y lo había hecho con todo su repertorio. Si bien al final vio que la realidad había resultado muy diferente, no podía controlar aún sus reacciones fisiológicas, y no podía hacerlo porque la imagen de los tres muchachos y del joven que había salido del auto de atrás regresaba una y otra vez a su mente.

En definitiva, nuestra mente continuamente se nutre de pensamientos; algunos absolutamente inofensivos, pero otros tan estresantes como inadvertidos. Es obvio que debemos intentar un mayor control sobre esos pensamientos. Una forma de conseguirlo, sin pasarnos el día "alertas", intentando "cazar" pensamientos desestabilizadores, será a través de dos vías: una preventiva y otra paliativa:

1. Induciremos en nosotros una serie de pensamientos positivos que contribuyan a contrarrestar los negativos que se nos escapan. De esta forma, a pesar de los pensamientos espontáneos perturbadores, conseguiremos "llevar la delantera" y pondremos nuestra mente a "nuestro favor".

2. Nos daremos órdenes en el momento justo en que sintamos los primeros síntomas de ansiedad. estas órdenes obligarán a nuestra mente a fijarse en cosas o actividades que serán incompatibles con los pensamientos "preocupantes" que estaba alimentando.

Esto, que parece una tontería, es una técnica de enorme valor. Si nos acostumbramos a decirnos frases positivas en diversos momentos del día, y reconducimos nuestra mente cuando empieza a bloquearse con pensamientos desestabilizadores, ¡no se imaginan la cantidad de defensas y recursos que estaremos generando!

Suelo aconsejar que nos digamos las autoinstrucciones (órdenes) ante situaciones de tensión, pero también que nos digamos frases positivas uniéndolas a determinadas rutinas. Por ejemplo, mientras nos duchamos, cuando vamos hacia el trabajo, cuando nos vestimos o nos desnudamos, mientras comemos..., así las automatizaremos y estaremos fortaleciendo nuestro autocontrol.

Por el contrario, cuando nos encontremos en situaciones difíciles, nos formularemos directamente órdenes, recordando que éstas deberán reunir una serie de características:

a) Ciertas
b) Breves
c) Pocas
d) Enunciadas preferiblemente en positivo

Del mismo modo que las autoinstrucciones, otra técnica que pasa inadvertida es el autorrefuerzo.

El autorrefuerzo

Como su nombre lo indica, consiste en administrarnos refuerzos o recompensas; es decir, en "premiarnos" ante determinadas situaciones o después de algunas conductas. Si lo pensamos un poco, nos daremos cuenta de que, en general, no estamos acostumbrados a autorreforzarnos. Sin embargo, ¡con qué facilidad nos regañamos!

De nuevo la educación que hayamos podido recibir, las costumbres imperantes a nuestro alrededor, los modelos de conducta que hayamos tenido, así como nuestro propio carácter, habrán contribuido en mayor o menor medida a que seamos personas que nos premiemos con cierta facilidad, o que nos castiguemos continuamente. Puede ocurrir que apenas estemos utilizando uno de los mecanismos que más contribuyen a mejorar nuestra seguridad y autoestima personal.

Cuando reforzamos una conducta, ésta tiende a repetirse. Por lo tanto, parece lógico que, si nos cuesta mucho hablar en público, una vez que lo hemos hecho debemos reconocérnoslo ampliamente; nos felicitaremos por ello, nos diremos frases del estilo: "¡Lo he conseguido!", "¡Lo he hecho bastante bien!", "¡La próxima vez me resultará más sencillo!", "¡Lo logré!"... En algunas ocasiones lo comunicaremos también a las personas más cercanas o más significativas para nosotros y, si lo estimamos adecuado, podemos premiarnos con alguna cosa extra; por ejemplo, con la cena que nos gusta, una película, un libro. Aunque autorrefuerzo no significa necesariamente comprarnos cosas, en absoluto; recordemos siempre que el mejor refuerzo es el refuerzo social (nuestro propio reconocimiento o el de las personas que nos rodean).

En definitiva, depende de cómo nos encontremos y en qué circunstancias, podremos utilizar una serie de técnicas y recursos que mejoren nuestro autocontrol. En muchas ocasiones utilizaremos una combinación de las diferentes técnicas:

1. Percibir la "señal" de ansiedad + Confrontación
2. Stop. Parada de pensamiento
3. Relajación + Respiración diafragmática
4. Autoinstrucciones
5. Autorrefuerzo por la aplicación de la técnica

En los casos en que estamos practicando el autocontrol, siempre insisto en que tengamos cuidado con lo que nuestro cuerpo, a nivel físico, nos pide. Es lógico que en esos momentos no tengamos ganas de hacer nada y sólo deseemos que nos dejen en paz y tranquilos en nuestra casa; pero sería un error hacerlo. Justo en esas situaciones es importante que nos mantengamos activos, que salgamos de casa, que nos obliguemos a hacer algunas actividades. Sin duda, hay muchas cosas que habitualmente nos ayudan a sentirnos bien, será el momento de recordarlas y de "ponernos en marcha".

Por otra parte, cuando sintamos que nos cuesta mucho confrontar nuestras ideas irracionales, aquellas que nos preocupan, ¡no nos empeñemos en seguir haciéndolo! Es preferible que nos obliguemos a centrar nuestra atención en otra cosa. Las personas próximas nos ayudarán más cambiando de conversación que escuchándonos pacientemente cómo repetimos, una y otra vez, lo que nos hace sentirnos mal. Cuando nos sintamos flojos, lejos de "recriminarnos", nos daremos ánimo y nos premiaremos con generosidad.

Igualmente, todas estas técnicas estarían incompletas si no intentamos desarrollarlas utilizando nuestros mejores recursos, a saber:

1. El razonamiento lógico/El sentido común
2. El sentido del humor/La alegría
3. La empatía
4. La esperanza
5. La motivación

6. La ilusión
7. La afectividad
8. La felicidad

CÓMO REAFIRMARNOS. LA ASERTIVIDAD

La asertividad es la capacidad de autoafirmación personal, entendida como la expresión directa de los propios sentimientos, necesidades, derechos legítimos u opiniones, sin amenazar o castigar a los demás y sin violar los derechos de esas personas.

Ser asertivos significa ser autoafirmativos; es decir, ser capaces de expresar lo que queremos, lo que sentimos, sin herir a los demás. Personalmente, diría que la persona auténticamente asertiva es la que sabe escuchar, la que sabe transmitir lo que piensa, lo que desea; la que sabe respetar los sentimientos y las opiniones de los demás y la que, en el transcurso de una comunicación interpersonal, sabe crear un ambiente de cordialidad y confianza.

Muchas personas son "espontáneamente" asertivas; otras, por el contrario, están llenas de dudas, de ansiedad e inseguridad... y se sienten incapaces de expresar sus opiniones, sus sentimientos. Estas personas, desde el punto de vista de la salud, están en continuo peligro; se sienten permanentemente insatisfechas y condicionadas.

En los cursos de formación ensayamos las conductas asertivas hasta que se automatizan; es decir, hasta que pasan a formar parte del repertorio habitual de las personas. Damos mucha importancia al desarrollo de esta conducta porque constituye un eje esencial en el logro del autocontrol, del equilibrio, de la seguridad y estabilidad emocional que buscamos.

Sentimos de nuevo como "una losa" la limitación del medio escrito; no obstante, trataremos de expresar las principales características de las personas asertivas:

1. Expresan sus deseos o sentimientos, tanto positivos como negativos, con claridad.

2. Repiten su deseo tantas veces como sea preciso.
3. Dicen "no" cuando lo desean, sin poner excusas.
4. No mienten.
5. Nunca discuten.
6. Aceptan críticas.
7. Comprenden la postura del otro.
8. Llegan a acuerdos, negocian; ofrecen alternativas.
9. Piden información.
10. Dan información.
11. Hacen confidencias personales.

En el otro extremo estarían las personas agresivas, las personas que machacan, las que no saben respetar al otro y actúan de forma tan injusta como irracional. A continuación trataremos de visualizar, de forma esquemática, los estilos de comportamiento inhibido, asertivo y agresivo.

Estilos de comportamiento

Continuo de comportamiento asertivo

INHIBIDO	ASERTIVO	AGRESIVO
√ No le respetan sus derechos	√ Respeta los derechos del otro	√ No respeta los derechos de los otros
√ Se aprovechan de él	√ Tiene confianza en sí mismo	√ Se aprovecha de otros
√ No consigue sus objetivos	√ Puede conseguir sus objetivos	√ Puede conseguir sus objetivos pero a expensas de otros
√ Se siente frustrado, desgraciado, herido, ansioso	√ Se siente bien consigo mismo	√ Está a la defensiva, humillando y denigrando a los otros
√ Deja a otros elegir por él	√ Elige por sí mismo	

No podemos ensayar siempre con la riqueza que quisiéramos las conductas asertivas, pero si "registramos" nuestros comportamientos (utilizando los registros expuestos en este capítulo), veremos claramente si son asertivos, inhibidos o agresivos. Si no estamos en el centro del cuadro, trabajemos al máximo nuestro autocontrol para acercarnos lo más posible a los objetivos deseados.

No obstante, no hemos de centrarnos sólo en la asertividad; intentaremos aproximarnos también a otra de las características de las personas "sanas": la tendencia a alcanzar la felicidad.

CÓMO ACERCARNOS A LA FELICIDAD

Según Mihaly Csikszentmihaly*, *la felicidad no es algo que sucede, ni parece depender de los acontecimientos externos, sino más bien de cómo los interpretamos.* El mismo autor insiste en que *las personas que saben controlar su experiencia interna son capaces de determinar la calidad de sus vidas.* Esta afirmación está en la línea de Cohen: "el cambio se realiza de adentro hacia afuera". A través de sus investigaciones ha intentado comprender cómo se sentían las personas cuando más disfrutaban.

Los individuos objeto del estudio fueron, primero, los que él denomina expertos en distintos campos: artistas, atletas, músicos, maestros del ajedrez y cirujanos. Personas que parecían dedicar su tiempo a cosas que les gustaban. A partir de sus respuestas se elaboró un modelo teórico sobre la *experiencia óptima* basada en el concepto *flujo.*

Flujo es el estado en el cual las personas se hallan tan involucradas en la actividad que desarrollan que nada más parece importarles.

A continuación se repasan los *obstáculos* que impiden poner orden a nuestra conciencia.

✔ *El universo no fue diseñado pensando en la comodidad de los seres humanos.*

---

* Mihaly Csikszentmihaly, *Fluir (Flow), una psicología a la felicidad,* Kairós, Barcelona, 1990.

✔ El planeta Tierra, que puede ser tan idílico, ha sido un medio hostil para el hombre. *Para sobrevivir en él, hombres y mujeres han tenido que luchar durante millones de años contra el hielo, las inundaciones, los animales salvajes... Cada vez que evitamos un peligro que nos acecha, una amenaza más sofisticada aparece en el horizonte... A la vez que vencemos algunas enfermedades surgen otras más virulentas.*

✔ *Los procesos naturales no tienen en cuenta los deseos humanos. Son como el azar, en contraste con el orden que intentamos establecer.*

✔ *El universo no es hostil, pero tampoco es amigable, sencillamente es indiferente (J. H. Holmes).*

✔ *El caos es uno de los conceptos más antiguos que hallamos en los mitos y en la religión.*

✔ *No es mucho lo que podemos hacer como individuos para cambiar el modo en que actúa el universo. No son posibles los grandes cambios en el destino de la humanidad hasta que tenga lugar un gran cambio en la constitución fundamental de su modo de pensar (J. S. Mill):* el cambio de adentro hacia afuera.

✔ *Cómo nos sentimos, la alegría de vivir, dependen en último término y directamente de cómo la mente filtra e interpreta las experiencias cotidianas.* Somos lo que pensamos.

✔ *Los objetivos vitales son simples.* El problema existe cuando las personas están tan obsesionadas en lo que quieren conseguir que ya no obtienen placer con el presente. Cuando esto sucede, pierden su oportunidad para contentarse.

✔ *Frente a ese modelo, muchos individuos tienen ganas de vivir, están abiertos a una gran variedad de experiencias, siguen aprendiendo hasta el día de su muerte y tienen fuertes lazos y compromisos con otras personas y con el entorno en que viven.* Su fuerza tal vez resida en que controlan sus vidas. De nuevo volvemos al mismo punto, si controlamos nuestras vidas será más fácil que alcancemos la felicidad.

Ya sabemos algunas técnicas y procedimientos útiles para que el autocontrol no sea algo imposible. ¡Pongamos en marcha lo aprendido y hagámoslo con todas nuestras fuerzas!

Como decía Tucídides: "Recuerden que el secreto de la felicidad está en la libertad y el secreto de la libertad, en el coraje".

Pero no pensemos que nos queda un camino agotador y tortuoso; ¡nada más lejos de la realidad! Una vez que somos conscientes de nuestros pensamientos, que sabemos cómo se generan nuestras emociones, que podemos controlar nuestras ansiedades, el camino está al alcance de nuestras manos, y lejos de agotarnos, nos rejuveneceremos. Ya nos decía Kafka que *la felicidad suprime la vejez.*

CAPÍTULO 8
Reflexiones finales

¡NO SUFRAMOS INÚTILMENTE! ¡SI CONTROLAMOS NUESTROS PENSAMIENTOS, CONTROLAREMOS NUESTRA VIDA!

Como decíamos al principio del libro, *lo crucial no es lo que "nos pasa", sino lo que pensamos en cada momento. El pensamiento es previo a la emoción, y ese pensamiento es el que nos hace sentirnos bien o mal.*

También hemos reseñado que "no buscamos el endurecimiento de las personas, ¡todo lo contrario!, pero la sensibilidad no consiste en sufrir y sufrir, sin posibilidad de superar el sufrimiento. Es sensible quien se conmueve ante la adversidad, quien trata de ayudar a las personas que lo rodean, quien fácilmente se pone en el lugar de los otros, pero ser sensible no significa dejar de luchar ante los acontecimientos hostiles o difíciles, ni 'hundirse' ante la 'adversidad' o 'tirar la toalla' en los momentos en que parece no haber esperanza".

Añadíamos que "la sensibilidad engrandece al ser humano, y acompaña a las personas auténticamente privilegiadas; personas que son capaces de sentir donde otros no 'llegan', de 'vivir' y conmoverse, pero personas que saben actuar con la suficiente inteligencia emocional como para no hundirse en un pozo sin fondo".

A veces nos dicen que hay aprendizajes que necesitan muchos años para que la persona los pueda interiorizar. Estoy convencida de que esa afirmación es errónea. No necesitamos llegar a una edad avanzada para aprender a vivir, ¡sería una paradoja del destino! Es cierto que a veces ese destino pone en tu camino personas realmente extraordinarias; a mí me ha pasado muchas veces, y me considero afortunada por ello. Hace unos meses pregunté a "una de esas personas", a mi querido amigo "Jorge", si le parecía interesante escribir algo para este libro;

con el entusiasmo que lo caracteriza aceptó y al cabo de unas semanas me entregó su "historia". Sólo he cambiado los nombres que aparecen para que no sean identificables, pero he respetado escrupulosamente su escrito.

Siempre he creído que el relato de alguien que ha pasado por una situación parecida ayuda más a los que se encuentran en ese estado, que todas las disertaciones de los especialistas en la materia.

Jorge nos lo ha contado así...

El caso de Jorge

Cuando te falla el coco
no quiere decir que estés loco

Mi nombre es Jorge y tengo 22 años. Aunque soy una persona joven, ya tengo la experiencia de saber lo que es sentirte realmente mal psicológicamente y, lo que es más importante: salir adelante y redescubrir la vida tras un momento de crisis.

A todos nos puede pasar en un momento determinado de nuestra existencia que el cerebro nos juegue una mala pasada: trastornos de ansiedad, depresiones, fobias... pueden hacernos pasarlo muy mal, sobre todo cuando no sabemos lo que nos está sucediendo.

Mi caso es sencillo. Yo padecí un trastorno de ansiedad bastante fuerte cuando tenía 19 años. El problema venía dado por una serie de circunstancias:

Yo era una persona bastante inmadura para la edad que tenía; tremendamente inseguro y soy muy sensible. Había empezado ese año la universidad y realmente había sido una época estupenda en el ámbito extraacadémico. Lo pasé como nunca. Conocí a nuevos amigos, salí todos los fines de semana, pisé bastante poco las aulas y casi no me senté a estudiar durante todo el curso. Cuando llegó junio, vino la hecatombe, llegaron mis notas el mismo día que me marchaba a los sanfermines, dejé una nota en casa explicando lo sucédido.

Al volver de [la fiesta de] San Fermín, donde seguí pasándolo en grande, me encontré con mis padres. La cosa ya no fue tan graciosa. Me impusieron un régimen de estudios casi militar; ante la cosecha de aplazos era lo mínimo que podían hacerme y los meses de aquel verano del '99 se hicieron eternos. Antes de ponerme a estudiar tuve la posibilidad de ir a trabajar como asistente en el campamento donde he trabajado siempre. Ha sido un sitio muy importante en mi juventud, porque ahí he conocido a gran parte de los que hoy son mis mejores amigos.

Aquel verano conocí a Berta. Me enamoré perdidamente de ella. Era tres años menor que yo y una auténtica monada. El idilio, como es lógico, duró la quincena del campamento. Cuando nos separamos, ella se marchó a veranear y yo a estudiar, a Madrid.

Comencé a sentirme realmente mal conmigo mismo. Empecé a ser consciente de que había hecho las cosas mal y que urgía poner una solución. Mi vida comenzó a descomponerse por todos lados. Berta se alejaba de mí, mis padres estaban hasta la coronilla, tenía que ponerme a estudiar por primera vez en mi vida.

Con ese ambiente comencé a sentirme muy mal conmigo mismo. Creía que no valía nada, que no iba a conseguir sacar mi vida adelante.

Toda esa sensación me generaba pensamientos muy agresivos hacia mí y hacia mi entorno. Estaba paralizado por el miedo y desorientado por no entender lo que en mi interior estaba sucediendo, que no era otra cosa sino que estaba creciendo, madurando, dando un salto enorme en mi desarrollo.

Las situaciones, por complicadas que sean, tienen su lado positivo. Cuando una persona se encuentra en crisis tiene que aprovechar ese momento para crecer al máximo. En esos momentos es cuando el hombre demuestra su condición humana, su debilidad, pero también su capacidad de sobreponerse y seguir de frente disfrutando de la vida.

El primer paso que debemos dar es detectar que nuestra conducta no es normal, aceptarlo y tratar de poner remedio al problema. En esos momentos es fundamental ponerse en manos de un profesional. Para mí fue dificilísimo aceptar que necesitaba un psicólogo, pero gracias a Dios que lo entendí, y que conocí a quien conocí porque realmente la necesitaba. Hay que tratar de dar con un buen psicólogo, recomendado por alguien de confianza y bien formado. En el caso de que el problema se dé en un adolescente, si se tiene confianza en el personal docente del colegio lo mejor es acudir a ellos. Si, por el contrario, nos sucede con más años, seguramente entre nuestros amigos habrá más de uno que en algún momento de su vida necesitó la ayuda de un profesional.

Una vez que se comienza la terapia hay que hacer caso a las indicaciones que el psicólogo nos dé. En mi caso el tratamiento era desesperante, tedioso y requería bastante voluntad. Puedo decir que me ha enseñado mucho y que ha formado bastante mi voluntad. Yo funcionaba con algo que se denomina bloqueo o parada de pensamiento, que consiste en quitarte de la cabeza los pensamientos que puedan generarte ansiedad sustituyéndolos por otros automáticos. Al principio no veía resultados, volvía a la consulta desesperado y convencido de que María Jesús no tenía ni la más remota idea de lo que me estaba sucediendo. Que era una persona única y probablemente el ser que peor lo estaba pasando sobre la faz de la Tierra.

Esas ideas hay que desterrarlas. Ni somos únicos, muchas personas antes que nosotros y al mismo tiempo han pasado por los mismos problemas, ni somos los seres más desgraciados del planeta. Por desgracia, hay infinidad de personas que sufren mucho más por cuestiones más importantes que un pequeño bache psicológico.

Otra de las cosas que me desesperanzaba era pensar que mi problema era algo crónico, que nunca se me iba a pasar. Ésta es otra idea errónea. Cuando se tiene un problema de estas características es probable que vuelva a aparecer en algún momento de la vida, pero lo importante es que sepamos afrontar las nuevas situaciones gracias a la experiencia de situaciones anteriores. No hay que tener miedo a pasarlo mal, sino afrontar los momentos duros con una sonrisa en la cara y convencidos de nuestra victoria final.

Lo de la sonrisa parece demagógico, pero en realidad sonreír a la vida es realmente terapéutico, aunque en esos momentos lo que menos nos apetezca sea sonreír; si nos esforzamos, simplemente con el gesto liberaremos tensión e incluso se pueden llegar a ver las cosas con una actitud mucho más positiva.

Cuando todo se tambalea hay que apostar por seguir adelante. En los momentos de crisis es cuando más crecemos. Hay que afrontarlos como oportunidades para mejorar cualitativamente como personas y desterrar de nuestras vidas esas cosas que nos están causando desasosiego y malestar.

El apoyo de la familia es crucial para superar estos acontecimientos. Si cuentas con el cariño de los que te rodean tienes la mitad de la batalla ganada. No hay que confundir cariño con compasión, complacencia o protección. Muchas veces la mayor demostración de amor es exigir a la persona que está sufriendo que cambie, aunque al familiar le duela y esté deseando escuchar, comprender e incluso llorar con el afectado; por mucho que le cueste, lo que tiene que hacer en esos momentos es pincharlo para que reaccione.

Yo estaba acostumbradísimo a contarles a mis padres todo lo que me pasaba. No tenía en cuenta que cuando les contaba todas esas cosas estaba trasladando todos mis sufrimientos a mis padres y de esa manera ni ellos ni yo llegábamos a ninguna parte. Tuve que aprender a callarme para no preocuparlos y recuperar el ambiente de normalidad en mi casa, que era lo que mejor me podía venir.

Han pasado más de tres años desde que tuve mi crisis y puedo asegurar que he cambiado. Soy más maduro, quiero más a los que me rodean y he cosechado grandes éxitos personales. Ahora estoy saliendo con Ángeles, la mejor persona que he conocido en la vida, y con ella siento cosas que nunca antes había sentido. La vida me sonríe, y esto lo he conseguido con mi esfuerzo, el amor de los que me rodean y el cariño y la dedicación de mi terapeuta, que es única y probablemente la persona que mejor me conozca en este mundo.

Aunque las cosas me vayan tan bien, no quiere decir que no tenga que afrontar en mi día a día situaciones difíciles que me puedan provocar una pequeña crisis, pero las vivo con la máxima tranquilidad y la confianza de que cuanto antes las supere mejor me encontraré después.

Con este testimonio quiero transmitir toda la fuerza del mundo a las personas que sufren o han sufrido, para que superen sus problemas y sigan descubriendo lo maravillosa que es la vida. Mi madre, que es la madre más sabia del mundo, siempre me dice: "Hijo, en la vida no hay ensayo general, así que no desaproveches ni un minuto de tu tiempo, porque cuando pasan, no vuelven".

Realmente Jorge ¡lo tiene muy claro! Como ya hemos comentado, "Jorge es hoy un joven con luz propia, que no pasa inadvertido, que respondió espléndidamente, que apretó los dientes en los momentos de dificultad y siguió adelante, que se dio cuenta de que debía controlar sus pensamientos si quería ser el dueño de su vida, que supo encontrar la salida a su crisis..., que ha logrado convertirse en lo que llevaba dentro de él: ¡una gran persona!".

Hagamos como Jorge, ¡controlemos nuestros pensamientos y controlaremos nuestra vida!

Sufrir por sufrir es tan inútil como irracional. Anclarnos en el pasado o condicionar nuestra vida a un "supuesto futuro" resulta tan estéril como pretender romper una piedra buscando agua dentro.

No olvidemos el siguiente proverbio chino: "El que teme sufrir ya sufre de temor".

EL PRESENTE ES LO QUE NOS PERTENECE. ¡NO DISPERSEMOS NUESTRAS ENERGÍAS, NI PERDAMOS NUESTRAS ILUSIONES!

"No hay nada que pueda arrebatarnos nuestro presente; incluso en las circunstancias físicas más duras que nos podamos imaginar, siempre nos pertenecerán nuestros pensamientos y, con ellos, nuestras emociones." Como hice en el apartado anterior, de nuevo aquí voy a transcribir literalmente la reflexión de otra persona.

En este caso, se trata de un escrito que me enseñó hace unas semanas un buen amigo. Él no sabía que yo estaba escribiendo un libro sobre esta temática pero, como suele ocurrir en la vida, las cosas no suceden por casualidad; así que ni bien lo leí le pedí permiso para reproducirlo, y dar la opción de esta forma a que muchas personas puedan enriquecerse con su aporte.

Carlos Borrás: "El retorno"

El texto es de Carlos Borrás, un magnífico y reconocido profesional, empresario de prestigio, pero, sobre todo, una excelente persona; llena de sensibilidad y exquisitez, que posee una pluma fácil y un estilo muy pedagógico.

El retorno

Si realmente la vida te enseña algo útil, si de algo te vale la experiencia, es para saber que no existe el retorno.

En términos científicos es algo obvio: al tiempo que ha pasado no se puede retornar, al menos en las dimensiones cartesianas en que nosotros nos movemos. En términos del alma, tan sólo es un deseo, e igualmente imposible.

¿Cuántas veces hemos hecho intentos, vanos por otra parte, de retroceder, de intentar volver a colocarnos en algún punto del pasado que deseamos vivamente? El intento es inútil. Aquel lugar, aquel momento, son irrepetibles. La magia que recordamos (por otra parte, tal vez idealizada por el paso del tiempo) ya no existe. Tal vez existan otras magias, pero no aquélla.

Aferrarse al pasado es tal vez un síntoma de infelicidad, de falta de presente, de ideas, de objetivos. El pasado debe estar ahí para el recuerdo y, prosaicamente, para no cometer los errores de otrora. Querer retornar, además de absurdo e imposible, conduce a la negación de tu actualidad, de que el presente tiene un sentido que hay que elaborar.

Y si no lo tiene, el retorno imposible hará más imposible buscarlo, conduciéndonos a una pérdida de la sensibilidad actual, haciendo actuales, más que nunca, aquellas palabras de Tagore que nos dicen: "Si lloras porque no ves el sol, tus lágrimas te impedirán ver las estrellas". Sin embargo, los hombres nos empeñamos muchas veces, en brazos de la nostalgia, en retornar al pasado. No es malo volver a aquel lugar, recordar aquella melodía, siempre que sepamos que lo que sentimos antes ya nunca volverá a ser lo mismo.

Vivir en el pasado es triste, aunque el pasado sea maravilloso, porque además de ser incapaces de aceptar la realidad tampoco estamos preparados para construirla.

Si miramos al espejo, ¿qué imagen nos devuelve? Desde luego la actual, nos guste o no. El secreto es la aceptación de uno mismo en cada momento. Lo contrario es el desengaño, la vida artificial y la inadaptación, que lleva a la infelicidad.

Bendito presente, porque estoy en él. El mañana aún no ha llegado, y el pasado ya se fue. No pretendo que olvidemos, los recuerdos pueden ser preciosos, pero no intentemos retornar.

Aquello... ya no existe.

Hay personas que se han pasado la vida ancladas en su pasado o condicionadas por su futuro. Como dice un proverbio persa: "No hay mañana que deje de convertirse en ayer". No nos equivoquemos: el presente es la vida, el pasado ya no existe y el futuro

¡quién sabe cómo será! ¡Vivamos nuestro presente! Recuperemos nuestro tiempo actual, disfrutemos de cada día, de cada segundo, de cada persona que está a nuestro lado y... ¡habrá valido la pena! Cada día será nuestro, nos pertenecerá, ¡no habremos hipotecado nuestra existencia!

LA FORMACIÓN TRADICIONAL ES INSUFICIENTE. ENTRENEMOS A LOS NIÑOS, ADOLESCENTES, JÓVENES Y ADULTOS PARA QUE DESARROLLEN LOS RECURSOS Y HABILIDADES QUE NECESITARÁN EN SU VIDA

Nos pasamos la vida aprendiendo conceptos que no utilizamos, memorizando datos que olvidaremos, acumulando conocimientos técnicos que pronto se vuelven obsoletos, escudriñando lo que nunca vemos y esforzándonos en lo que no comprendemos.

> ¿Aprendemos de verdad o acumulamos sin necesidad? ¿Vale la pena la cantidad de tiempo y esfuerzo que empleamos en esos aprendizajes? ¿Podemos hacer algo por mejorar nuestra formación? ¿La formación, es un gasto o una inversión?...

Podríamos seguir formulando preguntas e interrogantes, pero hay algunas cosas que no admiten duda:

1.   La formación no acaba nunca, porque morimos en el momento en que dejamos de aprender.

2.   La persona dedica a la formación "oficial" al menos un tercio de su vida, y en muchos casos, más de la mitad de su existencia.

3.   La formación tradicional cada vez nos prepara menos para la vida, y la correlación que alcanza con el nivel de eficacia en el desempeño de la profesión no supera el 25 por ciento (en muchos casos es inferior al 4 por ciento).

4. Las personas que han estado volcadas a adquirir "conocimientos intelectuales", en detrimento de su vida emocional y de sus relaciones sociales, tarde o temprano "pagan" un duro precio por la falta de inteligencia emocional desarrollada.

5. Los últimos estudios señalan que, en relación con la excelencia profesional, las habilidades emocionales son al menos el doble de importantes que las habilidades técnicas o intelectuales.

6. El noventa por ciento del éxito en la alta dirección empresarial depende de la inteligencia emocional.

7. La inteligencia emocional se adquiere a través del desarrollo de competencias personales y sociales.

Competencias personales:

— Conciencia de uno mismo/Autoconocimiento
— Autocontrol/Autorregulación
— Motivación

Competencias sociales:

— Empatía
— Habilidades sociales

8. Podríamos definir la "inteligencia emocional" como la "capacidad de reconocer nuestros propios sentimientos, los sentimientos de los demás; la capacidad para motivarnos y manejar adecuadamente las relaciones que mantenemos con los demás y con nosotros mismos" (Daniel Goleman).

¿Realmente creemos que la formación tradicional está desarrollando nuestra inteligencia emocional? La realidad es incuestionable; a lo largo del siglo XX la media del CI (Cociente Intelectual) de la población de los países desarrollados ha aumentado 24 puntos. Por el contrario, el CE (Cociente Emocional) ha ido en continuo descenso. En nuestra época no nos prepararon para la vida, pero por desgracia seguimos sin facilitar esos aprendizajes clave a los niños, adolescentes, jóvenes y adultos de hoy.

Tanto en el marco de la consulta como en los continuos cursos que impartimos, nuestro trabajo, en realidad, se centra fundamentalmente en desarrollar los recursos, habilidades y competencias que les permitirán a las personas afrontar su vida con garantías de éxito.

Por nuestra parte, ¡lo tenemos muy claro! Pero resulta muy preocupante que en la actualidad los distintos sistemas educativos de las llamadas sociedades en desarrollo, lejos de preparar a las personas para afrontar la vida, las entrenen o entretengan únicamente en la adquisición de conocimientos; conocimientos muchas veces obsoletos, manipulados y hasta tergiversados, que poco ayudan al desarrollo de personas auténticamente libres, emocionalmente maduras y personalmente equilibradas. Estamos seguros de que la mayoría de las veces no se hace esto de forma intencionada. Ya afirmaba Séneca que *no aprendemos gracias a la escuela, sino gracias a la vida*. Cuesta mucho mover "la inercia" de años y años haciendo las mismas cosas, pero los psicólogos y los profesionales de la salud sabemos que hoy en día a las personas les resulta cada vez más difícil encontrar ese equilibrio, esa madurez que preserva y fortalece la salud.

Hace poco, en una conferencia, preguntaba yo en voz alta: "¿Los adolescentes de hoy nos parecen más felices si los comparamos con los de hace quince o veinte años?". La respuesta fue abrumadora y pocas personas dudarán del sentido de la misma; pero entonces, cabría preguntarse, ¿qué está pasando para que hoy, a pesar de los bienes materiales y de las "mejores" condiciones de vida, nuestros jóvenes y adolescentes no se sientan más felices?

¿Hemos adaptado la educación actual a la vida actual? Nunca se ha gastado tanto en formación, y nunca parece haber estado la gente con menos recursos. Es una satisfacción ver cómo personas de 15, 20, 30, 40, 50, 60 o más años se entusiasman cuando asisten a cursos que realmente las ayudan a desarrollar las competencias emocionales óptimas, que les permiten alcanzar la seguridad y madurez que les facilitará, ahora y en el futuro, la vida académica, profesional y personal.

Demos a la inteligencia emocional el valor que le corresponde, y hagamos de su desarrollo uno de los principales objetivos de la educación actual.

A nivel de empresas, el tema no admite duda alguna. La formación debe cubrir, cuanto antes, las lagunas que los jóvenes y adultos de hoy tienen en el desarrollo de la inteligencia emocional. De esta forma contribuiremos de verdad al fin primero y último de la educación, que no es otro que el de "preparar a las personas para la vida". Como decía Pitágoras: "Eduquen a los niños y no será necesario castigar a los hombres".

Esperamos, modestamente, que la lectura de este libro contribuya a lograr esa "puesta a punto" para la que no nos prepararon, pero para la que siempre está dispuesto el ser humano.

Como dice un proverbio hindú: "Un libro es un cerebro que habla; cerrado, un amigo que espera; olvidado, un alma que perdona; destrozado, un corazón que llora". Huyamos de los sufrimientos inútiles y busquemos la felicidad cada día, en cada acción, en cada momento, en cada persona.

Bibliografía

AARON, T. Beck, *Con el amor no basta*, Paidós, Barcelona, 1998.

ÁLAVA REYES, M. J., *El No también ayuda a crecer*, La Esfera de los Libros, Madrid, 2002.

ALDECOA, J., *et al.*, *La educación de nuestros hijos*, Temas de Hoy, Madrid, 2001.

AUGER, L., *Vencer los miedos*, Sal Terrae, Santander, 1995.

— *Ayudarse a sí mismo*, Sal Terrae, Santander, 1997.

— *Ayudarse a sí mismo aún más*, Sal Terrae, Santander, 1998.

BERNARD, M. E., y ELLIS, A., *Aplicaciones clínicas de la terapia racional emotiva*, Desclée de Brouwer, Bilbao, 1990.

BERNSTEIN, D. A., y BORKOVEC, T. D., *Entrenamiento en relajación progresiva*, Desclée de Brouwer, Bilbao, 1983.

BORYSENKO, J., *Paz interior para gente ocupada*, Urano, Barcelona, 2002.

BROTHERS, J., *Cómo alcanzar sus objetivos con éxito*, Grijalbo, Barcelona, 1992.

BUELA-CASAL, G., *et al.*, *Psicología preventiva*, Pirámide, Madrid, 1997.

CARLSON, R., *Tú "sí" puedes ser feliz*, Arkano Books, Madrid, 1999.

CHOPRA, D., y SIMON, D., *Rejuvenecer y vivir más*, Vergara, Barcelona, 2002.

DYER, W. W., *Manual de terapia racional emotiva*, Desclée de Brouwer, Bilbao, 1981.

— *Tus zonas erróneas*, Grijalbo, Barcelona, 1992.

— *Tus zonas mágicas*, Grijalbo, Barcelona, 1994.

— *Cómo controlar la ansiedad antes de que lo controle a usted*, Paidós, Barcelona, 2000.

ELLIS, A., *Ser feliz y vencer las preocupaciones*, Ediciones Obelisco, Barcelona, 2003.

FENSTEIM, H., y BAER, J., *No diga Sí cuando quiera decir No*, Grijalbo, Barcelona, 1989.

FERNÁNDEZ-BALLESTEROS, R., *Vivir con vitalidad. Y cuando ocurre lo inevitable*, Pirámide, Madrid, 2002.

FROJÁN PARGA, M. X., *Consultoría conductual*, Pirámide, Madrid, 1998.

GOLEMAN, D., *La inteligencia emocional*, Kairós, Barcelona, 2002.

— *La práctica de la inteligencia emocional*, Kairós, Barcelona, 2002.

GONZÁLEZ, J. L., y LÓPEZ, L. A., *Sentirse bien está en sus manos*, Sal Terrae, Santander, 1999.

KEYES, K. Jr., y BURKAN, B., *Cómo hacer que tu vida funcione*, Obelisco, Barcelona, 1994.

LAIR, J., *No soy gran cosa, pero soy todo lo que tengo*, Vergara-/Diana, Buenos Aires, 1990.

MANDINO, O., *El secreto más grande del mundo*, Diana, México, D.F., 1989.

— *La universidad del éxito*, Grijalbo, Barcelona, 2002.

MARKS, I., *Miedos, fobias y rituales*, Martínez Roca, Barcelona, 1991.

MERRIL, S., *Vivir con alegría*, Obelisco, Barcelona, 2002.

RIBEIRO, L., *Inteligencia aplicada*, Planeta, Barcelona, 2003.

ROJAS, E., *Remedios para el desamor*, Temas de Hoy, Madrid, 2002.

TYE, J., *Nunca temas, nunca renuncies*, Plural, Barcelona, 2000.

VALLÉS, A., *La inteligencia emocional de los niños. Cómo desarrollarla*, EOS, Madrid, 2000.

VV. AA., *Educar con inteligencia emocional*, Plaza & Janés, Barcelona, 2000.

VV. AA., *Programa para el desarrollo de la autoestima*, Comunidad de Madrid, Madrid, 2000.

VV. AA., *Historias de Fish*, Ediciones Urano, Barcelona, 2002.

WATZLAWICK, P., *El arte de amargarse la vida*, Herder, Barcelona, 1990.

Agradecimientos

GRACIAS a mi familia, y a todos mis amigos, porque constituyen mi tesoro más querido.

Gracias de forma muy especial a Toñi Campaña, un auténtico "regalo" de persona y un "testimonio maravilloso" de energía positiva.